Hermann Dichtl

Vorbereitung auf das Abitur – Geographie

MANZ VERLAG

10., völlig neu bearbeitete Auflage 2000
Manz Verlag
© Ernst Klett Verlag GmbH, Stuttgart 1989
Alle Rechte vorbehalten
Lektorat: Harald Kotlarz, Ammerbuch
Herstellung: Karin Schmid, Baldham
Umschlaggestaltung: Zembsch' Werkstatt, München
Layout: Karin Schmid, Baldham
Satz: Karin Schmid, Baldham
Druck: Manz Druckerei GmbH, München
Printed in Germany

ISBN 3-7863-4000-5

Vorwort

Der vorliegende Band bietet zu Stoffbereichen, die in der Sekundarstufe II behandelt werden, eine kompakte Zusammenfassung der wichtigsten Fakten. Die Darstellung ist klar strukturiert und beschränkt sich auf die notwendigen Informationen, die ein Verständnis der Zusammenhänge ermöglichen. Damit eignet sich dieses Repetitorium sowohl für die Vorbereitung auf Klausuren, Referate und Hausarbeiten als auch für die schriftliche und mündliche Abiturprüfung. Schülerinnen und Schüler in Leistungskursen, aber auch in Grundkursen finden darin ein Hilfsmittel für die gesamte Zeit ihres Kursunterrichts.

Die Darstellung der Lerninhalte wird durch Grafiken und Statistiken veranschaulicht und unterstützt. Dabei finden geologische, naturgeographische und soziokulturelle Aspekte gleichermaßen Berücksichtigung. Alle Informationen sind auf aktuellem Stand und bieten vielfach eine Ergänzung zum eingeführten Lehrwerk.

Ein ausführliches Register ermöglicht den schnellen und gezielten Zugriff auf bestimmte Themen und Fragestellungen. Damit besteht auch die Möglichkeit, einzelne Stichwörter, wie Landwirtschaft oder Industrie, in unterschiedlichen Naturräumen zu vergleichen.

Autor und Verlag wünschen Ihnen die beste Note in Erdkunde.

Inhaltsverzeichnis

A	**Europa – Raumentwicklung, Raumstrukturen und Verflechtungen**	**8**
1	Überblick über Europa	8
2	Raumnutzung und Raumstrukturen in europäischen Mittelmeerländern	24
3	Der Alpenraum als Fremdenverkehrsgebiet und Transitraum Europas	37
4	Wirtschaftsräumliche Strukturen in Westeuropa	52
5	Ostmittel- und Südosteuropa im Wandel	55
B	**USA / Kanada – Erschließung, Raumstrukturen und Nutzung von Großräumen**	**73**
1	Die naturgeographischen Voraussetzungen Nordamerikas	73
2	Erschließung und Besiedelung Nordamerikas	84
3	Die Bevölkerung der USA	90
4	Die amerikanische Landwirtschaft und Industrie	93
5	Umweltgefährdungen in Nordamerika	106
6	Die Stadt in Nordamerika	108
C	**Russland und seine Nachbarstaaten**	**115**
1	Ausdehnung und Naturausstattung	115
2	Die Bevölkerung	125
3	Planwirtschaftliche Strukturen	128
4	Transformationsprobleme	134
5	Probleme durch die Entstehung selbstständiger Staaten	140
6	Ökologische Probleme	141

D	**Entwicklungsländer und Schwellenländer**	145
1	Das Naturpotenzial der Tropen und Subtropen	145
2	Die Wirkung sozioökonomischer Faktoren	156
3	Möglichkeiten und Grenzen der landwirtschaftlichen Nutzung der Tropen	165
4	Räumliche Disparitäten und Ansätze zu ihrer Überwindung	179

E	**Der asiatisch-pazifische Raum**	228
1	Überblick über den Gesamtraum	228
2	Die industrielle Entwicklung Japans	234
3	Der Entwicklungsweg der VR China	263
4	Exportorientierte Entwicklung am Beispiel Südkoreas	295

Anhang

Tipps für die mündliche Prüfung	310
Vergleichszahlen	311
Stichwortverzeichnis	314

Verzeichnis der Abkürzungen

AKP-Staaten	Entwicklungsländer aus Afrika, der Karibik und dem Pazifik, die durch das Lomé-Abkommen an die EU assoziiert sind.
AIK	Agrarindustrieller Komplex. Landwirtschaftliche Großstruktur der ehemaligen Sowjetunion
ARGE ALP	Arbeitsgemeinschaft Alpenländer
ASEAN	Association of Southeast Asian Nations. Umfasst Indonesien, Malaysia, Philippinen, Singapur, Thailand und Brunei-Darussalam.
BAM	Baikal-Amur-Magistrale
BIP	Bruttoinlandsprodukt. Die Summe aller von In- und Ausländern innerhalb der Landesgrenzen in einem Jahr produzierten Güter und erbrachten Dienstleistungen
BSP	Bruttosozialprodukt. Wie BIP, aber zuzüglich aller aus dem Ausland empfangenen Erwerbs- und Vermögenseinkommen. Es bezieht sich auf alle Personen und Institutionen, die ihren Sitz im Inland haben.
CBD	Central Business District
CEFTA	Central European Free Trade Agreement (Visegrád-Gruppe). Polen, Ungarn, Slowakische Republik, Tschechische Republik
CIPRA	Commission Internationale pour la Protection des Régions des Alpes. Internationale Alpenschutzkommission
COMECON	Council of Mutual Economic Assistance
EFTA	European Free Trade Association. Europäische Freihandelszone
EG	Europäische Gemeinschaft
EGKS	Europäische Gemeinschaft für Kohle und Stahl
EL	Entwicklungsländer
EU	Europäische Union

Verzeichnis der Abkürzungen

EWG	Europäische Wirtschaftsgemeinschaft
EWR	Europäischer Wirtschaftsraum. Gegründet 1994
GATT	General Agreement on Tariffs and Trade (Allgemeines Zoll- und Handelsabkommen)
GUS	Gemeinschaft Unabhängiger Staaten. 1991 gegründet. Mitglieder 1995: Alle ehemaligen Sowjetrepubliken außer den baltischen Staaten
IL	Industrieländer
ITC	Innertropische Konvergenzzone
LDC	Least Developed Countries
LF	Landwirtschaftlich genutzte Fläche
LPG	Landwirtschaftliche Produktionsgenossenschaft
MITI	Ministry of International Trade und Industry
MSA	Metropolitan Statistical Areas
NEAT	Neue Eisenbahn-Alpentransversale. 1993 begonnenes Projekt der Schweiz
NIE	Newly Industrializing Economics
NIC	Newly Industrializing Countries
NWWO	Neue Weltwirtschaftsordnung
OECD	Organization for Economic Cooperation and Development
OPEC	Organization of Petroleum Exporting Countries
RGW	Rat für Gegenseitige Wirtschaftshilfe
TPK	Territorialer Produktionskomplex
TVA	Tennessee Valley Authority
UNCTAD	United Nations Conference on Trade and Development
WTO	Welthandelsorganisation World Trade Organization
ZBE	Zwischenbetriebliche Einrichtungen

A Europa – Raumentwicklung, Raumstrukturen und Verflechtungen

1 Überblick über Europa

1.1 Europa als Kulturerdteil

Begriff Kulturerdteil

Ein Kulturerdteil ist „ein Raum subkontinentalen Ausmaßes, dessen Einheit auf dem individuellen Ursprung der Kultur, auf der besonderen einmaligen Verbindung der landschaftsgestaltenden Natur- und Kulturelemente, auf der eigenständigen, geistigen und gesellschaftlichen Ordnung und dem Zusammenhang des historischen Ablaufs beruht".
(*A. Kolb*, Ostasien, S. 3, Heidelberg 1963)

Kennzeichen des Kulturerdteils Europa

Bevölkerung:
- größtenteils der indoeuropäischen Sprachfamilie zugehörig;
- keine rassische Einheitlichkeit;
- Entwicklung einer Vielzahl von Völkern

Geistesgeschichtliche Entwicklung:
- In der Antike hat besonders die griechische Philosophie den Gedanken des Naturrechts grundgelegt und den der politischen Partizipation (Demokratie) vorbereitet. Philosophisches Denken und ethische Vorstellungen wurden entscheidend vorgeprägt.
- Die Römer haben Rechtsvorstellungen entwickelt, die sich später über Europa hinaus verbreitet haben. Sie haben erste Erfahrung mit der Bildung eines völkerübergreifenden Großreiches gemacht und Grundlagen technischer Entwicklung gelegt.
- Vom Christentum ist die Ethik weitgehend mitgeprägt worden. Der Staat des Mittelalters und der frühen Neuzeit hat Impulse des Christentums aufgenommen und sich teilweise in Auseinandersetzung mit der kirchlichen Macht entwickelt. Die Kunst hat entscheidende Impulse empfangen.

A Europa

- Die Geistesströmung der Renaissance machte Gedankengut der Antike erneut zugänglich, propagierte den Wert des Individuums und die Idee des Humanismus.
- Die Philosophie der Aufklärung gab die entscheidenden Impulse für das moderne Staatsdenken; Natur- und Menschenrechtsgedanken der Antike wurden weiterentwickelt; der Grundgedanke von der Würde der Person, von der Freiheit und dem Eigenwert der Persönlichkeit führte zu neuer Herrschaftsbegründung und der Idee der modernen Demokratie; erste Verwirklichung in den USA.
- Durch die Betonung der Ratio und die Entwicklung der Empirie als wissenschaftlicher Methode wird der entscheidende Impuls für die modernen Naturwissenschaften und die Erfindungen der Neuzeit gegeben → Ausgangspunkt für die Industrialisierung.

Entwicklung einer Industriegesellschaft:
- Industrielle Massenproduktion führte zu gesellschaftlicher Umstrukturierung; Schwinden des primären und Wachsen des sekundären Sektors;
- Bevölkerungsballung in Städten (Urbanisierung);
- Marktorientierung der landwirtschaftlichen und industriellen Produktion;
- Ausbau von Infrastruktur und Kommunikationsnetzen;
- erhöhte Mobilität;
- relativ hohes Einkommen und hoher Lebensstandard mit weiter Verbreitung der Zivilisation;
- Zugang breiter Bevölkerungsschichten zu Bildungseinrichtungen;
- Schaffung eines Systems sozialer Absicherung

Staatliche Entwicklung:
- Trotz wiederholter Versuche der Großstaatenbildung (Römerreich, Frankenreich, Europa unter Napoleon) ist die Entwicklung eher durch ein Nebeneinander, oft auch ein Gegeneinander einzelner Staaten gekennzeichnet.
- Bisher keine politische Ordnungsform gefunden, die den ganzen europäischen Raum umfasst;
- Integrationsansätze durch EG und COMECON bezogen sich auf Teilräume und schufen innerhalb des geographischen Raumes Europa konkurrierende wirtschaftliche Großeinheiten, ohne Europa das politische Gewicht der Vergangenheit wiedergeben zu können.

A Europa

Vorbildfunktion und Europäisierung der Erde:
- Wichtige Impulse für Staat, Wirtschaft, Gesellschaft, Wissenschaft und Technik sind von Europa ausgegangen und haben auf andere Kulturerdteile ausgestrahlt.
- Nord- und Südamerika, aber auch der asiatisch-pazifische Raum haben viele Elemente aus Europa aufgenommen und teilweise weiterentwickelt.

1.2 Grobgliederung des Naturraums

Größe

- Europa umfasst 10 Mio. km² und gehört damit zu den kleinen Erdteilen.
- Vergleichsangaben (in Mio. km²): Australien 9, Nordamerika 24, Afrika 30, Asien 44

Starke Gliederung

- Kein Kontinent ist so stark gegliedert wie Europa.
- Ein Drittel der Fläche wird von Inseln und Halbinseln eingenommen.
- Die Küstenlänge macht 37 000 km aus.
- Meeresräume unterteilen einzelne Raumelemente:
  – Ostsee untergliedert den nordeuropäischen Raum;
  – Nordsee trennt West- und Nordeuropa;
  – Mittelmeer bildet einerseits die Südgrenze, unterteilt andererseits mit seinen Nebenmeeren den südeuropäischen Raum;
  – Schwarzes und Kaspisches Meer wirken ebenfalls gliedernd.
- Inseln sind dem Festland vorgelagert: Britische Inseln, Island; im Mittelmeer: Balearen, Korsika, Sardinien, Sizilien, Kreta.
- Halbinseln ragen weit über den kontinentalen Kern hinaus:
  – Skandinavien, das seinerseits eine äußerst stark gegliederte Westküste besitzt;
  – Iberische Halbinsel (Spanien und Portugal);
  – Apenninen-Halbinsel ragt weit in den Mittelmeerraum hinein, ebenso
  – die südosteuropäische Halbinsel mit Griechenland.
- Folge der starken Gliederung und der Durchdringung von Land und Meer ist der geringe mittlere Küstenabstand von 340 km; man kann 62% des Erdteils als küstennah bezeichnen.

Tektonik (Bau und Veränderungen der Erdkruste)

+ Den ältesten Teil Europas bildet der im Präkambrium entstandene **Baltische Schild**, an den sich ab dem Paläozoikum die **Russische Tafel** anlagerte.
+ Außerdem lagerte sich im Bereich Norwegen, Schottland und Irland in der Zeit des Kambrium in einer großen Mulde (Geosynklinale) Material ab, das im Ordovizium und Silur während der sogenannten **Kaledonischen Faltung** zusammengeschoben und hochgehoben wurde. Mitteleuropa war vom Silurmeer bedeckt.
+ In der Zeit des Devon und Karbon wurde das Klima warm und humid; es begann die Faltung des Variskischen Gebirges, das hauptsächlich den Raum Spanien, Frankreich und der heutigen deutschen Mittelgebirge einnahm. In Senken bildeten sich die Kohlenlager des Ruhrgebietes, des Saarlands, Oberschlesiens, Belgiens, Englands und des Donezbeckens.
+ Im Perm war das Klima ebenfalls noch warm, meistens auch trocken; in Nord- und Mitteldeutschland bildeten sich große Steinsalz- und Kalilager.
+ Im Erdmittelalter (Mesozoikum) entstanden die Gesteine des Buntsandsteins, Muschelkalks und Keupers sowie des Jura; im Bereich der heutigen Alpen liegt eine meerbedeckte Einsenkung, in die auch noch in der Kreidezeit Sedimente abgelagert wurden.
+ In der Zeit des Tertiär erfolgt eine starke Umgestaltung in Europa: Die **alpidischen Gebirge** erleben ihre Hauptfaltungsphase: Sierra Nevada und Pyrenäen, Alpen und Apenninen, Karpaten, Dinarisches Gebirge, Balkan, Taurus, Pontus und Kaukasus. Gleichzeitig zerbrechen die schon größtenteils eingeebneten Flächen im Bereich der Variskischen Faltung in viele einzelne Schollen, diese werden teilweise hochgehoben (Harz), teilweise schiefgestellt (Süddeutsches Stufenland), teilweise in Grabenbrüchen eingesenkt (Oberrheingraben). Im Bruchlinienbereich starker Vulkanismus (Vogelsberg, Eifel, Rhön).

Relief

Entsprechend den tektonischen Vorgängen der jüngeren Erdgeschichte ist das Relief geprägt:
+ Die jungen Faltengebirge der alpidischen Faltung sind hauptsächlich als Hochgebirge ausgeprägt. Sie liegen im Süden und streichen west-östlich.
+ trennende Funktion, Verkehrshindernis;

A Europa

- Die Ebenen und Tiefländer liegen im Norden und Osten. Durchgehendes Tieflandsband vom Fuß der Pyrenäen über Frankreich, Belgien, Niederlande, Norddeutschland, Ausweitung über Polen nach Russland hinein.
- Zwei Drittel der Fläche Mitteleuropas liegen unter 200 m.
- Zwischen Tiefländern im Norden und Hochgebirgsketten im Süden befinden sich die Berg- und Hügelländer: Zentralmassiv in Frankreich, Ardennen, deutsche Mittelgebirge.

1.3 Klimabereiche

- Der äußerste Norden Skandinaviens und Russlands gehört noch der **Polarregion** an und ist humid und maritim geprägt.
- Der Süden Europas liegt in den **Subtropen**: Spanien (außer dem NW-Teil), Italien, Jugoslawien, Griechenland, Bulgarien und der südliche Teil des Schwarzen und Kaspischen Meeres.
- Dazwischen der größte Teil Europas im Klimagebiet der **Mittelbreiten**. Der Raum ist in sich differenziert in einen kaltgemäßigten Teil im Norden und einen kühlgemäßigten Teil im Süden. Von West nach Ost nimmt der Einfluss des Meeres ab, das Klima wird also kontinentaler, auch die Niederschlagsmenge nimmt ab.

Somit lassen sich fünf klimatische Teilräume unterscheiden:

Nordeuropa

- Nordeuropa liegt teilweise im Gebiet der zirkumpolaren Ostwinde und empfängt mit ca. 300 bis 400 mm sehr wenige Niederschläge, ist aber wegen der geringen Verdunstung in dieser Breitenlage trotzdem humid. An der Luvseite von Gebirgen kann die Niederschlagsmenge erheblich höher sein: Beispiel Bergen.
- Der Golfstrom mildert die Januartemperaturen an der West- und Nordküste Skandinaviens beträchtlich. Das Landesinnere ist kontinentaler.
- Die Sommertemperaturen steigen nur wenig über 10° C (Narvik 14° C, Murmansk 13° C).

Südeuropa

- Mittelmeerklima;
- Südeuropa liegt im Sommer im Bereich des Hochdruckgürtels der Rossbreiten (Hoch über den Azoren). Die Sommer sind heiß und trocken; es herrschen N- bzw. NO-Winde vor.
- Im Winter wandert das tropische Zirkulationssystem weiter nach dem Süden und gibt den Mittelmeerraum für die Westwindzone frei → ozeanische Luftmassen dringen ein; die Winter sind feucht und mild.

Westeuropa

- Es liegt ganzjährig im Westwindbereich mit reichlichen Niederschlägen von 500 bis 1000 mm, an der Luvseite von Gebirgen noch mehr.
- Verteilung der Niederschläge auf das ganze Jahr; Maximum im Herbst und Winter.
- Durch Meereseinfluss und Eindringen von maritimen Luftmassen sind die Temperaturen ausgeglichen: kühle Sommer, milde Winter.
- Weil die Temperaturen niedrig sind, ist die Verdunstung nicht sehr hoch, und selbst Niederschläge von 500 bis 600 mm reichen für den Anbau aus.

Mitteleuropa

- warmgemäßigtes Übergangsklima;
- der maritime Einfluss nimmt nach Osten zu ab;
- das gilt auch für die Niederschläge.

Osteuropa

- Kontinentale Ausprägung nimmt zu; kalte Winter, warme Sommer;
- Niederschläge werden geringer;
- Niederschläge fallen besonders im Frühsommer als Starkregen.

A Europa

Klimawerte einiger europäischer Stationen

	Jan.	Juli	Jahr		
Temperatur	1,5	15,0	7,8	Bergen	**Nordeuropa**
Niederschläge	179	141	1958		
Temperatur	−10,9	13,4	0,2	Murmansk	
Niederschläge	19	54	376		
Temperatur	4,3	17,7	10,4	London	**Westeuropa**
Niederschläge	54	57	593		
Temperatur	10,0	26,4	18,0	Murcia	**Südeuropa**
Niederschläge	24	1	304		
Temperatur	6,9	24,7	15,6	Rom	
Niederschläge	76	14	874		
Temperatur	−1,4	18,0	8,4	Nürnberg	**Mitteleuropa**
Niederschläge	43	90	623		
Temperatur	−3,5	19,2	8,1	Warschau	**Osteuropa**
Niederschläge	23	79	502		
Temperatur	−9,9	19,0	4,4	Moskau	
Niederschläge	31	74	575		
Temperatur	−5,9	19,3	7,0	Kiew	
Niederschläge	43	70	615		

1.4 Vegetation in Abhängigkeit von Klima und Boden

Subpolare Tundra

- im äußersten Norden Europas und in Hochlagen des Skandinavischen Gebirges;
- kurze Vegetationszeit von höchstens 3 Monaten (über 5° C);
- Durchschnittstemperatur des wärmsten Monats unter 10° C;

- wegen Dauerfrostboden tauen im Sommer nur wenige dm an der Oberfläche auf → Morast, Wassertümpel;
- sehr nährstoffarme Böden mit dünner Humusdecke;
- Bäume fehlen, nur Zwergsträucher (Zwergbirken, Zwergweiden), Moose, Flechten; Pflanzenbedeckung 10 bis 80%, dazwischen blankes Gestein;
- kein Feldbau wegen Lage nördlich der Anbaugrenze; nur Gemüse in Gewächshäusern;
- Haus- und Straßenbau schwierig wegen Permafrost; Wasserversorgung aus tiefen Seen oder durch Schmelzen von Eis

Borealer Nadelwald (Taiga)

- Nord- und Mittelskandinavien; nördliches Russland;
- niedrige Jahrestemperatur, auch niedrige Sommertemperatur;
- Vegetationszeit 3 bis 6 Monate; Winterdauer: 6 Monate;
- Niederschläge 250 bis 500 mm, verteilt auf das ganze Jahr;
- nährstoffarme Podsolböden; Boden taut nur 10 bis 50 cm auf;
- Fichten, Tannen, Lärchen, Kiefern; wenig Laubholz, z. B. Pappel, Birke; dazwischen viele Moore;
- Wald als Rentierweide im Winter; Torfabbau;
- Holzeinschlag deckt wesentlichen Teil des Papier- und Schnittholzbedarfs;
- allenfalls Anbau von Sommergerste und Kartoffeln möglich, an günstigen Stellen auch Sommerhafer und Roggen

Sommergrüne Laub- und Mischwälder

- West-, Mittel- und Osteuropa; nach Osten zu schmäler werdend;
- Klima der feuchten Mittelbreiten;
- Niederschläge im ganzen Jahr, hauptsächlich im Sommer;
- Vegetationszeit 7 bis 10 Monate;
- im Winter Laubabwurf wegen der Kälte;
- artenreiche Wälder mit wechselnder Dichte;
- außer den Nadelbäumen: Buchen, Eichen, Hainbuchen u. a.;
- Anbau aller in Mitteleuropa üblichen Nutzpflanzen wie: Kartoffeln, Gerste, Roggen, Hafer, Weizen, Zuckerrüben; Anbaugrenze für Körnermais im Norddeutschen Tiefland, Weinbau bis in die Gunstlagen der Mittelgebirge;
- begrenzender Faktor für den Anbau: Spät- und Frühfröste, Winterkälte, geringe Gesamtwärmemenge (besonders bei Wein und Körnermais)

Hartlaubzone

- Mittelmeerraum;
- Sommer: trocken und heiß;
- Winter: ausreichend Niederschläge von 500 bis 600, max. 900 mm;
- immergrüne Baum- und Strauchformationen mit lederartigen Blättern zum Verdunstungsschutz im Sommer;
- Trockenheit als Hauptproblem, auch für den Anbau;
- Hartlaubgewächse, besonders Steineiche;
- nach Waldrodung bildete sich Macchie als Sekundärvegetation;
- häufige Brände im Sommer;
- Anbau: Weizen, Gerste, Kartoffeln, Mais, Baumwolle, Wein, Oliven, Reis, Gemüse, im Süden auch Zitrusfrüchte (begrenzender Faktor: Frost);
- Schaf- und Ziegenhaltung

1.5 Ressourcen in Europa. Erdöl und Gas aus der Nordsee

Grunddaten für Gesamteuropa (ohne Russland)

- Vorräte Europas in % der Weltvorräte:
  Erdöl 2,7%, Erdgas 5,2%, Steinkohle 11,2%;
- Förderung Europas in % der Weltförderung:
  Erdöl 9,6%, Erdgas 12,2%, Steinkohle 7,5%;
- Primärenergieverbrauch (umfasst alle Energieformen inklusive Kernenergie und sog. alternative Energieformen): 18,3% der Welt;
- Fazit: Europa hat geringe Energievorräte, beutet sie rasch aus und verbraucht überproportional viel.

Energieversorgung Deutschland

- 65% der Primärenergie müssen importiert werden; Tendenz steigend;
- Verbrauch an Primärenergie 1998 nach Energieträgern: Mineralöl 40%, Steinkohle 14,2%, Braunkohle 10,5%, Naturgas 21%, Kernenergie 12,3%, Wasserkraft 0,5%, Sonstige 1,5%;
- Steinkohle reichlich vorhanden; Importkohle kostet ein Drittel des Preises der deutschen Kohle; wichtige Importländer: Südafrika, Polen, Kolumbien, Tschechien/Slowakei, USA;

A Europa

- Braunkohle reicht für 150 Jahre; Abbau ohne Subventionen möglich;
- Erdölvorräte bis 2003 erschöpft; Importländer zur Risikominderung weit gestreut, besonders GUS, Norwegen, Großbritannien, Libyen;
- Erdgas: geringe Vorräte; decken aber 1997 18% des Verbrauchs; Import aus GUS 29%, Niederlande 21%, Norwegen 19%;
- Kernenergie: Anteil an Stromerzeugung 29%

Erdöl- und Energiewirtschaft Norwegens

Lage der Erdöl- und Erdgasfelder:
- zwischen Großbritannien und Dänemark / Norwegen mitten in der Nordsee; verteilt auf eine Vielzahl von Feldern;
- Norwegen hat neben Großbritannien den Hauptanteil an den Vorkommen in der Nordsee.
- Öl ist schwefelarm und daher hochwertig.
- Die Lagerstätten liegen zwischen 2000 und 4500 m Tiefe; Abbau nur im Offshore-Verfahren möglich.
- Abtransport: bei Gas über Pipeline, bei Erdöl mittels Tanker;
- Problem: Meeresboden sinkt nach der Ölentnahme ab, im Ekofisk-Feld bereits um 3,5 Meter.

Bedeutung im weltweiten Vergleich:
- Im Nordseeraum liegen 1,5% der Weltölreserven und 1% der Weltgasreserven.
- Ölproduktion Norwegens 1978: 16,9 Mio. t, 1992: 106,3 Mio. t, 1997: 160,8 Mio. t;
- Gasnettoförderung Norwegens 1980: 25,1 Mrd. m^3, 1992: 28,0 Mrd. m^3, 1997: 45,6 Mrd. m^3;
- Norwegen ist der viertgrößte Erdgasexporteur der Welt (9% Anteil am Weltexport).
- Die Vorkommen sind günstig gelegen in der Nähe zu großen Verbraucherzentren.
- Für die EU-Länder stellen die Nordseevorräte aus Norwegen eine wichtige Absicherung der Öl- und Gasversorgung dar.
- Deutschland bezieht 19% seines Erdgases aus Norwegen (1997).

A Europa

Bedeutung für Norwegen:
- Der Anteil an Öl und Gas am Gesamtexport betrug 1974 0,8%, 1996 aber 55%.
- Das Ekofisk-Feld hat seine höchste Produktionsmenge schon überschritten; Förderung erfolgt künftig hauptsächlich durch Einpressen von Wasser (Sekundäres Abbauverfahren). Abbau verlagert sich immer mehr in die nördlichen Felder.
- Positiv war die Wirkung zunächst auf dem Arbeitsmarkt: 15 000 Arbeitsplätze entstanden direkt in der Ölindustrie, eine größere Anzahl in der Zulieferindustrie (Bau von Bohrplattformen und Geräten für den Abbau) und in der verarbeitenden Industrie (Raffinerien, petrochemische Industrie). Besonders die Bauwirtschaft und die Metallverarbeitung haben Belebung erfahren. Gesamtzahl der neuen Arbeitsplätze: 63 000. Das sind 4% der Gesamtbeschäftigten.

Strategie der Regierung Norwegens:
- „Norwegisierung": Der norwegische Staat steuert genau die Vergabe von Konzessionen für Exploration und Abbau. Er besteuert die Ölgesellschaften und sorgt für zunehmenden Einsatz norwegischer Firmen, um Arbeitsplätze und technisches Know-how zu gewinnen. Gründung zweier norwegischer Ölkonzerne: Statoil und Norsk Hydro.
- Erfolg dieser Strategie: Norwegische Konzerne können ihre Kenntnisse bereits beim Ölabbau vor der Küste Chinas, Ägyptens und Benins nutzen.
- „Go-slow-Politik": Bremsen der Förderung, um die Negativwirkungen so gering wie möglich zu halten.

Probleme und Negativwirkungen:
- Hohe Investitionssummen. Das Investitionskapital konnte nur durch hohe Verschuldung Norwegens aufgebracht werden.
- Die hohen Löhne in der Ölwirtschaft haben sich auch auf die übrigen Industriezweige ausgedehnt, die dadurch überfordert waren → Konkurrenzfähigkeit dieser Bereiche auf dem Weltmarkt ist oft verloren gegangen.
- Inflationsrate ist gestiegen, ebenso die Lebenshaltungskosten.
- Unerwünschte Disparitäten sind entstanden: Abwanderung von Arbeitskräften aus den bisherigen Industriebereichen, aus der Fischerei und der Landwirtschaft. Der Gegensatz zwischen Norwegens Aktiv- und Passivräumen ist größer geworden.
- Die Fischerei muss auf die Fanggründe in der Sperrzone um die Bohrinseln verzichten.

Die Entwicklung der Europäischen Union

1951/1952 EGKS = Montanunion	D, F, I, Be Ne Lux	**Ziel:** Gemeinsamer Markt für Kohle, Stahl, Eisenerz statt nationaler Verfügungsrechte in diesem Sektor
1957/1958 Römische Verträge: EWG, EURATOM = EAG		**Ziel der EWG:** Gemeinsamer Agrar- und Industriemarkt ohne Zollschranken. Schrittweise Verschmelzung der Volkswirtschaften **Ziel der EURATOM:** Förderung der friedlichen Nutzung der Kernenergie und Forschung inklusive alternative Energiequellen 1962 Gemeinsame Agrarpolitik
1967 Fusion der drei Gemeinschaften zur EG		1968 Zollunion in Kraft: keine Binnenzölle, gemeinsamer Außenzoll 1970 Koordination der nationalen Außenpolitiken 1972 Freihandelsabkommen zwischen EG und EFTA: schrittweise Zollsenkung
	1973 GB, Irland, Dänemark	1979 Erste Direktwahl zum Europäischen Parlament 1979 EWS Europäisches Währungssystem, um Wechselkurse zu stabilisieren
	1981 Griechenland 1986 Spanien, Portugal 1990 Ostteil Deutschlands	1989 – 1991 Auflösung des osteuropäischen Wirtschafts- und Militärsystems. Auflösung der SU → Osteuropäische Staaten und EFTA-Staaten orientieren sich in Richtung EG 1991/1992 Maastrichter Vertrag: Vertrag über die Europäische Union beschlossen 1. 1. 1993 Europäischer Binnenmarkt verwirklicht: „Vier Freiheiten"
1. 11. 1993 EU in Kraft	1995 Österreich, Schweden, Finnland	1994 2. Stufe der Wirtschafts- und Währungsunion: Vorbereitung einer einheitlichen Währung bis 1999 1994 Die 12 EU-Staaten bilden mit 6 EFTA-Staaten (A, S, N, Finnland, Island, Liechtenstein) den EWR (Europäischen Wirtschaftsraum); Schweiz tritt nicht bei 1999 Dritte Stufe der Europäischen Währungsunion: Einführung des Euro in 11 Mitgliedstaaten

A Europa

Umweltproblematik:
- 1977 sind bei einem Ölunfall im Ekofisk-Feld 25 000 bis 32 000 t Öl ins Meer geflossen → Ölteppich von der 11fachen Größe des Bodensees.
- Die Ölmenge, die jährlich durch Unfälle und durch Ablassen von Rückständen in die Nordsee gelangt, beträgt ein Mehrfaches davon.
- Große Gefahr für Fischbestand, sonstigen Tierbestand und die Küsten.

1.6 Die Entwicklung der EU

Probleme der wissenschaftlichen Grenzziehung
- Länder und Erdteile sind komplexe Gefüge mit naturgeographischen und kulturgeographischen Elementen.
- In der geographischen Wissenschaft wurden teilweise die naturgeographischen, teilweise die kulturgeographischen Komponenten als wichtiger eingeschätzt.
- Häufig sind die naturgeographischen und die kulturgeographischen Grenzen nicht identisch.

Versuche einer wissenschaftlichen Abgrenzung Europas
- Europa lässt sich als ein Subkontinent Asiens begreifen.
- Die West-, Nord- und Südgrenze sind eindeutig und unumstritten: Atlantik und seine Nebenmeere, Nördliches Eismeer, Mittelmeer.
- Schon bald wurde man sich bewusst, dass die trennende Funktion des Ural als Ostgrenze überschätzt worden war: kein hohes Gebirge, leicht zu überschreiten, keine klimatische Grenze.
- Da aber die Geographie des 19. Jahrhunderts stark naturgeographisch geprägt war, hielt man mangels anderer markanter Landschaftselemente am Ural als Grenze fest. Die Fortsetzung im Süden bilden dann Uralfluss, Kaspisches Meer, Asowsches Meer, Schwarzes Meer, Bosporus, Dardanellen. Diese Vorstellung ist bis heute weit verbreitet.
- Seit in der Geographie humangeographische Betrachtungsweisen wichtig geworden sind, hat der Vorschlag von *Albert Kolb*, die Welt in Kulturerdteile zu gliedern, immer mehr Anhänger gefunden.
- Nach *Kolb* ist zwischen einem abendländischen und einem russischen oder osteuropäischen Kulturerdteil zu unterscheiden.

- Darauf aufbauend wurde eine Grenzziehung zwischen dem Weißen Meer und der Mündung der Pruth in das Schwarze Meer vorgeschlagen.
- Zwischen den Weltkriegen kam die Diskussion über „Paneuropa"-Gedanken auf.
- Nach den Erfahrungen des Zweiten Weltkrieges und dem mit ihm verbundenen politischen Machtschwund der europäischen Staaten trat der Wunsch nach europäischer Einigung erneut auf. Die nationalstaatliche Teilung Europas sollte überwunden werden, durch die Einigung und besonders die Einbindung Deutschlands sollte eine dauerhafte Friedensordnung entstehen.
- Der Kalte Krieg wirkte beschleunigend auf die Einigung, da die USA an einem wiedererstarken Westeuropas interessiert sein mussten.
- Die Front im Kalten Krieg (Eiserner Vorhang) markierte aber gleichzeitig die politische Teilung Europas in Ost- und Westeuropa und ihre Zuordnung zur östlichen bzw. westlichen Großmacht (Ostintegration, Westintegration).

EFTA (European Free Trade Association)

- Auf britische Initiative 1960 gegründet, um die Interessen der Staaten zu wahren, die nicht Mitglied der EWG wurden.
- Mitglieder: DK, GB, N, A, P, S, CH, später Finnland, Island, Liechtenstein;
- Es drohte eine wirtschaftliche Spaltung des westlichen Europa.
- Ziel war Zollabbau, aber keine wirtschaftliche oder politische Integration;
- seit 1973 Übertritt mehrerer Mitglieder zur EG bzw. EU;
- Wegen des Erfolgs der EWG, EG, EU zunehmende Anbindung der EFTA;
- 1994 Bildung des EWR;
- 1999 nur noch vier Mitglieder: Island, Liechtenstein, Norwegen, Schweiz

EWR – Europäischer Wirtschaftsraum ab 1994

- Die 15 EU-Staaten bilden mit den EFTA-Staaten (Liechtenstein, Island, Norwegen) einen gemeinsamen Markt. Die Schweiz tritt nicht bei.
- Es gelten die vier Freiheiten des europäischen Binnenmarkts: freier Verkehr von Personen, Waren, Dienstleistungen und Kapital.
- In der Handels-, Steuer-, Währungs- und Agrarpolitik bleiben die EFTA-Staaten selbstständig.

A Europa

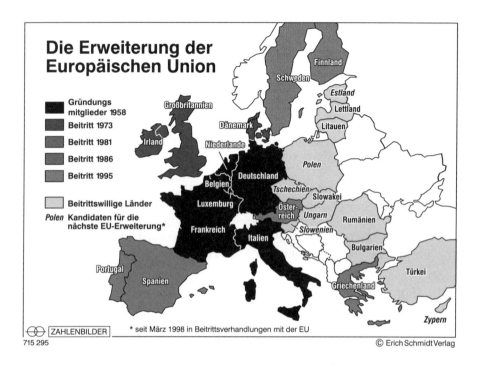

Chancen des Binnenmarktes

großer Absatzmarkt gibt langfristig einen gesicherten Grundabsatz als Basis für die Wirtschaft;
größere Serien in der Produktion   Produktionsverbilligung;
Verbraucher profitieren von stärkerem Wettbewerb;
Beschäftigungsbelebung

Probleme des Binnenmarktes

Es sind immer noch Handelshemmnisse da, die zu beseitigen sind:
– verschiedene Steuersätze,
– unterschiedliche Rechtsvorschriften,
– verschiedene technische Normen,
– im Bahnverkehr verschiedene Stromarten, Stromstärken.

- Das Regionalgefälle im EWR wird größer statt geringer.
- Der Konzentrationsprozess zwingt kleinere Firmen zur Aufgabe.
- Strenge Normen im Umwelt- und Verbraucherschutz können aufgeweicht werden.
- Agrarwirtschaft zeigt riesige Disparitäten bei Betriebsgrößen und Produktivität. Klimabedingungen und Böden sind uneinheitlich, die Betriebsgrößen im Durchschnitt zu klein im Vergleich zur Konkurrenz auf dem Weltmarkt.
- Eine rasche, sozial verträgliche Umstellung auf international konkurrenzfähige Betriebe ist nicht möglich, weil alternative Arbeitsplätze fehlen.
- Die Landwirtschaft produziert durch Absatzgarantien und subventionierte Garantiepreise Überschüsse, die z.T. mit weiteren Subventionen außerhalb des EWR zu Schleuderpreisen abgegeben werden.
- Ob die neue Agrarordnung von 1999 Abhilfe schafft ist ungewiss.
- Politisches Problem: In der EU werden die Behörden zu wenig durch das Parlament kontrolliert („Demokratie-Defizit").
- Wenn sich der EWR mit protektionistischen Maßnahmen abschottet und Konkurrenz von außen (amerikanischer und pazifischer Raum) nicht zulässt, wird der Lebensstandard langfristig sinken.

1.7 Räumliche Disparitäten

Ausgangslage

- Durch Europa geht eine markante Trennlinie; alle Staaten, die im Einflussbereich der ehemaligen SU lagen, inklusive die Nachfolgestaaten des früheren Jugoslawiens und Albanien, sind weit unter dem Stand des hoch entwickelten Westeuropa.
- Innerhalb der EU beträchtliche Unterschiede, teilweise auch innerhalb einzelner Länder;
- hoch entwickelte Kernzonen: Beneluxstaaten, Frankreich, Deutschland, Schweiz, Österreich, Norditalien, südliches England;
- wenig entwickelte Randzonen: Irland, Portugal, SW-Spanien, Süditalien, Griechenland

A Europa

Indikatoren für die Entwicklung eines Raumes

Bereich Wirtschaft:
- Bruttoinlandsprodukt,
- Gliederung der Erwerbstätigen nach Wirtschaftsbereichen,
- Anzahl und Qualität der Arbeitsplätze,
- Anteil der Erwerbstätigen an der Gesamtbevölkerung,
- Anteil der Arbeitslosen,
- Verbreitung ausgewählter Konsumgüter

Bereich Infrastruktur:
- Verkehrserschließung und Anbindung,
- Wohnraumangebot,
- Kommunikationsnetz,
- Angebot an Bildungseinrichtungen,
- geeignete Grundstücke für Industrieansiedlung,
- Stand der Forschung und Förderung von Innovationen

Bereich Bevölkerung:
- Verteilung,
- Wachstum,
- Bildungsstand, berufliche Qualifikation

Bereich Umwelt:
- Belastung mit Schadstoffen

2 Raumnutzung und Raumstrukturen in europäischen Mittelmeerländern

2.1 Die naturgeographischen Voraussetzungen

Tektonik

Der Mittelmeerraum ist geformt durch aufeinander treffende Platten. Die afrikanische Platte schiebt sich in Richtung Nordwesten, während die europäische Platte in Richtung Süd-Südwesten wandert.

Diese **Plattenbewegungen** haben ihre Spuren hinterlassen: Der größte Teil der tertiären Faltengebirgsbildung ist auf sie zurückzuführen: Atlas und Betiden, Pyrenäen, Alpen und Karpaten, Apennin, Dinarisches Gebirge, Helleniden sowie Pontisches Gebirge und Taurus.
Zeugen der starken Aktivitäten, die immer noch anhalten, sind Vulkanismus (Ätna, Liparische Inseln, Vesuv) und besonders Erdbebentätigkeit von Nordafrika über Italien, den Balkan bis in die Türkei.
Die Mittelmeerzone ist in der Zeit des Tertiär grabenförmig eingesackt.

Relief

Infolge dieser relativ jungen Umgestaltung des Raumes ist das ganze Mittelmeergebiet von Gebirgen geprägt, nur wenige, größere Ebenen finden sich (Hochland von Kastilien, Ebrobecken, Poebene).
Die Gliederung in drei große Halbinseln und eine große Zahl von Inseln unterschiedlicher Größe führt zu einer starken Verzahnung von Land und Meer. Die Landgebiete selbst haben eine kleinkammerige Struktur.

Klima

Das Klima ist **wechselfeucht**. Trockene, heiße Sommer folgen auf feuchte, milde Winter. Es gibt kaum Übergangsjahreszeiten.

Ursache des Wechsels:
Im Sommer schiebt sich die subtropische Hochdruck- und Passatzone von Süden in den Mittelmeerraum, sie wandert im Winter wieder zurück nach Süden und gibt den Mittelmeerbereich frei für die außertropischen Zyklonen der Westwindzone. Allerdings gibt es zwischendurch auch in der Winterzeit längere Schönwetterperioden, die auf Hochdruckgebiete zurückzuführen sind.
Im Winter herrscht also eine Westströmung vor, im Sommer Windstille wegen absinkender Luftmassen oder Nordwind.
Diese Windströmungen werden zeitweilig abgelöst durch lokale Winde: den kalten Mistral in Südfrankreich, die Bora im Bereich der nördlichen und östlichen Adriaküste oder die heißen Wüstenwinde, die nach Norden wehen: etwa den Schirokko.

A Europa

Temperaturen:
- Die Januartemperaturen liegen im Durchschnitt zwischen 5 und 10° C, die Juli- bzw. Augusttemperaturen bei 23 bis 27° C.
- Da diese Schwankungen nicht zu groß sind, spricht man von einer **ozeanischen Prägung**.
- Die Differenzierung innerhalb des Mittelmeerraumes erfolgt nach der Nähe zum Meer oder nach der Lage zum Binnenland.
- Stellenweise können im Sommer Tageshöchsttemperaturen von über 40° C auftreten.
- Im Norden gibt es durchaus Fröste, die den Zitrusfrüchten gefährlich werden können.
- Frühlingseinzug im Südwesten bereits vor dem 21. 3., das ist der früheste Termin in ganz Europa; wichtig für die Frühgemüseproduktion.

Niederschläge:
Die Niederschläge erreichen Werte von 400 bis 800 mm/Jahr, außer an der Luvseite von Gebirgen, wo die Höchstwerte auftreten; sie sind also kaum geringer als in Mitteleuropa, aber konzentriert auf den Winter. Ihre **Variabilität** ist sehr hoch; in den drei Sommermonaten sind sie sehr gering oder können sogar ganz fehlen. Meist fallen die Niederschläge als Regen, selten als Schnee. Nur in den Hochlagen der Gebirge kann sich eine Schneedecke bilden. Neben Landregen sind Starkregen mit Gewittern sehr typisch.

Gewässer

Wegen der Land-Meer-Verzahnung gibt es meist nur kurze Flüsse, nur auf der großflächigen Iberischen Halbinsel sind sie länger. Eine Sonderstellung haben die Rhône wegen ihrer Herkunft aus den humiden Breiten und der Po, der Wasser aus dem Gebirgsbereich empfängt.
Der Norden des Raumes hat Wasserüberschuss, der Süden Wassermangel.
Typisch für die Flüsse ist die starke Schwankung der Wasserführung; Werte von 1 : 30 und noch mehr kommen häufig vor.
- **Bewässerungsmöglichkeit:** sehr günstig in der Poebene, da ganzjährig Wasser zur Verfügung steht und nur verteilt werden muss; im Süden sind große Auffangbecken für die Winterniederschläge nötig.

- **Bewässerungsform:** früher Wasser in halboffenen Betonrinnen hergeleitet und dann in die Furchen der Felder verteilt (= Berieselungssystem); heute meist unterirdische Druckrohrleitungen; Tröpfchenbewässerung aus perforierten Schläuchen
- **Entwässerung:** unbedingt notwendig, um Versalzung und Vernässung zu vermeiden

Bodenschätze

Braunkohle und Steinkohle fehlen fast völlig, sonstige Bodenschätze in geringen Mengen vorhanden, z. B. Bauxit.

Böden

Braunerden, wie sie in Mitteleuropa vorkommen, sind weit verbreitet; daneben gibt es auch eisendioxidhaltige Roterden, besonders im östlichen Mittelmeerraum. Die Böden sind sehr anfällig für Erosion.

Vegetation

Hartlaubgewächse sind typisch: immergrüne Bäume und Sträucher; die meisten Pflanzen haben kleine Blätter und eine Schutzschicht aus Wachs oder Harz gegen Verdunstung.
Die ursprünglichen Hartlaubwälder – häufig Hartlaubeichen – sind weitgehend gerodet und in Ackerflächen umgewandelt oder zu zwei bis vier Meter hohem Hartlaubgebüsch degradiert *(Macchie)*. Ursache der Degradierung sind neben der Abholzung auch Brände und Beweidung.
Aufforstung wird heute meist mit schnellwüchsigen Baumarten betrieben, z. B. mit Kiefern.

Gesamtbewertung der Naturbedingungen

Günstig sind:
- die Lage am Meer (Schifffahrt, Handel),
- die lange Küstenlinie (Tourismus),
- die Wärme im Sommer (Tourismus),
- die milden Temperaturen im Winter (Anbau).

Ungünstig sind:
- das gebirgige Relief; es bietet zu wenig Platz für große Siedlungsflächen, große Kulturflächen, Anlage von Verkehrswegen; es begünstigt außerdem besonders im Zusammenhang mit den Starkregen die Bodenerosion; die Täler und Ebenen sind für die Nutzung eher geeignet, aber Schotterflächen, Überschwemmungen, Versumpfungen und Versalzungen können Einschränkung bedeuten.
- die Sommertrockenheit (wichtige Einschränkung der Landwirtschaft);
- die Variabilität der Niederschläge, die einerseits Trockenheit, andererseits Starkregen zur Folge haben kann;
- Die Gewässer können den sommerlichen Wassermangel nicht ausgleichen, da sie keine ausreichende Wasserführung im Sommer haben.
- Die durch den Menschen veränderte Vegetation trägt nicht mehr ausreichend zum Schutz des Bodens bei, sie hat geringen Wert; Forstwirtschaft ist nur begrenzt möglich.
- die Armut des Landes an Bodenschätzen.

Der Mittelmeerraum bietet dem Menschen wegen der knappen und leicht zerstörbaren Ressourcen wesentlich schlechtere Entfaltungsmöglichkeiten als der nordamerikanische Großraum mit seiner Vielfalt und seinen großen Reichtümern.

2.2 Die Landwirtschaft zwischen Tradition und Fortschritt

Ackerbau als dominierende Wirtschaftsform

- Der **Trockenfeldbau** beschränkt sich auf die Winter- und Frühjahrsmonate.
- **Anbauprodukte:** früh reifende Getreidesorten, besonders Weizen; in feuchteren Gebirgslagen auch Gerste und Hafer. Um die Feuchtigkeit im Boden zu halten, wird oft eine Trockenbrache dazwischengeschaltet *(dry farming).*
- Die **Baum- und Strauchkulturen** sind weit verbreitet; sie gedeihen auch dort, wo wegen Niederschlagsarmut kein Trockenfeldbau mehr möglich ist. Das weitverzweigte tiefreichende Wurzelwerk kann noch Wasser nutzen, das für oberflächlich wurzelnde Pflanzen nicht mehr erreichbar ist: Ölbaum, Wein, Obstbäume, Feigen, Walnuss.

- Unter den locker stehenden Baumkulturen findet sich häufig ein zweites Stockwerk mit Getreide oder Hackfrüchten: Mischkultur.
- Der **Bewässerungsfeldbau** nimmt nur geringe Flächen ein und beschränkt sich meist auf Täler und Küsten. Die Nutzung ist engräumig, oft sind Dauerkulturen mit dem Anbau kombiniert. Es sind drei bis fünf Ernten möglich; hohe Arbeitsintensität; neben der heimischen Verwendung wird auch für den Export angebaut.
- Große Produktvielfalt: neben den heimischen Produkten wird vieles angebaut, was hier nicht beheimatet ist: Pfirsiche, Aprikosen, Zitrusfrüchte, Mais, Baumwolle, Erdnüsse, Auberginen, Bohnen, Kartoffeln, Paprika, Tomaten und Reis.
- Charakteristisch für den Mittelmeerraum ist das Nebeneinander verschiedener Nutzungsformen und Kulturpflanzen.

Weidewirtschaft

Neben dem Ackerbau spielt die Weidewirtschaft immer noch eine gewisse Rolle, und zwar in der Form der **Transhumanz**: jahreszeitlicher Wechsel der Weideflächen oft über große Entfernungen; im Gegensatz zur Almwirtschaft stehen die Tiere nie im Stall; im Gegensatz zum Nomadismus wandern die Besitzer der Herden nicht mit, sondern haben Fremdhirten angestellt. Man hält meist Schafe und Ziegen.

Eigentumsverhältnisse

Die Eigentumsverhältnisse in der Landwirtschaft sind durch einen Gegensatz zwischen sehr großen Betrieben *(Latifundien)* und sehr kleinen Betrieben *(Minifundien)* gekennzeichnet.

Kleinbauernbetriebe:
- vom Eigentümer selbst bewirtschaftet (Familienbetriebe);
- Verkleinerung der Betriebe und Flurzersplitterung durch Erbteilung entstanden;
- auf Ackerbau ausgerichtet;
- intensive Bewirtschaftung;
- meist nur ein Zugtier vorhanden und wenige Kleintiere zur Eigenversorgung;
- bei Trockenfeldbau unrentabel;
- bei Bewässerungsfeldbau im arbeitsintensiven Gartenbaubetrieb durchaus lohnend

A Europa

Latifundienbetriebe:
- verbreitet in Süditalien und Südspanien;
- Größe ab 500 ha;
- Teile der Flächen sind verpachtet, meist an Großpächter;
- trägt **rentenkapitalistische** Züge (zum Begriff siehe Entwicklungsländer);
- Bewirtschaftung ist kapital- und arbeitsextensiv;
- billige Arbeitskräfte werden eingesetzt, besonders Saisonarbeitskräfte

Traditionelle Landwirtschaft (Beispiel Spanien)

Dauerkulturen:
- Ölbaum und Wein;
- Weizenanbau; Kleinbauern kombinieren beides zusammen als Mischkultur;
- Erträge bleiben gering;
- Flurbereinigung ist sehr schwer durchzuführen.

Bewässerungsfeldbau:
- bäuerliche Kleinbetriebe;
- mehrere Ernten im Jahr;
- sehr arbeits- und kapitalintensiv;
- Gartenbauform („huerta") mit Obst und Gemüse

Viehwirtschaft:
- betrieben in Form der **Transhumanz**

Großbetriebe:
- teilweise von Kleinpächtern bewirtschaftet;
- rentenkapitalistische Betriebsform

Modernisierungstendenzen (Beispiel Spanien)

Sie können sowohl im Bereich der Großbetriebe wie auch bei den Kleinbetrieben beobachtet werden.

Neuerung im Trockenfeldbau: Sonnenblumen
- Großgrundbesitzer rodeten riesige Flächen mit Olivenbäumen (arbeitsintensiv in der Erntezeit).
- Auch der Baumwollanbau rentierte sich nicht mehr.

- Nachfolgenutzung: abwechselnd Getreide und Sonnenblumen auf Großfeldern (geringe Arbeitskosten durch Maschineneinsatz; keine Spezialmaschinen notwendig);
- Speiseölindustrie bot Absatzgarantie für Sonnenblumenkerne.
- Ergebnis: Rentabilität der Großbetriebe verbessert, aber Tagelöhner im ländlichen Raum verlieren Existenz und wandern in die Städte ab.
- Auch Kleinbetriebe stiegen auf Sonnenblumenanbau um.

Neuerungen im Gartenfeldbau an der Küste:
In den Gartenbauregionen breitet sich der Anbau unter Folien oder in Glashäusern immer mehr aus.
Neue Anbautechnik: „Eingesandete Kulturen"
- Boden wird mit einer Schicht Stallmist bedeckt.
- Darüber 15 bis 20 cm grobkörniger Sand;
- obenauf zeitweise Plastikfolien;
- Sand- und Mistschicht muss nur alle fünf Jahre erneuert werden, erfordert aber sorgfältige Handarbeit.

Wirkung:
- Niederschlagswasser dringt bei abgenommenen Folien rasch durch den Sand in den Boden ein, verdunstet aber kaum.
- Sand speichert die Sommerwärme → Boden ist um 5° C wärmer als Umgebung.
- Stallmist düngt den Boden.
- Mist speichert das eingedrungene Wasser und gibt es langsam an den Boden ab. Er wirkt als Wärmepuffer: höhere Temperatur in der Bodenschicht bei geringeren Schwankungen.
- Folien bewirken einen Glashauseffekt: Wärmespeicherung, Vermeidung von Feuchtigkeitsverlusten durch Verdunstung.

Wirtschaftliche Vorteile:
- Frühgemüse und Blumen kommen wesentlich eher auf den Markt als bei herkömmlichem Anbau.
- In Kombination mit einem Plastikgewächshaus kann die Erntezeit bis in die Monate November / Dezember vorverlegt werden.
- Es sind problemlos zwei bis drei Ernten im Jahr möglich.

A Europa

- Sehr gute Absatzbedingungen auf dem europäischen Markt in den Monaten, in denen Südspanien fast als Alleinanbieter auftreten kann → hoher Exportanteil.
- Auch winzige Familienbetriebe mit Betriebsgrößen von nur 0,5 bis 1 ha können ausreichende Gewinne erzielen.

Ausweitung der Bewässerungswirtschaft:
- Bau von tief reichenden Brunnen → Grundwasserspiegel sinkt beträchtlich.
- Anlage von Stauseen; Flussüberleitungen z. B. vom Tajo zum Segura; Ziel: Grundwasservorräte schonen;
- neue Anbauprodukte: Zuckerrüben, Reis;
- Bodenreformen und Flurbereinigung im Ebrobecken brachten größere Flächen → Sprinklerbewässerung möglich;
- Tropfverfahren bei neuesten Anlagen statt Furchen- oder Sprinklerbewässerung um Wasser zu sparen;
- in 40 Jahren stieg der Anteil der bewässerten Ackerflächen von 5% auf 20%.

Vertragsanbau:
- Verarbeitende Betriebe der Lebensmittelindustrie schließen mit den Bauern Lieferverträge.
- Vorteil für die Bauern: Absatz- und teilweise Preisgarantie;
- auf diese Weise vermarktete Produkte: Obst, Gemüse, Sonnenblumenkerne, teilweise auch Baumwolle

Bewertung der Landwirtschaft

- Wegen der einschränkenden Naturbedingungen (Trockenheit, Erosionsgefahr) und der ungünstigen Eigentumsverhältnisse (kaum Familienbetriebe im Rentabilitätsbereich) ist in der traditionellen Landwirtschaft nur selten Wettbewerbsfähigkeit erreicht → niedriger Lebensstandard → Abwanderung von Landbevölkerung.
- Modernisierte Klein- und Großbetriebe haben gute Absatzchancen im europäischen Markt.

2.3 Die neuen Industriestandorte in peripheren Räumen: Beispiel Tarent

Räumliche Disparität – das Mezzogiorno-Problem

Mezzogiorno: alle Regionen Italiens südlich der Abruzzen inkl. Sardinien
- naturräumliche Benachteiligung: stärkere Sommertrockenheit, Wassermangel;
- historische Ursachen der Benachteiligung:
  - im Süden sind Feudalsysteme und Rentenkapitalismus noch nicht überwunden;
  - Abwanderung der aktiven Bevölkerung
- Kapitaltransfer in gewinnversprechende Wachstumsräume des Nordens;
- geringe Kaufkraft

Im Norden Städtereichtum mit kapitalkräftigem Bürgertum und Handwerkstradition; Energie von den Alpenflüssen; Verkehrsgunst, seit EG-Gründung noch verstärkt; Agglomerationsvorteile der Industrie

Kennzeichen des Südens

- geringe Produktivität, niedriges Pro-Kopf-Einkommen;
- hohe Arbeitslosenzahl;
- hoher Anteil der Erwerbspersonen in der Landwirtschaft (15 bis 25% und mehr);
- geringer Prozentsatz der Erwerbspersonen in der Industrie;
- überbelegte kleine Wohnungen;
- hohe Säuglingssterblichkeit;
- hohe Geburtenziffer;
- Bevölkerungsverlust durch Abwanderung;
- geringe Bedeutung des Fremdenverkehrs;
- ungünstige technologische Ausstattung

Standortnachteile für Industrie

- keine Rohstoffe;
- keine ausreichende Infrastruktur;
- wenig qualifizierte Arbeitskräfte;
- keine Fühlungsvorteile

A Europa

Staatliche Industrialisierungspolitik im Süden

- 1957 wurden staatliche Großkonzerne zur Investition im Mezzogiorno gezwungen.
- Großbetriebe der Stahlindustrie und der chemischen Industrie sollten den Entwicklungsprozess einleiten.
- Zulieferindustrie sollte nachfolgen.

Hüttenwerk Tarent als Musterbeispiel:
- 1960 Baubeginn; damals größtes Hüttenwerk in der EG;
- nur Kalk als Rohstoff vorhanden;
- hohe Arbeitslosenzahl wegen Bankrott einer großen Schiffswerft;
- Arbeitskräfte sollten im Stahlwerk Beschäftigung finden;
- Staat subventioniert die Stahlindustrie, um sie konkurrenzfähig zu machen.
- Hafen wird ausgebaut, Verkehrswege modernisiert

Ergebnis:
- 25 000 Arbeitsplätze im Hüttenwerk;
- erhöhte Kaufkraft und stärkere Bautätigkeit in der Region;
- Handel macht höhere Umsätze;
- Ausbruch der Stahlkrise bringt Schwierigkeiten: Arbeitslosenzahl steigt wieder steil an.
- wegen der Monostruktur keine anderen Industriezweige vorhanden, die die Arbeitslosen übernehmen könnten;
- Eine ebenfalls angesiedelte Raffinerie bot nur wenige Arbeitsplätze.
- Fehlschlag des Industrialisierungsprojekts;
- Hüttenwerk 1995 wegen zu hohen Subventionsbedarfs vom Staat an Privatfirma verkauft

2.4 Touristische Erschließung mediterraner Küstenräume

Das Naturpotenzial der europäischen Mittelmeerländer

Klima:
- in der Zeit der Sommersaison lange Sonnenscheindauer;
- geringe Niederschlagsmengen;
- wenig Regentage;

- Wind meist gering;
- viel Wärme, Tageshöchsttemperaturen im Sommer zwischen 28 und 32° C

Gewässer:
- langer Küstenbereich, meist mit Kies- oder Sandstrand; gelegentlich Felsstrand;
- hohe Wassertemperaturen im Sommer (23 bis 24° C)

Vulkane Italiens, Karsthöhlen Jugoslawiens

Tier- und Pflanzenwelt:
von sekundärer Bedeutung; Tourist will lediglich südländischen Landschaftscharakter vermittelt bekommen durch Palmen, Pinien, Zypressen, Agaven.

Kulturelle Anziehungspunkte

- Sie liegen in Städten und im Hinterland der Küste; sie sollen neben der Bademöglichkeit Abwechslung bieten.
- Bauwerke aus römischer und griechischer Antike, aus Mittelalter und Renaissance;
- Bevorzugte Attraktionen:
  - Griechenland: Athen, Kap Sunion, Mykene, Epidaurus;
  - Spanien: Maurische Baukultur in Granada, Cordoba; Madrid;
  - Italien: Venedig, Florenz, Rom, Pompeji;
  - Südfrankreich: Nîmes, Arles, Avignon

Der Aufbau einer Infrastruktur für den Tourismus

- Verkehrswege: Autobahnen, Küstenstraßen für Durchgangsverkehr, Ausbau der Flughäfen, Alpenübergänge;
- Unterkunftsmöglichkeiten:
  - Hotels: früher geballt in großen Zentren, heute sorgfältiger in die Landschaft eingefügt;
  - Feriendörfer, Club-Anlagen, Campingplätze;
  - Marina-Siedlungen: Ferienwohnungen mit unmittelbar daneben befindlichem Liegeplatz für Sportboot;
  - Zweitwohnsitze von Einheimischen und Fremden

A Europa

- Versorgungseinrichtungen: Geschäfte für Lebensmittel, Kleidung, Sportartikel, Souvenirs, Werkstätten;
- Sport- und Vergnügungseinrichtungen: Tennis, Minigolf, Wasserski, Segeln, Windsurfing, Yachthäfen, Kinos, Diskos;
- Ausbildung geeigneten Personals für Hotels, Gaststätten, Verkehrsbüros, Fremdenführung, Sport

Wirtschaftliche und soziale Auswirkungen des Tourismus

- bedeutende Deviseneinnahmequelle;
- Arbeitsplätze im tertiären Sektor geschaffen, aber nur für die Zeit der Saison;
- berufliche Umstrukturierung:
  – Bausektor wächst;
  – Abwanderung vieler Bauern in die Bauwirtschaft;
  – landwirtschaftliche Betriebe zunächst im Nebenerwerb bewirtschaftet, später oft aufgegeben → Sozialbrache;
  – manche Handwerkszweige erleben Aufschwung: Töpferei, Glasbläserei, Juweliere, Möbelschreiner
- Disparität zwischen Küste und Hinterland verstärkt sich; 70 bis 90% der Besucher sind Badetouristen, wenig Besichtigungstourismus.
- soziale Gegensätze werden ausgeprägter;
- steigende Abhängigkeit von ausländischem Investitionskapital

Auswirkungen auf die Umwelt

- Flächenverbrauch, Bodenversiegelung;
- verschmutzte Küsten;
- verbaute Küstenzugänge durch Industrieanlagen und Hotels;
- Zerstörung des Landschafts- und Siedlungsbildes durch einförmige Hotelhochhäuser auf engem Raum, ohne Gartenanlagen, oft keine sinnvolle Ortsplanung; Beispiele: Benidorm, Torremolinos, Marbella, Lignano;
- manchmal wildes Bauen ohne Genehmigung und ohne ordnungsgemäße Versorgungseinrichtungen;
- Beispiel für Belastung: Benidorm 1950: 3000 E; 1996: 35 000 E; jährlich 2 Mio. Touristenübernachtungen;

- Oft drängen sich Verkehrseinrichtungen (Durchgangsstraßen und Bahnlinien) und Hotels auf engstem Raum; Beispiele: Italienische Riviera, Costa del Sol → Dauerlärmbelastung tagsüber und bis nach Mitternacht;
- Wasserknappheit in den Sommermonaten: Tourismuszentren verschwenden viel Wasser, fehlt der Landwirtschaft;
- Abwässer gelangen oft ungeklärt oder nur mechanisch vorgeklärt ins Meer.
- Schäden an der Vegetationsdecke, an Dünen, Biotopen, oft am ganzen Ökosystem;
- Fazit: Tourismus zerstört mancherorts seine eigenen Grundlagen.

3 Der Alpenraum als Fremdenverkehrsgebiet und Transitraum Europas

3.1 Naturausstattung

Umfang und Lage

- Höchstes Faltengebirge Europas, Mont Blanc 4807 m;
- Entstehungszeit: Tertiär;
- Fläche: 190 000 km^2;
- Länge: 1200 km;
- höchste Erhebungen im Westen, wo das Gebirge schmal ist (150 km Breite);
- größte Breite (250 km) an dem durch den Brenner laufenden Meridian; hier wesentlich niedriger

Relief

- stark ausgeprägte Reliefunterschiede;
- durchschnittliche Gipfelhöhe im Westen bei 3500 bis 4200 m, im Osten 2500 bis 3600 m;
- Gliederung in lange Gebirgsketten und dazwischenliegende Längstäler; Ketten selbst sind oft durch Quertäler unterbrochen.
- Eingelagerte Seen am Nord- und Südrand der Alpen sind Attraktionspunkte für den Fremdenverkehr.

Durchgängigkeit

- Durch die Vergletscherung in der Eiszeit wurden die Täler breit ausgeschürft.
- Durch spätere Geröllablagerung der Flüsse in den Trogtälern werden Talflächen verebnet, was die Anlage von Verkehrswegen begünstigt.
- Beckenlandschaften sind in den Gebirgskörper eingelagert: Beispiel Kärnten.
- wichtige Talfurchen: Täler der Flüsse Rhône, Rhein, Inn, Salzach, Etsch, Drau

Klima

- Lage zwischen den Mittelbreiten und dem subtropischen Raum bewirkt unterschiedliche Klimate am Nord- und Südrand.
- Im Mittelbereich ist die Trennfunktion aber keineswegs so stark ausgeprägt wie in den französischen Alpen.
- Niederschlagsmengen sehr hoch, oft über 2000 mm, stellenweise mehr als 3000 mm → mächtige Schneedecke im Winter; viel Wasser, das in dem reliefreichen Gebiet zur Stromgewinnung verwendet werden kann.
- Täler im Innern der Alpen relativ trocken und warm;
- Temperaturverhältnisse stark von Höhenlage abhängig;
- Nordseite der Berge hat gute Schneelage über viele Monate; auf den Gletschergebieten der Hochlagen ist Skilauf sieben Monate lang möglich, vereinzelt noch länger.
- Lawinenabgänge, besonders im Frühjahr, stellen Gefahr für Siedlungen dar.
- Nach Süden exponierte Hänge und Trogtalschultern empfangen reichlich Strahlungswärme: Beispiel Crans Montana im Wallis.

Höhengliederung

Entsprechend dem durch die Höhenlage differenzierten Klima kann man unterscheiden:
- Unterste Stufe: klimatisch bevorzugter Talraum mit Dauersiedlungen; am stärksten kulturlandschaftlich geprägt; Standort von Industriebetrieben (Ökumene).
- Über der Waldzone ist die Almregion; sie wird nur einen Teil des Jahres genutzt und bewohnt (Subökumene).
- Die oberste Stufe ist in der Regel unbewohnte und ungenutzte Naturlandschaft (Anökumene).

- Diese drei Räume sind örtlich durch die moderne Nutzung vielfach verzahnt.

3.2 Entwicklung des Tourismus und die Entwicklung einer touristischen Infrastruktur

Grundsätzliches zum Verständnis

- Die Alpen sind keine unberührte Naturlandschaft, sondern seit dem Neolithikum besiedelt, tiefgreifend verändert und zu einer Kulturlandschaft umgestaltet.
- Der Raum war wegen seines Reliefs und der damit verbundenen Erosionsgefahr ökologisch immer schon besonders labil.
- Die frühere Nutzung durch Bergbauern und Forstleute achtete notgedrungen auf ökologische Stabilität und reagierte umgehend auf Schäden. Es herrschte ein dynamisches Gleichgewicht.
- Die Alpen waren ein Lebens- und Wirtschaftsraum der Alpenbewohner (heute 13 Mio.). Sie haben über diesen Raum selbst verfügt.
- Heute fallen die wichtigen Entscheidungen in den nationalen und supranationalen Zentren außerhalb der Alpen (Fremdbestimmung). Transitverkehr, Bau von Stauseen und Wasserkraftwerken, Tourismus und Konkurrenz für den Bergbauern durch landwirtschaftliche Betriebe im Flachland sind Beispiele für Zugriffe von außen.
- Die Landwirtschaft verliert an Bedeutung, die Zahl der Bauern nimmt ab. Rückzug aus den Höhenlagen → Funktion der Erhaltung der Kulturlandschaft entfällt. Beispiel: Nicht mehr genutzte Mähwiese wird durch Erosion zerstört.
- Gedanken zur richtigen Nutzung: Falsch wäre eine Verkehrserschließung und touristische Nutzung, die ausschließlich den Wünschen von außen folgt.
- Ebenso falsch wären eine Abschottung des Alpenraumes und die Errichtung eines „Naturparadieses".
- Richtig: Nachhaltige Bewirtschaftung mit integriertem Umweltschutz, Stärkung der Selbstbestimmung der Alpenbewohner in der Kooperation mit den Kräften von außen.

Umwertung

- Heute sind die Alpen einer der bedeutendsten Fremdenverkehrsräume der Welt.
- Über Jahrhunderte waren sie ein unattraktiver Raum mit ungünstigen Möglichkeiten für die Landwirtschaft und geringer Besiedlung. Fremdenverkehr spielte keine Rolle.
- Die heutigen Verdienstmöglichkeiten hängen mit der beispiellosen Aufwertung des Raumes zusammen.

Entwicklung des Fremdenverkehrs

Entdeckung und Erkundung:
- Vor 200 Jahren: Systematische Erkundung durch einzelne Wissenschaftler und Landvermesser;
- Alpen werden als „schöne Landschaft" entdeckt.

Belle Époque 1880 bis 1914:
- Seit den Gründerjahren kommt das Bürgertum zu größerem Wohlstand und macht Urlaubsreisen („**Sommerfrische**").
- Es entstehen große Palasthotels, daneben kleine Hotels und in der Höhenlage Schutzhütten der Alpenvereine.
- Alpenüberquerende Bahnlinien werden gebaut: 1854 Semmering; 1867 Brenner; 1882 Gotthard und Arlberg; sie dienen aber hauptsächlich dem Güterverkehr.
- Später werden von diesen Durchgangsstrecken aus Stichbahnen und Nebenstrecken errichtet, die der touristischen Erschließung dienen.
- Durch die Alpenvereine erlebt das Bergsteigen einen Aufschwung.
- Diese Entwicklung ist am stärksten in der Schweiz.

Zeit zwischen den Kriegen 1914 bis 1955:
- Der Alpentourismus bricht wegen Krisensituationen weitgehend zusammen und erholt sich zwischendurch nur langsam.
- Wintertourismus beginnt mit dem Skilaufen, er beschränkt sich aber auf wenige schon durch Sommertourismus erschlossene Orte.
- Erste Bergbahnen und Lifte werden gebaut.
- Zeit der Palasthotels ist vorbei; erste private Ferienhäuser entstehen.
- Die höchste Übernachtungszahl in der Zwischenkriegszeit beträgt 3 Mio./Jahr.

Der Massentourismus 1955 bis 1980:
- Breite Bevölkerungsschichten haben ein steigendes Einkommen, längeren Urlaub und immer mehr können sich ein eigenes Auto leisten.
- Ab 1955 beginnt der Sommermassentourismus, ab 1965 der Wintermassentourismus, der Skisport wird zum Modesport.
- Der Straßenausbau bringt eine Erschließung vieler neuer Räume.
- In diesen Boom-Jahren werden viele neue Hotels, Pensionen und später Eigentumswohnungen gebaut. Die Alpenvereinshütten werden erweitert und modernisiert.
- Zur weiteren Verbesserung der Infrastruktur tragen bei: Aufstiegshilfen (Seilbahnen, Lifte), Wanderwege, Hallenbäder, moderne Restaurants.
- Es entstehen teilweise ganz neue Siedlungen, manchmal sogar in den Hochlagen (Beispiele: Tignes, Hochsölden, Hochgurgl).
- Die Übernachtungszahlen steigen an: 1975: 200 Mio., 1984: 300 Mio., 1998: 500 Mio.
- Jährlich gibt es 120 Mio. Besucher in den Alpen, davon sind etwa 50 Mio. Feriengäste und 70 Mio. Ausflügler.

Die Stagnation auf hohem Niveau:
- Durch Verbilligung der Flugpreise und den Ausbau von Tourismusregionen in der ganzen Welt erlebt der Alpenraum zunehmende Konkurrenz, besonders im Sommer durch „warme Meeresstrände". Die Nachfrage stagniert.
- Statt Neuerschließung gibt es Modernisierung der schon vorhandenen Einrichtungen.
- Im Winter erwächst dem Abfahrtsskilauf Konkurrenz durch Langlauf, Skitouren und Snowboarding.
- Im Sommer treten Aktivsportarten (z. B. Mountainbike) neben das herkömmliche Wandern.
- Kleine, traditionelle Fremdenverkehrsorte sind am stärksten in die Krise geraten, große Orte mit besserem Hotel- und Freizeitangebot haben ihre Position verbessert.

3.3 Wandel der Wirtschaft und der Sozialstruktur

Räumlicher Wandel

- Die Umstrukturierung des Raumes erfolgte von der flächenorientierten landwirtschaftlichen Nutzung über die standortgebundene industrielle Nutzung zur zentrenorientierten Dienstleistungsgesellschaft.
- Touristische Erschließung ist nicht flächenhaft, sondern punkt- und bandförmig.
- Dabei erfolgen eine Verdichtung in Kernbereichen, eine Entleerung in abgelegenen Gebieten.
- Die Zuwanderung konzentriert sich auf die Talzonen, vereinzelt auf hoch gelegene Tourismuszonen.

Erwerbsmöglichkeit im tertiären Sektor

- Fremdenverkehr brachte vielfältige Beschäftigungsmöglichkeiten in Hotel- und Gaststättengewerbe, Einzelhandel, Handwerk, Transport, Unterhaltungsgewerbe, Skischulen.
- 10% des Bruttoinlandprodukts in Österreich und der Schweiz stammen aus dem Fremdenverkehr.
- Versorgung der Bevölkerung mit Waren und Dienstleistungen hat sich verbessert, ebenso die Wohnqualität.
- Etwa 60% der Erwerbstätigen im tertiären Sektor

3.4 Gegenwärtige wirtschaftliche und soziale Probleme im alpenländischen Fremdenverkehr

Probleme der Monostruktur

- Tourismus führte zu einseitiger Branchen-, Sozial-, Siedlungs- und Landschaftsstruktur:
  - Branchenstruktur: Oft sind über 50% der Erwerbstätigen direkt oder indirekt vom Fremdenverkehr abhängig.
  - Sozialstruktur: Ein großer Teil der Berufe im Tourismus (Küchendienst, Zimmerdienst, Servierdienst) hat geringes Sozialprestige und ist schlecht bezahlt → Personalmangel in diesen Berufen des Hotel- und Gaststättengewerbes; geringer Anteil an Arbeitsplätzen mit hohen Qualifikations-

voraussetzungen. Qualifizierte Arbeitskräfte vieler Lehrberufe finden keine Beschäftigung und wandern ab.
- Siedlungsstruktur: Vorwiegend Pensionen, Hotels, Ferienwohnungen und Ferienhäuser; Zersiedlung der Landschaft; in manchen Tälern entstehen lang hingezogene Siedlungsbänder, an den südexponierten Seiten oft weit die Hänge hochreichend. Verdichtung und Urbanisierung
+ Arbeitskräfte im Tourismus sind starken Belastungen ausgesetzt durch unregelmäßige Arbeitszeit, Überstunden, starke Beanspruchung in der Saison; „dienender Charakter" des Berufs *(Elsasser)*; andererseits oft Unterbeschäftigung oder fehlende Verdienstmöglichkeit außerhalb der Saison.
+ Überfremdung der einheimischen Bevölkerung führt zu Verlust der kulturellen Identität und Auflösung der bisherigen Wertvorstellungen.
+ Überfremdung durch das Kapital von außerhalb: viele touristische Einrichtungen sind nicht im Besitz der einheimischen Bevölkerung → Entscheidungsbefugnisse verlagern sich nach draußen, Gewinne fließen ab (Beispiel: französische Hochalpen).

Die gegenwärtige wirtschaftliche Krise des Fremdenverkehrs in Österreich

+ Sommertourismus geht zurück.
+ Stammkundschaft älterer deutscher Touristen wird zahlenmäßig geringer; nachkommende jüngere Generation sucht lieber den Mittelmeerraum auf.
+ Bettenauslastung im Jahresdurchschnitt bei 25%;
+ Zuwachsraten bei Übernachtung nur noch in guten Quartieren (Drei- bis Fünf-Sterne-Hotels), Billigquartiere müssen kräftige Einbußen hinnehmen.
+ Ein Drittel des Quartierangebots entspricht nicht mehr den gestiegenen Anforderungen der Touristen.
+ Touristisches Hilfspersonal ist bei den gegenwärtigen niedrigen Löhnen nicht mehr zu bekommen. Arbeitsgenehmigungen für Gastarbeiter werden nur zögernd erteilt.

3.5 Ökologische Probleme

Einzelprobleme

- In Bereichen mit Industrie und viel Verkehr: Smoggefahr bei Inversionswetterlagen;
- Entsorgungsprobleme, besonders für Abwässer der Hotels und Bergrestaurants außerhalb des normalen Entsorgungsnetzes;
- Landschaftsverbrauch durch Siedlungsbau, Verkehrs- und Erschließungseinrichtungen;
- Gefährdung der Flora und Fauna durch Skifahrer, die sich außerhalb der Pisten bewegen;
- Skipistenbau zerstört natürliche Vegetation und Boden; überstrapazierte Pisten haben oft an aperen Stellen im Frühjahr stark verletzte Grasnarben → Erosionsgefahr wächst sehr stark. Auf Pistenflächen ist im Sommer die Speicherkapazität für Wasser stark reduziert → viel oberflächlicher Abfluss, Rinnen- und Grabenerosion. Bei sehr starken Eingriffen kommt es nach langen Regenfällen zum Abgang von Muren oder zu Bergrutschen.
- Waldsterben in den Alpen besonders gefährlich; Wald schützt vor Lawinen, Muren und vor Erosion; er speichert Niederschlagswasser und lässt es langsam abfließen. Waldsterben tritt besonders zwischen 800 und 1200 m Höhe auf, wo Nebel häufiger sind.
- Durch Überbesatz an Rotwild entsteht Viehverbiss; Verjüngung des Waldbestandes ist gefährdet.
- Holzwirtschaft rentiert sich oft nicht mehr, weil Importholz billiger ist → Waldbestand überaltert → Schutzfunktion der Bannwälder geht verloren.

3.6 Lösungsansätze

Beseitigung touristischer Monostrukturen

- Ein weiterer Ausbau der touristischen Infrastruktur ist zu vermeiden.
- Diversifizierung des Wirtschaftsgefüges ist anzustreben, indem man die alten Erwerbsmöglichkeiten wieder belebt und ausbaut. Dazu gehören: Landwirtschaft, Handwerk (z. B. Holzverarbeitung, Innenausbau, auch Kunstgewerbe), eine umweltverträgliche Industrie und der Dienstleistungssektor. Auch Teilzeitarbeitsplätze sind in Kombination mit dem Tourismus möglich.

- Gleichzeitig müssen die ökologischen Schäden durch den Tourismus beseitigt werden; besondere Problemfelder: Verkehrswege, Abwasser, Luftreinhaltung, Zersiedlung, Erhaltung der natürlichen Vegetation.
- Dazu müssen die Behörden verbindliche Nutzungskonzepte und Leitbilder aufstellen.

Sanfter Tourismus

- Definition nach CIPRA (Internationale Alpenschutzkommission, zitiert nach *Rochlitz*, S. 15): „... ein Gästeverkehr, der gegenseitiges Verständnis des Einheimischen und des Gastes füreinander schafft, die kulturelle Eigenart des besuchten Gebietes nicht beeinträchtigt und der Landschaft mit größtmöglicher Gewaltlosigkeit begegnet. Erholungssuchende im Sinne des sanften Tourismus benutzen vor allem die in einem Raum vorhandenen Einrichtungen der Bevölkerung mit und verzichten auf wesentliche zusätzliche landschaftsbelastende Tourismuseinrichtungen."
- Sanfter Tourismus ist also relativ **umwelt- und sozialverträglich**.
Strategien des sanften Tourismus (Auswahl, zitiert nach *Birkenhauer*, S. 36):
  – Erschließung auf Schwerpunkte konzentrieren;
  – Boden sparen, konzentrierter bauen;
  – besonders wertvolle Landschaften freihalten;
  – Tourismus nur dort entwickeln, wo Eignung gegeben ist;
  – Landwirtschaft erhalten;
  – Verursacher sollen soziale Kosten tragen;
  – landesübliche Architektur.
- Auch sanfter Tourismus kann für die Natur eine Gefahr bedeuten, sie ist nur vermindert.
- Sanfter Tourismus bedeutet geringere Einnahmen, aber auch geringere Schäden.
- Statt Dekonzentration (gleichmäßige Verteilung des Tourismus über den ganzen Alpenraum) ist eine dezentralisierte Konzentration am geeignetsten, um möglichst weite Räume für den sanften Tourismus zu erhalten.
- Sanfter Tourismus wird sich am ehesten in ländlichen Räumen und strukturschwachen Gebieten verwirklichen lassen.
- Er bedeutet Verzicht auf Freizeiteinrichtungen mit großtechnischer Infrastruktur.

A Europa

Neugestaltung der Naherholungsstrukturen

- Die Tagestouristen bringen, außer den Ausflugsgaststätten und im Winter den Seilbahngesellschaften, wenig Gewinn, sorgen aber für eine hohe ökologische Belastung.
- Der Tagestourismus muss umweltverträglicher werden und den betroffenen Gebieten zum Ausgleich für die Schäden mehr Gewinn bringen.

Verbesserungen im Städtetourismus

- Er macht über 15% der Übernachtungen im Alpenbereich aus.
- Durch die Anreise mit der Bahn könnte er umweltfreundlicher gestaltet werden.
- Das kulturelle Potenzial sollte mehr genutzt werden.

3.7 Bedeutung und Belastung der Alpen als Transitraum

Gründe für das Entstehen einer Verkehrsspannung

- Mittelmeerländer sind bevorzugter Urlaubsraum für Mittel- und Nordeuropäer.
- Wirtschaftliche Integration Europas und die damit verbundene stärkere Arbeitsteilung verstärkt Warenaustausch zwischen Südeuropa und den übrigen europäischen Räumen.

Bedeutung als Transitraum: Personenverkehr

- 60 bis 70 Mio. Personenfahrten erfolgen jährlich über die Alpen.
- Etwa 80% benutzen den Pkw oder den Bus, 12% die Eisenbahn, 8% das Flugzeug.
- jährliche Wachstumsrate etwa 7%

Bedeutung als Transitraum: Güterverkehr

- ständige Zunahme des Güterverkehrs insgesamt; geschätzte Mengen in Mio. Tonnen: 1990: 80; 2000: 98; 2010: 121; 2020: 136;
- Der Anteil der Bahn betrug 1998 38%.

- Frankreich und Österreich: Eisenbahnanteil nur gering erhöht, fast gesamter Zuwachs wird über Lkw-Verkehr abgewickelt.
- Schweiz: hoher Anteil des Eisenbahnverkehrs. Straßenverkehr durch restriktive Maßnahmen beschränkt

Belastungen
- Infolge des Reliefs werden die Verkehrsströme in den Alpen gebündelt, was die Belastung verstärkt.
- Lärm;
- Luft: CO_2, Stickoxide, Kohlenwasserstoffe, Schwefeldioxid, Ruß;
- Belastung des Bodens in Straßennähe durch Streusalz;
- Flächenverbrauch; bei Autobahnen größer als bei Eisenbahn

Lösungsansätze nach CIPRA (Internat. Alpenschutzkommission)
- Erstellung eines gesamtalpinen Transitverkehrskonzepts statt nationaler Einzelmaßnahmen;
- Verkehrsvolumen reduzieren;
- Schienen- und Busverkehr sollen Vorrang erhalten.
- ungedeckte Wegekosten und externe Kosten den Verkehrsträgern anlasten;
- Verzicht auf weitere Transitstraßen;
- bestehende Schienenwege durch Modernisierung besser ausnutzen;
- falls nötig: Neubau von umweltfreundlichen Schienenwegen; dabei die Umladeeinrichtungen dezentral außerhalb der Alpen anlegen;
- Richtlinien für Lärmschutz an den Transitachsen erlassen;
- Luftverkehr über den Alpen reduzieren;
- im Lokal- und Regionalverkehr: motorisierten Individualverkehr in manchen Zonen und Tälern ganz oder teilweise einschränken; Flugruhezonen einrichten;
- Ökobrücken errichten für Tiere, die die Trassen queren

Geplanter Ausbau
- Nachdem drei Jahrzehnte bevorzugt in den Straßenbau investiert wurde (Straßen, Autobahnen, Straßentunnel) und eine Grenze der Belastbarkeit erreicht wurde (Widerstand in der Bevölkerung der Alpen), setzt ein **Umdenken** ein.

A Europa

- bevorzugter Ausbau der Schienenwege inklusive Basistunnel;
- Förderung des kombinierten Verkehrs. Dazu gehört der unbegleitete Verkehr: Transport von Großcontainern, Sattelaufliegern und Wechselbehältern mit dem Zug. Außerdem der begleitete Verkehr: Kompletter Lkw wird auf den Zug verladen, Chauffeur fährt im Zug mit;
- erster Ansatz für ein gesamtalpines Transitkonzept durch Zusammenarbeit von fünf europäischen Eisenbahnunternehmen (CAR) und Plan für ein europäisches Sechs-Achsen-Konzept

Beispiel Schweiz: NEAT Neue Eisenbahn-Alpentransversale (Beschluss 1992)

- Die Strecke Basel – Chiasso wird im Bereich Arth – Goldau – Lugano neu gebaut und mit zwei Basistunnels versehen: Gotthard (57 km) und Monte Ceneri (13 km). Güterkapazität: 50 Mio. t/Jahr. Fertigstellung 2005 bis 2007.
- Die Strecke Basel – Domodossola wird im Raum Frutigen – Brig neu gebaut und erhält mit dem neuen Lötschbergtunnel (33 km) ebenfalls einen Basistunnel. Möglichkeiten der Autoverladung schafft günstige Verbindung vom Berner Oberland ins Wallis. Fertigstellung 2006 geplant.
- Von diesen Hauptstrecken aus werden durch Neu- oder Ausbau bessere Verbindungen in die Ost- und Westschweiz geschaffen.
- Als Zwischenlösung bis zur Fertigstellung der NEAT werden bestehende Strecken für den kombinierten Verkehr rasch ausgebaut, damit die in der EU üblichen Lastwagen mit 40 t und 4 m Eckhöhe im Huckepackverkehr transportiert werden können. Schafft Kapazität von 70 Mio. t/Jahr.
- Im kombinierten Verkehr werden dabei 700 m lange Züge mit drei Lokomotiven eingesetzt, bedient von einem einzigen Lokführer.
- Die Straßen der Schweiz bleiben bis 1999 für Lastwagen über 28 t gesperrt. Die Beschränkung wird bis 2005 schrittweise aufgehoben. Stattdessen werden Gebühren eingeführt.

Beispiel Brennerachse

- Die Brennertransversale umfasst die Strecke München – Verona (409 km) mit dem Innsbrucker Umfahrungstunnel (13 km; 1994 bereits fertiggestellt) und dem zu bauenden Brennerbasistunnel (Innsbruck – Franzensfeste 55 km).
- Ohne Ausbau der nördlichen und südlichen Zulaufstrecken wäre der Tunnelbau allein wenig wirksam.

- Auf den Zulaufstrecken sind viele Tunnelbauten (auf der Südstrecke 68% Tunnelanteil) vorgesehen, teilweise wird zum Lärmschutz eine Trogkonstruktion verwirklicht. Nördliche Zulaufstrecke durch das Inntal mit viergleisigem Ausbau.
- Geplant sind bis zu 400 Züge je Tag, davon 80% Güterzüge.
- 1999 Planungsgesellschaft gegründet; Planungszeit 5 Jahre; Bauzeit 8 Jahre;
- Nach dem Beitritt zur EU 1995 darf Österreich für eine Übergangszeit von maximal 9 Jahren den Lkw-Transitverkehr durch das Ökopunktesystem zur Reduzierung von Stickoxiden beschränken. Transportunternehmer erhalten ein Kontingent von Ökopunkten. Bei jeder Fahrt werden Punkte abgezogen. Höhe des Abzugs nach dem Schadstoffausstoß des Fahrzeugs.

3.8 Grenzüberschreitende Zusammenarbeit. Beispiel ARGE ALP / Beispiel CIPRA

Beispiel ARGE ALP

Mitglieder:
Freistaat Bayern, Kanton Graubünden, Region Lombardei, Land Salzburg, Land Tirol, Autonome Provinz Trient, Land Vorarlberg, Autonome Provinz Bozen-Südtirol, Baden-Württemberg, Kanton St. Gallen, Kanton Tessin

Verbindende Gemeinsamkeiten:
- ähnliche geographische Grundstrukturen;
- enge Wirtschaftsbeziehungen untereinander;
- gemeinsame Wurzeln in der Geschichte und Kultur;
- Wunsch nach Erhaltung des alpenländischen Lebensraumes;
- ähnliche wirtschaftliche, soziale und ökologische Probleme

Gründung und Organisationsform:
- 1972 nach Absprache zwischen Tirol und Bayern gegründet;
- Organisation: regelmäßige Zusammenkünfte der Regierungschefs; Kommissionen für wichtige Aufgabenbereiche: Verkehr, kulturelle Zusammenarbeit, Umweltschutz, Raumplanung, Wirtschaft;
- Ausgearbeitete Richtlinien haben Empfehlungscharakter für die Einzelregierungen.

A   Europa

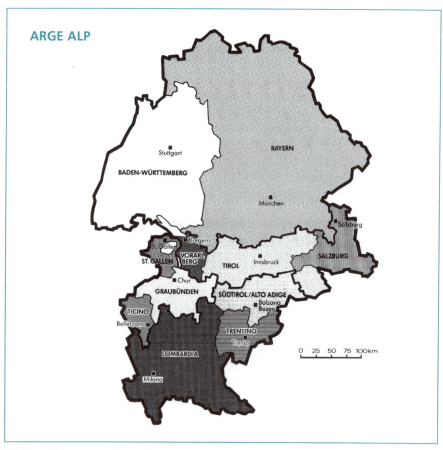

Mit freundlicher Genehmigung der Pressestelle der Bayerischen Staatsregierung.

Gesamtziel:
Der mittlere Alpenraum soll als eigener Lebensraum erhalten und weiterentwickelt werden. Die Alpen sollen weder Reservat sein, das abgeschirmt werden muss, noch ein Ergänzungsraum, der sich außeralpinen Interessen unterordnen muss.

Einzelziele:
◆ Landschaft soll erhalten werden. Schutzfunktion der Wälder gewährleisten; deswegen Waldbestände verjüngen.

- Berglandwirtschaft und Forstwirtschaft fördern; Landwirte sollen Landschaftspflege auch in peripheren Siedlungsgebieten betreiben; Subventionen für Landschaftspflege; Nebenerwerbsmöglichkeiten für Landwirte schaffen, um Abwanderung zu verhindern.
- Siedlungsstruktur abstimmen: maßvolle dezentrale Verdichtung; keine weitere Zersiedelung mehr; Anpassung an die Landschaft.
- Koordinierung der Straßen- und Schienenbaumaßnahmen; Durchgangsverkehr auf leistungsfähigen Strecken bündeln; Eisenbahn soll Vorzug haben gegenüber dem Straßenverkehr; Bau von Basistunnels und Verlagerung eines Teils des Güterverkehrs auf die Schiene.
- Erholungslandschaft so nutzen, dass natürliches Gleichgewicht erhalten bleibt; keine ungezügelten Erschließungen mehr; Einrichtung von Landschaftsschutzgebieten, Nationalparks; Einschränkung von Zweitwohnungen; ebenso soll der Einsatz von Geländefahrzeugen und Hubschraubern für touristische Zwecke eingeschränkt werden.
- Sicherung des kulturellen Erbes;
- Bau von weiteren Stauseen zur Stromgewinnung soll unterbleiben.

Wirkung:
1982 wurde eine ähnliche Organisation für die Ostalpen gegründet, die ARGE Alpen-Adria, später folgte für den Bereich der Westalpen die COTRAO.

Beispiel CIPRA (Commission Internationale pour la Protection des Régions des Alpes)

- 1952 gegründet;
- Mitglieder sind Vereine und Verbände, deren Anliegen der Schutz der Alpen ist. Sie stammen aus allen Alpenstaaten.
- Enge Zusammenarbeit mit Wissenschaftlern; Selbstverständnis als eine Art Gegengewicht zu dem Regierungenforum der ARGE ALP.
- Sie sucht Einfluss auf die Regierungsentscheidungen zu nehmen, z. T. durch Symposien, zu denen auch Regierungsvertreter geladen sind.
- Denkschriften über wichtige Themen, z. B. Sanfter Tourismus, Bergwald, Bodenschutz und Berglandwirtschaft, Neue Alpentransversalen, Nationalparks;
- Hauptverdienst: Sie hat die „Alpenkonvention" stark beeinflusst und vorangebracht.

A Europa

4 Wirtschaftsräumliche Strukturen in Westeuropa

4.1 Die Entstehung strukturstarker Zentralräume (Aktivräume). Beispiel aus Frankreich

Ursachen

- Zentralismus ist in Frankreich seit dem Mittelalter ausgeprägt, wurde im Absolutismus und in der Französischen Revolution verstärkt.
- Zentralismus ist zunächst die Organisation der politischen Verwaltung, die streng hierarchisch aufgebaut ist: Land – Departement – Arrondissement – Gemeinde. Dabei wächst die Entscheidungsbefugnis von unten nach oben.
- Die Zentralbehörde will auch in den Bereichen Wirtschaft, Kultur und im Sozialbereich ihre Vorstellungen durchsetzen.
- Im Ballungsbereich ergeben sich für die Wirtschaft Agglomerationsvorteile:
  - gemeinsamer Bezug von Waren,
  - spezialisierter Arbeitsmarkt,
  - Nähe zu Behörden und politischen Entscheidungsträgern,
  - Nähe eines großen Absatzmarktes.

Merkmale

- gute Infrastruktur, besonders guter Verkehrsausbau;
- Zentralismus drückt sich im Straßennetz aus: Paris ist Zielpunkt der wichtigen Straßen und Autobahnen. Die Verbindung der Provinzorte mit Paris soll möglichst kurz sein.
- Für das Eisenbahnnetz gilt Ähnliches. Der Hochgeschwindigkeitszug TGV (Train à Grande Vitesse) führt an Dijon vorbei, um die Verbindung Paris – Lyon möglichst kurz zu halten.
- breites Angebot an Schulen, Universitäten, Forschungseinrichtungen;
- reiches kulturelles Angebot und vielfältige Freizeiteinrichtungen;
- Konzentration der Industrie; besonders moderne Wachstumsindustrien;

- Neuere Entwicklung: Bei Teilverlagerung bleiben Betriebsleitung, Forschung und Entwicklung im Ballungsraum, allenfalls die Fertigung wird in die Peripherie verlegt.
- Tertiärer Sektor ist besonders stark ausgeprägt.
- Bedeutungsüberschuss des Zentrums: Entwicklung eines regionalen und überregionalen Einzugsbereichs;
- große Innovationsbereitschaft;
- Zuwanderung von Bevölkerung aus der Peripherie und aus dem Ausland;
- Mangel an Flächen für Wohnungen, Betriebe, Infrastruktureinrichtungen: hohes Preisniveau;
- Umweltbelastung

Folgen

- wegen der Agglomerationsvorteile Fortdauer der positiven Standortfaktoren;
- Verstärkung der Zentralitätseffekte

4.2 Die Ausbildung strukturschwacher Räume (Passivräume)

Ursachen

- Randlage;
- geringe politische Bedeutung;
- meist schlechtere Naturausstattung;
- ungünstige wirtschaftliche Bedingungen

Merkmale

- Landwirtschaft ist noch stärker ausgeprägt.
- schlechte Infrastruktur;
- wenig Arbeitsplätze, geringere Löhne;
- wenig Aufstiegsmöglichkeiten;
- Abwanderung, besonders eines Teils der jungen und aktiven Bevölkerung;
- Industrie hat traditionelle Branchenstruktur, moderne Wachstumsindustrie ist selten vertreten.

A Europa

- nur punktuelle Entwicklung;
- ganzer Raum stark von außen gesteuert

Folgen

- Abnahme der wirtschaftlichen Dynamik;
- Überalterung der Bevölkerung

4.3 Planerische Maßnahmen

Strategie

- Neugliederung in Programmregionen und Planungseinheiten;
- Entwicklung von Gegenpolen in den Provinzstädten;
- Dezentralisierung von Verwaltung und Universitäten;
- Schaffung von acht Entlastungsstädten, Villes Nouvelles mit Wohnungen (400 000 E) und Arbeitsstätten

Einzelmaßnahmen

- Niederlassungsfreiheit für Büros und Industrie ab einer gewissen Größe wird eingeschränkt.
- Raumordnungsprämien werden gegeben für Ansiedlungen von Industrie, Dienstleistungs- und Forschungseinrichtungen in bestimmten Gebieten.
- Anlage von Technologieparks;
- Entwicklung von zwei Verstädterungsachsen zu beiden Seiten der Seine

Wirksamkeit

- einige Teilerfolge bei der Verlagerung von Arbeitsplätzen von Paris in die Provinz; insgesamt aber geringe Wirkung.
- Dezentralisierung wurde kritisiert.
- Die Stadt Paris hat neuen Entwicklungsplan vorgelegt; wirkt der Dezentralisierung entgegen.
- Ausgelagerte Betriebe kehrten nach Wegfall der Steuervorteile zum Teil wieder in den Ballungsraum zurück.

5 Ostmittel- und Südosteuropa im Wandel

5.1 Frühere Bedeutung des RGW und seine Auflösung

RGW – COMECON (1949 – 1991)

RGW: Rat für gegenseitige Wirtschaftshilfe; gleichbedeutend COMECON: Council of Mutual Economic Assistance; 1991 aufgelöst

Mitglieder:
- Gründungsmitglieder (1949): Sowjetunion, Bulgarien, Polen, Rumänien, Ungarn, Tschechoslowakei
- Spätere Beitritte: DDR 1950, Mongolei 1962, Kuba 1972, Vietnam 1978

Zielsetzung:
- politisch: Bindung der Mitgliedstaaten an die SU;
- wirtschaftlich: Koordinierung der Planung; Spezialisierung der Einzelstaaten; Angleichung des unterschiedlichen Entwicklungsniveaus

Prinzipien der Zusammenarbeit:
- Im Unterschied zur EG sollte die Souveränität der Mitgliedstaaten erhalten bleiben. Es gab also keine supranationale Organisation, die schrittweise die Kompetenzen der Mitgliedstaaten hätte übernehmen sollen, sondern nur Zusammenarbeit.
- Preisgestaltung blieb den Staaten überlassen.
- Spezialisierung in der Produktion sollte die Standortvorteile der einzelnen Staaten nutzen; sie band gleichzeitig die Mitglieder untereinander; Beispiele für Spezialisierung: Tschechoslowakei: Maschinenbau, Elektrotechnik, Motoren, Dieselloks; DDR: Maschinenbau, Elektrotechnik, Kraftwerke; Polen: Schiffsbau, Werkzeugmaschinen, Kräne; Ungarn: Elektronische Bauelemente, Kleincomputer, Messgeräte; SU: wenig spezialisiert, aber für ganzes COMECON beherrschend bei: Walzwerken, großen Motoren, Turbinen, Flugzeugen und schweren Lokomotiven;
- Aufbau gemeinsamer Verbundnetze (Erdölleitungen, Verkehrswege, Elektrizitätsnetze);
- gemeinsame Großinvestitionen zur Rohstoffgewinnung

Probleme:
- unterschiedliche Außenhandelsverflechtung: SU nur 8%, Ungarn 50%;
- Interne Verrechnung der Warenwerte, da es keine gemeinsame Währung gab; führte gelegentlich dazu, dass RGW-Mitglieder für Waren aus der SU wesentlich mehr bezahlen mussten als dem Weltmarktpreis entsprach.
- Geringe Verflechtung des RGW mit dem Weltmarkt: Preisvorteile wurden der Autarkie halber nicht wahrgenommen.

Auflösungsprobleme:
- Zusammenbruch der SU führte zur politischen, militärischen und wirtschaftlichen Loslösung der ehemaligen Satellitenstaaten.
- Die Nachfolgestaaten der SU – bisher Haupthandelspartner – können wegen der eigenen wirtschaftlichen Probleme viele Güter nicht mehr abnehmen → östliche Märkte brechen teilweise weg.
- Ehemalige Satellitenstaaten wollen selbst manche Produkte von früheren RGW-Partnern nicht mehr kaufen, sondern hochwertige Waren vom Weltmarkt beziehen.
- Energie- und Rohstoffversorgung aus dem einstigen RGW-Raum wird schwieriger, teilweise auch nicht mehr gewünscht.
- zusätzlich große Schwierigkeiten durch Umstellung von der Zentralverwaltungswirtschaft auf Marktwirtschaft

5.2 Der Nationalitätenkonflikt im ehemaligen Jugoslawien

Der Zerfall des Staates hat viele verwundert, denn
- Jugoslawien hat immerhin seit 1918 Bestand gehabt.
- Die staatstragenden Völker gehören alle zur Gruppe der Südslawen und haben deswegen eine enge ethnische Verwandtschaft.
- Die Phase der großen Nationalitätenkonflikte schien nach dem Zweiten Weltkrieg in Europa zu Ende gegangen zu sein.
- In Europa und auch außerhalb werden Wege der Integration beschritten.

Wo liegen die Wurzeln des Konflikts?

Die engräumige Verflechtung der Volksgruppen

- Es gibt nach der Volkszählung von 1981 keine Republik oder Provinz, in der nicht mindestens 10% Angehörige anderer Volksgruppen leben, meistens sind es 25% und mehr.
- Diese Minderheiten leben nicht in geschlossenen Zonen innerhalb einer Republik, sondern sind oft auf viele Gegenden oder Enklaven verteilt.

Gründe für diese Verflechtung

- Der Raum hat im Laufe der Geschichte häufige Grenzveränderungen erlebt, expandierende und zusammenbrechende Staaten, aber auch Fremdherrschaft → Umsiedlungen, Fluchtbewegungen
- In der Zeit der Auseinandersetzung zwischen Österreich und dem Osmanischen Reich wurde die Militärgrenze eingerichtet, eine Zone unterschiedlicher Breite mit befestigten Siedlungen. Hier lebten häufig Serben, die vor den Türken geflohen waren.
- Nach dem Zweiten Weltkrieg gab es im Zusammenhang mit der Umstrukturierung von der Agrar- zur Industriegesellschaft eine Land-Stadt-Wanderung, die besonders in den Städten zu einer stärkeren Durchmischung der Nationalitäten geführt hat.

Zugehörigkeit zu verschiedenen Religionsgemeinschaften

Slowenen und Kroaten:
- Ihre Staaten wurden in der Karolingerzeit von den Franken erobert.
- Fränkische Missionare haben sie christianisiert. Beide Völker sind ihre ganze Geschichte hindurch römisch-katholisch geblieben.

Serben:
- Sie siedelten ursprünglich in der Gegend des heutigen Kosovo, Montenegros, der Herzegowina und des heutigen Südserbien.
- Im 9. Jahrhundert wurden sie von Ostrom (Byzanz) aus christianisiert, sind also orthodoxe Christen.
- Weil sie Ende des 12. Jahrhunderts vom heutigen Kosovo aus die Unabhängigkeit von Ostrom erkämpft haben, gilt ihnen das Kosovo als die „Wiege des Serbentums", auf die sie keinesfalls verzichten möchten, obwohl dort bis 1999 zu 90% Kosovo-Albaner leben.

- Im 13. und 14. Jahrhundert, der Zeit der größten Machtentfaltung Serbiens, entstand eine sehr enge Verflechtung zwischen der serbisch-orthodoxen Kirche und dem serbischen Nationalstaat, die bis heute noch nachwirkt.
- 1389 Niederlage der Serben gegen das Osmanische Reich auf dem Amselfeld (Kosovo Polje).

Bosnier:
- Im Raum Bosnien-Herzegowina hatten sich ursprünglich Kroaten und Serben niedergelassen; wechselnder Einfluss von Nachbarstaaten.
- Während der türkischen Herrschaft ab 1463 traten viele zum Islam über.
- Die heutigen Muslime in Bosnien-Herzegowina (2 Mio.) wissen nicht mehr, ob ihre Vorfahren kroatischer oder serbischer Herkunft waren.

Zugehörigkeit zu verschiedenen Kulturkreisen

Slowenen:
- seit der Eroberung durch die Franken deutscher Einfluss;
- Im Mittelalter war Deutsch die Sprache der gehobenen Stände.
- In der Zeit der Herrschaft der Habsburger (Ende 13. Jahrhundert bis 1918) blieb deutscher Einfluss bestehen.

Kroaten:
- nach etwa 200jähriger Selbstständigkeit als Königreich ab 1102 mit Ungarn vereint;
- 1526 bis 1918 Teil des Habsburgerreiches mit gewissen Autonomierechten. Wie in Slowenien Verwendung der lateinischen Schrift;
- Verstehen sich seit der Errichtung der Militärgrenze als Bollwerk des Abendlandes gegen das Osmanische Reich.

Serben:
- Nach der Missionierung von Ostrom aus wurde später auch die bis heute gebräuchliche kyrillische Schrift übernommen.
- seit der Niederlage auf dem Amselfeld (1389) unter osmanischer Herrschaft → über 400 Jahre lang orientalisch-islamischer Einfluss;
- Das Land wurde zunächst durchaus wirtschaftlich gefördert, blieb aber von der europäischen Geistesgeschichte abgeschnitten → Humanismus, Reformation, Aufklärung waren hier nicht wirksam.
- seit Ende des 19. Jahrhunderts Orientierung an Russland

Bosnier:
✦ osmanische Einflüsse noch stärker als in Serbien

Die wirtschaftliche Auseinanderentwicklung

Der Westen und Nordwesten:
✦ etwas günstigere Naturbedingungen als im Süden;
✦ Im 19. Jahrhundert entwickelte sich in dem Österreich zugehörigen Teil eine Infrastruktur, die ähnlich wie in Mitteleuropa ist.
✦ Ansätze einer Industrialisierung entstanden gleichzeitig;
✦ Nach dem Zweiten Weltkrieg gingen aus dieser Gegend deutlich mehr Gastarbeiter nach Mittel- und Westeuropa als aus dem Süden → Devisenzufluss.
✦ Rückgewanderte Gastarbeiter brachten gewisses Know-how mit.
✦ In diesen Raum flossen mehr Devisen aus dem florierenden Adriatourismus.
✦ Erfolge bei der weiteren Industrialisierung;
✦ Marktwirtschaft zeigt in Slowenien nach dem Zusammenbruch des Kommunismus raschere Erfolge: Gewerbe und Landwirtschaft waren hier teilweise privat geblieben.

Osten und Südosten:
✦ Die Naturbedingungen sind schlecht: Gebirgsland mit wenig Tallandschaften; Verkarstung, schlechte Böden;
✦ Ab dem 17. Jahrhundert zeichnete sich zunehmend eine Schwäche des Osmanischen Reiches ab, die auch hier die wirtschaftliche Entwicklung lähmte.
✦ Das Wirtschaftssystem – eine Art Rentenkapitalismus mit türkischen Großgrundbesitzern – ließ die heimischen Kleinbauern verarmen;
✦ keine Industrialisierung im 19. Jahrhundert → alte, rückständige Agrargesellschaft setzte sich fort.
✦ Orientalisch beeinflusster Wirtschaftsgeist brachte zu wenig wirtschaftliche Initiative.
✦ nach dem Zweiten Weltkrieg: langsamere Industrialisierung als im Norden; hauptsächlich Schwerindustrie, auf die großen Städte konzentriert

A Europa

Ausgeprägter Nationalismus auch im 20. Jahrhundert

- Im 1918 entstandenen „Königreich der Serben, Kroaten und Slowenen" dominierten die Serben sehr stark.
- Der kommunistische Staat Titos (seit 1945) war formal föderalistisch aufgebaut, wollte die nationalen Hoffnungen der Nichtserben erfüllen und die großserbischen Vorstellungen zurückdrängen.
- In der Praxis dominierte die Zentralgewalt in Belgrad. Verwaltung, Heer und Geheimpolizei waren fest in serbischer Hand. Alle nationalen Bestrebungen wurden mit harter Hand unterdrückt.
- Der Versuch, das Entwicklungsgefälle im Land zu beseitigen, scheiterte.
- Die Solidarität der reicheren Landesteile mit den ärmeren war nicht sehr ausgeprägt; man hatte das Gefühl, dass die Steuergelder dort schlecht angelegt waren.
- Obwohl – von den Minderheiten abgesehen – alle Volkstumsgruppen Südslawen waren, hat sich **kein jugoslawisches Nationalgefühl** entwickelt, sondern lebte der Nationalismus auf der Basis der Volkstumsgruppen wieder auf und führte zum Zerfall des jugoslawischen Staates.

5.3 Integrationsbemühungen

Innerstaatliche Integration – Beispiel Jugoslawien

- Die Durchmischung der einzelnen Völker in Südosteuropa macht jede Staatenbildung sehr schwierig.
- Durch die jahrhundertelange Fremdherrschaft konnten sich nicht zur gleichen Zeit wie im übrigen Europa Nationalstaaten bilden.

Der misslungene Versuch von 1918:
- Kroaten und Slowenen wollten einen föderalistischen Staat mit gleichen Rechten wie die Serben.
- Serbien strebte einen zentralistischen Staat an mit serbischer Dominanz (Großserbien), was auch gelang.
- Dies trieb Kroaten und Slowenen in Opposition.
- höhere Besteuerung im Nordwesten, aber 68% der Investitionen in Serbien
  → Spannungen steigen
- Minderheit der Kosovo-Albaner (440 000) wird unterdrückt und soll vertrieben werden.

- Während des Zweiten Weltkriegs kämpfen Jugoslawen nicht nur gegen die deutschen Besatzungstruppen, sondern auch untereinander.

Der misslungene Versuch einer Integration durch Tito:
- Der Partisanenführer und Kommunist Tito siegte mit alliierter Hilfe gegen die deutschen Besatzungstruppen; er kämpfte gleichzeitig die national gesinnten slowenischen, kroatischen und serbischen Gruppen nieder.
- Die deutsche Minderheit (ca. 500 000) wurde weitgehend vertrieben.
- Trotz formaler Gleichberechtigung kam es wieder zu einer serbischen Dominanz im Staat.

5.4 Konflikte brechen wieder auf

- Nach Titos Tod 1980 entstanden Unruhen im Kosovo. Die Zentralregierung griff hart durch.
- Der Nationalitätenkonflikt in ganz Jugoslawien brach erneut aus und führte 1991/1992 nach kriegerischen Auseinandersetzungen zur Abspaltung von Slowenien, Kroatien und Makedonien.

Krieg in Bosnien-Herzegowina 1992 – 1994

- Serbische Kriegsziele: Gewinnung zusammenhängender serbischer Gebiete und Schaffung von Korridoren zwischen verstreuten serbischen Gebieten und Verhinderung der staatlichen Abspaltung;
- Vertreibung und Umsiedlung nichtserbischer Bevölkerung kamen einer ethnischen Säuberung gleich.
- Errichtung von Schutzzonen durch die UN; Fortsetzung serbischer Angriffe; schließlich Eingreifen der Nato zum Schutz der bosnischen Muslime;
- Ende 1995: Im Friedensabkommen anerkennen sich Bosnien-Herzegowina und die Bundesrepublik Jugoslawien gegenseitig; eine internationale Streitmacht soll den Frieden sichern.

A   Europa

Kosovo-Konflikt

- Im Kosovo lebten 10% Serben und 90% Kosovo-Albaner.
- 1990 nach dem Verlust der Autonomie erstrebten die Kosovo-Albaner eine von Jugoslawien unabhängige, international anerkannte neutrale Republik Kosovo.
- Serbisches Vorgehen gegen die Kosovo-Albaner unter massiven Menschenrechtsverletzungen führte schließlich 1999 zu Natoangriffen auf die Republik Jugoslawien.
- Die Stationierung einer internationalen Friedenstruppe im Kosovo soll die Voraussetzungen schaffen, dass die Bevölkerungsgruppen sich trotz der Greueltaten wieder versöhnen können und der Wiederaufbau des wirtschaftlich am Rande des Ruins stehenden Landes wieder beginnen kann.

5.5   Zwischenstaatliche Integrationsbemühungen

- Die Durchmischung der einzelnen Völker in Südosteuropa schafft so viel Konfliktstoff, dass auch zwischen den Staaten Spannungen auftreten.
- Nach dem Zusammenbruch des RGW kommt es zu einer Neugruppierung:

CEFTA: Mitteleuropäisches Freihandelsabkommen oder Visegrad-Gruppe (1993)

Mitglieder:
Polen, Ungarn, Tschechische Republik, Slowakei

Ziele:
- Neuordnung des Außenhandels untereinander;
- gemeinsame Annäherung an die EU mit dem Wunsch des späteren Beitritts

Maßnahmen:
- schrittweiser Zollabbau untereinander;
- Der Abbau vollzieht sich nach Branchen verschieden schnell.

Problem:
- Handel untereinander dürfte nicht sehr stark wachsen, da allseits eher Handelsbeziehungen zu den Staaten der EU gewünscht werden.

5.6 Probleme des wirtschaftlichen Umbruchs

Bisherige Zentralverwaltungswirtschaft

- Länder Osteuropas waren in RGW eingebunden. Fremdbestimmung war dominierend.
- Entwicklungsrückstand deutlich ausgeprägt
  - geringere Produktivität,
  - Vernachlässigung des Konsumsektors,
  - geringe Eigeninitiative,
  - Fehlen eines Mittelstandes in Handwerk und Handel
- Umweltschäden großen Ausmaßes, da bei der Produktion in erster Linie auf Quantität geachtet wurde (Sollerfüllung) und die Bevölkerung sich nicht wirksam gegen Umweltzerstörung wehren konnte. Teilweise fehlte auch ein Umweltbewusstsein.

Aufgaben der Umgestaltung

- Einfluss des Staates reduzieren, Liberalisierung der Wirtschaft, Freigabe der Preise;
- Altschulden und Altlasten beseitigen;
- leistungsfähige private Unternehmen aufbauen;
- alte Staatsbetriebe sanieren oder abbauen oder privatisieren
  - Personalüberhang beseitigen,
  - modernes Management einführen,
  - bisherige betriebsfremde Verpflichtungen abbauen (Kindergärten usw.),
  - Anschluss an moderne Technologie herstellen
- Neue Märkte erschließen, z. T. im westlichen Ausland, da bisherige Abnehmer oft nicht mehr zahlungsfähig sind.
- Infrastruktur verbessern
  - Rückstand im Wohnungsbau aufholen,
  - Straßen und Eisenbahnen modernisieren,
  - Kommunikationswesen verbessern

A Europa

Zunächst negative Folgen der Umgestaltung

- Rezession tritt ein.
  - BIP sinkt,
  - Arbeitslosigkeit tritt erstmals offen in Erscheinung, früher nur verdeckt,
  - Produktion der Betriebe sinkt,
  - manche Arbeitskräfte wandern in den Westen ab.
- Realeinkommen und Lebensstandard des Großteils der Bevölkerung sinken, viele weichen in die Schattenwirtschaft aus.
- Währungsverfall: Inflationsrate steigt erheblich.
- Wirtschaftskriminalität kann nicht wirksam genug bekämpft werden.
- Soziale Disparitäten in bisher nicht gekanntem Ausmaß bilden sich aus.
- Staatsbetriebe sind dem internationalen Wettbewerb kaum gewachsen wegen rückständiger Technologie, geringer Produktivität und schlechter Qualität der Produkte.

Positive Ansätze

- Warenangebot ist vielfältig und qualitativ besser geworden, allerdings bei stark gestiegenen Preisen.
- Handel entwickelt sich zuerst.
- Außenhandel mit dem Westen nimmt zu und belebt die Wirtschaft.
- Investitionsanreize für ausländische Firmen sind vorhanden wegen niedriger Löhne und Hoffnung auf Absatzmarkt.

5.7 Entwicklungstendenzen in der Landwirtschaft. Beispiel Polen

Relief und Böden

- Polen ist hauptsächlich ein Tiefland, das über lange Zeit hin aufgeschüttet wurde. Nur der Süden hat Anteil an den Gebirgen der Sudeten und Beskiden.
- Das Land wurde eiszeitlich überformt; die Böden wechseln auf engem Raum. Es sind nach der Korngröße teils Sand- und Kiesböden, teils toniglehmige Böden. Im Norden und im Zentrum sind es weniger gute Braunerden und Podsole; der schmale Tieflandraum nördlich der Gebirge hat

fruchtbare Braun- und Schwarzerden und gehört zu den Gunsträumen des Landes. Mittelgebirgsraum wegen des Reliefs ungünstig;
+ für den Maschineneinsatz außer im gebirgigen Süden keine Hindernisse

Klima

+ Das Land liegt im Westwindbereich, aber bereits im Übergang zur kontinentalen Ausprägung mit hohen Temperaturen im Sommer (Julidurchschnitt Warschau 18,3° C) und niedrigen Wintertemperaturen (Januardurchschnitt Warschau – 3,2° C).
+ Die Niederschläge liegen zwischen 550 und 800 mm, wobei der Norden und der Süden die höchsten Mengen empfangen, der Zentralraum etwas weniger, aber noch ausreichend für den Trockenfeldbau.

Bewertung

+ Die agrarräumliche Eignung ist bei günstigem Relief, ausreichenden Niederschlägen und Sommertemperaturen und insgesamt brauchbaren Böden gut.

Grundzüge des früheren sozialistischen Wirtschaftssystems

+ Es existierte Zentralverwaltungswirtschaft mit staatlich festgelegten Produktionsmengen und Preisen.
+ Produktionsmittel waren prinzipiell in der Hand des Staates.
+ Wettbewerb wie in Marktwirtschaftssystemen war weitgehend unterbunden, stattdessen wurden Wettbewerbe um Erfüllung der Produktionsnormen und zur Qualitätsverbesserung durchgeführt.

Polnische Besonderheit

+ Die Bodenreformpolitik 1945 wurde sehr radikal durchgeführt: Enteignung aller großen und der ehemaligen deutschen Betriebe; Verteilung an Landarbeiter und Kleinbauern: 1946 wurden 93% der LF privat bewirtschaftet; viele Neubauern hatten kaum Maschinen, Ställe und Scheunen.
+ Ein Teil der Großbetriebe wurde in Form von Staatsgütern weitergeführt.
+ Die Kleinbetriebe arbeiteten unrentabel, die städtische Bevölkerung konnte kaum noch versorgt werden.

- Durch Kollektivierung und Produktion im industriellen Stil sollten die Erträge gesteigert werden und eine systemkonforme Landwirtschaft entstehen.
- Die Bauern sträubten sich gegen die Bildung der Genossenschaften, die Kollektivierung kam nur schleppend voran: 1955 wurden erst 11% der LF kollektiv bewirtschaftet.
- 1956 erfolgte nach großen allgemeinen Unruhen (Posener Aufstand) wieder eine Auflösung der meisten Kollektive.
- Seither blieb die bäuerliche Privatwirtschaft als wichtigste, wenn auch unproduktive Betriebsform erhalten.

Die bäuerliche Privatwirtschaft

- Die Privatbetriebe bewirtschaften im Durchschnitt 76% der LF, in Zentral-, Süd- und Ostpolen sogar etwa 90%.
- Ihre Produktion liegt bei etwa 80% der gesamten polnischen Agrarproduktion, bei Kartoffeln und Milch ist ihr Gesamtproduktionsanteil noch höher.
- Die Betriebe sind klein, die durchschnittliche Betriebsgröße liegt bei 6,6 ha.
- Ein Drittel der Betriebe wird im Nebenerwerb bewirtschaftet.
- Es herrscht kein Mangel an Arbeitskräften, daher können arbeitsintensive Produktionszweige betrieben werden, z. B. Obstbau.
- Mechanisierung noch sehr gering; Pferde als Zugtiere; nur jeder zweite Privatbetrieb hat einen Schlepper.
- Düngemitteleinsatz gering;
- Innerhalb der bäuerlichen Privatbetriebe sind die kleinen unproduktiv und in jeder Hinsicht rückständig, die größeren arbeiten intensiv und erfolgreich, haben bessere Ausstattung.
- Kapitalmangel, Verschuldung; Maschinen, soweit vorhanden, veraltet;
- geringer Ausbildungsstand

Staatsgüter

- Sie bewirtschafteten ca. 19% der landwirtschaftlichen Fläche.
- Die einzelnen Betriebe haben sich sehr vergrößert: Durchschnittsgröße 1950: 347 ha; 1980: 4452 ha;
- Funktion der Staatsgüter: Mustergüter; Wegbereiter moderner Agrarproduktion;

- selbstständige Entscheidung über die Produktion ohne Abhängigkeit von der Planungsbehörde;
- Die Privatisierung der Staatsgüter kommt nur langsam voran, weil es den Kaufinteressenten an Kapital fehlt.

Landwirtschaftliche Produktionsgenossenschaften

- geringe Bedeutung: bewirtschafteten ca. 4% der landwirtschaftlichen Fläche;
- teilweise nur Pflanzenbau kollektiviert;
- teilweise ist auch Viehzucht einbezogen

Entwicklung der Erwerbstätigen nach den drei Sektoren in Prozent

	1970	1980	1990	1996
I	35,5	30,6	27,6	26,0
II	36,4	37,9	35,5	32,0
III	28,1	31,5	36,9	42,0

- Der Anteil im primären Sektor ist, gemessen an europäischen Verhältnissen, immer noch sehr hoch. Forstwirtschaft und Fischerei sind hier eingeschlossen. Der Sektor ist mit Arbeitskräften überbesetzt.
- Seit der polnischen Wende stagniert der vorher festgestellte Abwärtstrend im primären Sektor. In der Landwirtschaft freigesetzte Arbeitskräfte finden keinen Arbeitsplatz in der Industrie. Dort werden wegen der Umstellung Arbeitsplätze abgebaut.
- Wegen des nicht aufnahmefähigen Arbeitsmarktes kann also die Umstrukturierung in der Landwirtschaft nicht schnell genug vorangehen.

Landwirtschaftlich genutzte Fläche nach Eigentumsformen

- Zwei Drittel der Betriebe liegen in der Größenklasse unter 7 ha.
- Die notwendige Umstrukturierung geht sehr langsam voran.
- Grund: Kapitalarmut. Weiterführung des Betriebs sichert in der Zeit der Not wenigstens die eigene Ernährung.

A Europa

+ Geringe Betriebsgrößen sind ein Hindernis für die Mechanisierung und damit für größere Effektivität.

Mechanisierung

+ Die Zahl der Schlepper und Mähdrescher hat sich zwar seit 1980 verdoppelt, trotzdem ist die Mechanisierung noch sehr gering. Statistisch kommt ein Schlepper auf 16 ha und ein Mähdrescher auf 224 ha.
+ Verteilung ist ungleich: Ein Staatsgut besitzt durchschnittlich 31 Schlepper, eine Produktionsgenossenschaft 9, ein Privatbetrieb 0,5.

Düngereinsatz

+ Er ist von 1980 bis 1992 auf ein Drittel des Wertes zurückgegangen. Grund: stark gestiegene Düngerpreise.
+ Der Düngereinsatz ist sehr gering im Vergleich zu den Werten in Deutschland (alte Bundesländer 1992); Werte in kg je ha LF.

	D	P
Stickstoff	113	34
Phosphat	36	12
Kali	53	16

Erträge (1991 in dt/ha)

	D	P
Weizen	66	38
Roggen	47	26
Körnermais	68	48
Kartoffeln	320	168
Zuckerrüben	570	316

Gesamtwirtschaftliche Lage der Landwirtschaft

- Die Produktivität ist im europäischen Vergleich sehr gering.
- Die Produktivität ist innerhalb der Gesamtwirtschaft Polens gering: Sie trägt nur 12% zum BIP bei, obwohl 27% der Erwerbstätigen in der Landwirtschaft arbeiten.

Veränderungen seit Einführung der Marktwirtschaft

- Seit der Freigabe der Agrarpreise gibt es keine Einkommensgarantie für die Bauern mehr.
- Agrarprodukte der EU überfluten den polnischen Markt. Diese Produkte sind von der EU zweimal subventioniert, bei der Produktion und beim Export.
- Für den Verbraucher gibt es jetzt statt Nahrungsmittelknappheit ein vielfältiges Angebot von guter Qualität, aber zu hohen Preisen.
- Polnische Produkte können nicht auf den ohnehin schon überfüllten EU-Markt.
- Viele Flächen liegen brach.
- Bei stabilen Agrarpreisen sind die Preise für Düngemittel und Pestizide gestiegen.
- Die Einkommen der Bauern sind gesunken. Starke Verschuldung;
- 600 000 Arbeitslose im Bereich der Landwirtschaft (1993);
- Bescheidene staatliche Kredithilfen und Modernisierungsprogramme sorgen für etwas mehr Dünge- und Pflanzenschutzmittel. Auch die Zupacht von Flächen wird gefördert.
- Unrentable Kleinbetriebe werden zunehmend verpachtet, dadurch entsteht eine geringe Zahl von mittleren und großen Vollerwerbsbetrieben.
- Der Gegensatz zwischen armen und reichen Bauern verstärkt sich.
- Die notwendige Strukturreform (weniger Arbeitskräfte, größere Betriebe, mehr Veredelungsprodukte statt Getreideanbau) kann nicht bezahlt werden. Es wären 50 Mrd. US-$ nötig, um westliches Niveau zu erreichen.

A Europa

5.8 Entwicklungstendenzen in der Industrie. Beispiel Ungarn

Entwicklungsvoraussetzung Bodenschätze

- Ungarn besitzt kaum Rohstoffe und Energieträger.
- Nur Bauxit bei Tatabanya ist reichlich vorhanden, wird sogar exportiert.
- kleinere Mengen an Erdöl, Steinkohle bei Pecs, Braunkohle, Manganerze am Bakony-Wald;
- Ungarn ist auf Erzlieferungen angewiesen, zunehmend auch auf Erdöl- und Erdgasimporte. Es gehört zu den bodenschatzärmsten Ländern.

Industriestruktur vor dem Zweiten Weltkrieg

- insgesamt geringe Industrialisierung;
- extreme Konzentration auf Budapest: 60% der Industrieproduktion;
- Konsumgüter bildeten den Schwerpunkt.

Kommunistische Zeit

- Industrie sollte gleichmäßig über das Land verteilt werden.
- Die alte Industrie Budapests wurde weitgehend ausgelagert.
- Trotz Mangels an Bodenschätzen wurde die Schwerindustrie ausgebaut: Ihr Anteil an der Produktion betrug 1960 66%.
- Die Produktion konzentrierte sich auf Großbetriebe: Die Unternehmen mit über 500 Beschäftigten machten nur 3,5% der Betriebe aus, sie beschäftigten aber 65% der Erwerbstätigen des II. Sektors.
- Privatbetriebe waren zugelassen, durften aber maximal 30 Beschäftige haben.

Veränderungen seit 1988

- Schon 1988 wurden im Zuge der „Sozialistischen Marktwirtschaft" Privatbetriebe mit bis zu 500 Beschäftigten zugelassen. Staatliche Unternehmen durften in Aktiengesellschaften umgewandelt werden.
- 1989 Einführung eines Mehrparteiensystems, Beginn der konsequenten marktwirtschaftlichen Umgestaltung und der Grenzöffnung nach dem Westen.

- Durch den Zusammenbruch der Märkte in den ehemaligen RGW-Ländern sinkt die Industrieproduktion gewaltig (Anteil am BIP 1980 41%, 1991 32%). Der Gesamtindex des produzierenden Gewerbes sinkt auf 77% des Wertes von 1980 ab.
- Weitere Gründe sind:
  - Abbau der Subventionen,
  - Konkurrenz durch westliche Industriewaren nach der Importliberalisierung,
  - sinkende Inlandsnachfrage,
  - Import von mineralischen Rohstoffen und Energieträgern verteuert sich.
- Die größten Einbußen erleben die schwerfälligen staatlichen Großbetriebe, während die privaten Kleinbetriebe mit bis zu 50 Beschäftigten 1992 ihre Produktion verdoppelten und ihren Anteil an der gesamten Industrieproduktion von 6,4% auf 14,1% steigerten.
- Der Einbruch ist in den einzelnen Branchen unterschiedlich, er betrug zwischen 1989 und 1992 folgende Werte: Eisen- und Stahlindustrie 62%, Aluminiumproduktion 44%, Chemische Industrie 33%, Maschinenindustrie 50%, Fahrzeugindustrie 72%, Feinmechanische Industrie 66%, Textilindustrie 58% und bei Fernsehgeräten, Schuh- und Lederwaren je 50%.
- Die Privatisierung staatlicher Unternehmen hat in den Jahren 1992 und 1993 ihren Höhepunkt erreicht, sie ist aber noch nicht abgeschlossen. 1993 hatten die Privatbetriebe erst 40% Anteil am BSP.
- Im Gastgewerbe, Einzelhandel und Handwerk ist die Privatisierung sehr weit fortgeschritten.
- Die *Joint ventures* sind 1993 auf über 16 000 angestiegen.
- Seit 1993 wieder Aufwärtsentwicklung in der Produktion; aber das BSP je Einwohner erreichte 1993 erst 35% des Durchschnitts der EU.

A   Europa

5.9   Geoökologische Probleme. Beispiel Nordböhmisches Braunkohlenrevier

Lage und wirtschaftliche Bedeutung

- Senke südöstlich des Erzgebirges zwischen Kaaden und Aussig;
- Abbau der etwa 25 m mächtigen Braunkohlenflöze im Tagebau;
- Nutzung: Heizung, Dampferzeugung, Stromerzeugung, Rohstoff für chemische Industrie;
- Ansiedlung von chemischer Industrie und Schwerindustrie

Folgen

- Entstehung von Gruben bis 170 m Tiefe und von Abraumhalden;
- Grundwasser wird abgepumpt, Flüsse werden verlagert.
- An Halden gibt es Erdrutsche, Wasser- und Winderosion.
- Durch Wärmekraftwerke, chemische Industrie und Selbstentzündung sind viele Rauchpartikel in der Luft.
- Die Luft enthält außerdem sehr hohe Anteile an CO, CO_2, SO_2, Stickoxiden und Staub.
- Bei Inversionswetterlagen steigt die Schadstoffkonzentration noch stärker an.
- Mehr als 80 Orte mussten wegen des Tagebaus umgesiedelt werden.
- Böden und Grundwasser sind enorm belastet.
- Wälder sind geschädigt oder vernichtet, der ursprüngliche Bestand muss durch geringer wertige Baumarten ersetzt werden.
- Die menschliche Gesundheit ist betroffen: Atemwegserkrankungen, Allergien, Missbildungen treten häufig auf, die Lebenserwartung sinkt nachweislich.

B USA / Kanada – Erschließung, Raumstrukturen und Nutzung von Großräumen

1 Die naturgeographischen Voraussetzungen Nordamerikas

1.1 Kontinentale Lagebeziehungen Nordamerikas und der GUS

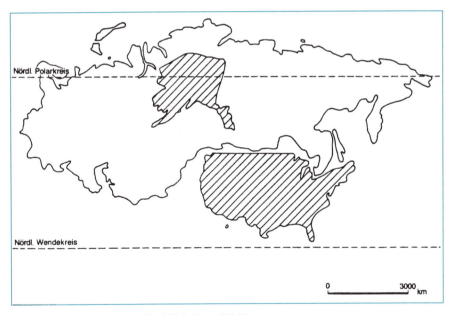

Aus: Praxis Geographie 7–8/1987. © Heinzlmeir/Michler.

- Nordgrenze beider Räume etwa bei 70° n. B.; entspricht der Nordgrenze Alaskas. Über diese Linie reichen nur geringe Teilflächen der GUS und kanadischen Inseln hinaus.

B USA / Kanada

- Südgrenze differiert wesentlich: Sie liegt in Nordamerika bei 25° und in der GUS bei 35°.
- Hauptfläche der GUS zwischen 49. und 70. Breitengrad, die der USA zwischen 30. und 49. Breitengrad.
- Nordamerika ist eher in Nord-Süd-Richtung gestreckt, die GUS in West-Ost-Richtung. Nordamerika 6 Zeitzonen, GUS 11.

Lage zu Nachbarbereichen – Erschließung – Raumstrukturen und Nutzung von Großräumen

- Distanz zu den nächsten Großräumen beträchtlich; Ausnahme: Alaska ist Ostsibirien sehr nahe.
- **Offenheit:** Lage an drei Meeren (Pazifik, Atlantik, Golf von Mexiko) macht den Kontinent offen; Nordpolarmeer stellt wegen klimatischer Bedingungen eine Barriere dar. Die Meere bieten gleichzeitig Schutz. Seit der Staatsgründung hat es keinen Angriff auf das Territorium der USA gegeben.
- **Küstendistanz:** relativ gering, zumal St.-Lorenz-Seeweg und Große Seen das Land tief erschließen.

1.2 Relief

- **Großformen:** Hochgebirge, Mittelgebirge, Flachland wie in Mitteleuropa; manchmal werden Küstenebenen als vierte Großlandschaft genannt.
- **Anordnung:** im Gegensatz zu Mitteleuropa in Nord-Süd-Richtung; Flachland zwischen Hoch- und Mittelgebirge
- **Bewertung** (abgesehen von den klimatischen Folgen): nord-südlich orientierte Raumanordnung hat Erschließung von Osten nach Westen erschwert; Siedler mussten sich immer neuen Raumanforderungen stellen.

Hochgebirgsregion des Westens

bis zu 1500 km breit; in den USA fast ⅓ der Gesamtfläche; gegliedert in pazifisches Küstengebirge, **Rocky Mountains** und die intramontanen Beckenregionen ohne Hochgebirgscharakter; Hochgebirge bestehen aus vielen Einzelketten, meist nord-südlich verlaufend, Verkehrserschließung ist erschwert; **Columbia-Becken:** Lavadecke, später in Schollen zerbrochen; **Großes Becken:** ab-

D USA / Kanada

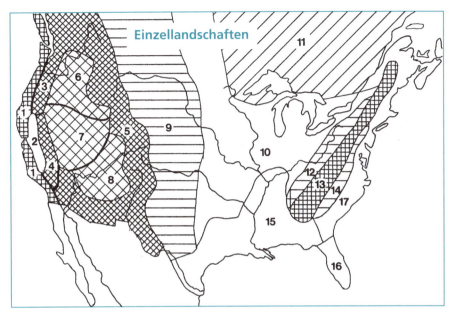

Einzellandschaften

1 Küstenkette
2 Kalifornisches Längstal
3 Kaskadengebirge
4 Sierra Nevada
5 Rocky Mountains
6 Columbia-Plateau
7 Großes Becken
8 Colorado-Plateau
9 Great Plains
10 Zentrales Tiefland
11 Kanadischer Schild
12 Appalachen-Plateau
13 Appalachen
14 Piedmont
15 Golfküstenebene und Mississippitiefland
16 Florida
17 Atlantische Küstenebene

flusslos mit Salzseen, halbwüstenhaft; **Colorado-Plateau:** tiefe Canyontäler, trocken.
Äußerster Südwesten: Erdbebengefahr, da hier die Pazifische Platte gegen die Amerikanische Platte stößt. San-Andreas-Verwerfung verläuft durch San Francisco!

Appalachen

- 3000 km lang, küstenparallel;
- nördlicher Teil von Eiszeit überformt;
- Piedmont-Plateau bildet östliche Fußregion der Appalachen; leicht nach Osten geneigt, aus widerstandsfähigem Gestein. Flüsse bilden an der Kante zur Atlantischen Küstenebene Fälle und Stromschnellen (sog. Fall-Linie).
- eigentlicher Gebirgskörper bis 2037 m hoch; in Streichrichtung des Gebirges stark zertalt (Tennessee); wenig Quertäler, daher im 18. und 19. Jahrhundert schwer zu überwinden;
- westlich schließt sich das Appalachen-Plateau an; ungestörte Schichten mit Steinkohlen- und Anthrazitvorkommen;
- Ozark-Plateau, ebenfalls Mittelgebirge mit ähnlichem Charakter wie Appalachen-Plateau

Flachlandregion

- schüsselförmig;
- nach W bis zum Rand des Felsengebirges leicht ansteigend bis auf 1600 m (Denver);
- sehr weiträumig; verkehrsdurchgängig;
- Unterteilung:
  – Nordteil: Zentrales Tiefland (Central Plains); in der Eiszeit durch Gletscher überformt bis Missouri und Ohio;
  – Westen: Great Plains: von etwa 400 m im Osten bis auf fast 1600 m im Westen ansteigend bei maximaler Breite von 700 km; von Flüssen stark zerschnitten;
  – Küstenebenen: Golfküstenebene und Atlantische Küstenebene; junges Aufschüttungsland; teilweise versumpft; Lagunen und Nehrungen

Kanadischer Schild

liegt hauptsächlich in Kanada; ältester Kern des Kontinents; hauptsächlich aus Urgestein aufgebaut; stark verwitterte Rumpffläche; in der Mitte schüsselartig eingebogen (Hudson Bay); Ränder bilden in etwa der St.-Lorenz-Strom und die eiszeitlichen Seen bis zum Großen Bärensee.

1.3 Klima

Überblick

- Infolge der großen Nord-Süd-Ausdehnung kommen alle Klimate vom Polarklima bis zum Tropenklima vor.
- Norden Kanadas: humide Polarklimate;
- Der Hauptteil des Kontinents liegt in den Mittelbreiten, wobei die Grenze zwischen der kaltgemäßigten und der kühlgemäßigten Zone etwas nördlich der Staatsgrenze zwischen den USA und Kanada verläuft.
- Etwas südlich des 40. Breitengrades beginnen die Subtropen.
- Die Südspitze Floridas liegt in der Tropenzone.

Die Mittelbreiten

Diese Zone ist von den Westwinden geprägt. Es wechseln Hoch- und Tiefdruckgebiete. Zyklonen wandern von den Aleuten bis Neuengland, allerdings liegen die Rocky Mountains als gewaltige Barriere in der Westwindzone. Daher:

- hohe Niederschläge – Steigungsregen bis 2500 mm – das ganze Jahr über, Maximum im Herbst und Winter an ihrer Westseite (Luv) im pazifischen Nordwesten;
- Im Regenschatten (Lee), in den intramontanen Becken und in den Great Plains deutliche Trockenheit; Trockengrenze liegt etwa am 100. Längengrad westlicher Länge; sie pendelt von Jahr zu Jahr.
 Trockengrenze: mindestens sechs aride Monate; sie markiert die Grenze für den Regenfeldbau (Anbau ohne künstliche Bewässerung); sie fällt ungefähr mit der 500-mm-Niederschlagslinie zusammen.
- Im Winter können Kaltluftmassen aus dem Norden ungehindert weit in den Süden, in die Subtropen vordringen, bekannt als *Northers*; als Schneestürme: *Blizzards*; bis nach Florida Gefahr für den Anbau von Obst- und Zitrusfrüchten; Temperaturstürze um bis zu 40° C innerhalb von 24 Stunden möglich; außerdem verkürzte Wachstumsperiode im N der Great Plains.
- Im Sommer gelangen feuchtwarme Luftmassen manchmal bis Kanada hinauf → Schwüle, Gewitterneigung. Im Winter lösen diese Luftmassen im Norden starke Nebel aus.

B   USA / Kanada

Die Subtropenzone

ist durch unterschiedliche Niederschlagsmengen stark differenziert.
- Im Raum San Francisco und im Kalifornischen Längstal fallen mäßige Winterregen, das Klima ähnelt dem des europäischen Mittelmeerraums. Über dem kalten Kalifornienstrom kühlen sich im Sommer die Luftmassen ab, was zu häufigen Küstennebeln führt. Das Festland bleibt trocken.
- Intramontaner Gebirgsraum und Los Angeles: extreme Trockenheit; bei vorherrschenden N-Winden wird weder im Winter noch im Sommer ausreichend feuchte Luft herangeführt.
- Die Mitte und der Osten der USA sind humid. Sie erhalten Niederschläge vom Atlantik und von der Golfregion her; sie fallen das ganze Jahr über mit leichtem Maximum im Herbst; die Temperaturschwankungen zwischen Sommer und Winter sind stark ausgeprägt; Differenzierung von N nach S entsprechend der Breitenlage.
- Im Golfküstenraum treten besonders im Herbst verheerende Wirbelstürme auf: Hurrikans, die aus der Karibik kommen. Die größten Schäden entstehen durch die nachfolgenden Überschwemmungen.

Besondere Klimaerscheinungen

Neben den winterlichen Kaltlufteinbrüchen aus dem Norden *(Cold Waves: Northers, Blizzards),* die in den Subtropen große Vegetationsschäden anrichten können, sind die Hurrikans aus der Karibik zwischen Juni und November im SO gefürchtet. Es sind tropische Wirbelstürme, bis 200 km Durchmesser, verbunden mit hohen Windgeschwindigkeiten und Starkregen.

Tornados sind außertropische Wirbel, die in Gewittern zwischen der trockenen Kalt- und der feuchten Warmluft auftreten. Durchmesser 200 m, Zugweg etwa 25 km. Im Schlauch des Tornados herrscht Unterdruck; mit Geschwindigkeiten bis 500 km/h wird Luft nach oben abgesaugt. Erhebliche Zerstörungen. Verbreitung der sehr häufigen Tornados: zentrales Tiefland bis Chicago.

An der Ostküste bewirkt der warme Golfstrom eine Temperaturerhöhung; an der Westküste Kanadas und der Südküste Alaskas der Ausläufer des Kuro Schio.

Abkühlende Wirkung haben die Hudson Bay und der Labradorstrom im Nordosten.

Durch Dürren sind besonders die Great Plains gefährdet.

Die Amerikaner heben zwei Klimaräume heraus:
Der *Frostbelt* ist der nördliche Kaltraum mit einer großen Anzahl von Frosttagen.

Der *Sunbelt* im Süden, besonders in Kalifornien und Florida, ist der Raum mit dem idealen „Urlaubsklima". Hier möchte man am liebsten leben oder zumindest den Lebensabend verbringen.

Bewertung des Klimas:
- Durch günstige Breitenlage, ausreichende Wärme und lange Vegetationsperiode können viele Produkte angebaut und das ganze Jahr über auf dem Markt angeboten werden.
- Ein Einbruch kalter Luftmassen aus dem Norden kann die Ernten (bis in die Südstaaten) gefährden.
- Hurrikans und Tornados können im Landesinneren schwere Sturm- und Überschwemmungsschäden anrichten.
- Niederschlagsausfälle oder allgemeine Trockenheit im Westen beschränken die Anbaumöglichkeiten, begünstigen Winderosion oder erfordern spezielle Anbautechnik oder kostspielige künstliche Bewässerung.
- Heiße Fallwinde, die vom Ostrand der Rocky Mountains in die Great Plains strömen, können Dürreschäden hervorrufen.

1.4 Böden

Nordkanada

- **Tundrengleye**;
- nach Süden anschließend **Podsole**;
- 57% der Fläche Kanadas von Dauerfrostböden eingenommen

B USA / Kanada

Südkanada / USA

Hier sind die Böden von West nach Ost differenziert.
Humider Osten: **Waldböden** (bis 90° w. L.)
- Norden und Mitte: Braunerden und Parabraunerden (in Appalachen);
- im Nordbereich des Michigansees und z. T. in den Neuenglandstaaten: Podsole;
- im Süden, bis zum Meridian von Kansas City und Little Rock: **Roterden**; anfällig für Erosion; geringer Humusgehalt

Nach Westen schließen sich **Steppenböden** an:
- Westlich des Mississippi humusreiche **Schwarzerden** von bester Qualität;
- anschließend, etwa westlich des 100. Längengrades im Bereich der Great Plains, **kastanienfarbige Böden** mit etwas dünnerer Humusdecke;
- am Fuß der Rocky Mountains: **Halbwüstenböden**: sehr dünne Humusdecke;
- Mitte des zentralen Tieflands: **Lößböden** sehr verbreitet

Westliches Gebirgsland:
- Norden: **Parabraunerden**;
- Sierra Nevada: **Roterden**;
- Kalifornisches Längstal: **Steppenböden**;
- intramontane Becken: **Halbwüsten- und Wüstenböden**

Bewertung:
Zentralraum trägt wertvolle Böden, die aber erosionsanfällig sind.

1.5 Vegetation

- humider Osten trägt Laub- und Mischwälder;
- Gebirgsteile im Westen: Nadelwälder; im N davon wertvolle Nutzholzbestände;
- ab etwa 90° Länge bis zum Fuß der Rocky Mountains: Grasland; im östlichen Teil hohes Gras; westlich des 100. Längengrades niedriges Gras; dazwischen auch Dornsträucher;
- intramontane Bereiche des Westens: der Trockenheit angepasste Gehölzformationen; Hartlaubgewächse oder Kleinsträucher

Bewertung:
Waldreichtum stellt wertvolle Rohstoffreserve dar; in der Erschließungszeit auch wichtig als Energielieferant

1.6 Gewässer

Atlantisches Entwässerungssystem

- ziemlich klein;
- Wasserscheide verläuft durch die Appalachen, dann südlich und westlich der Großen Seen.
- St.-Lorenz-Strom mit tiefer Trichtermündung bot gute Erschließungsmöglichkeit vom Atlantik her; Ausbau des Seewegs 1959 zur Großschifffahrtsstraße; schließt Große Seen mit ein; größte Süßwasserfläche der Erde; enorme Bedeutung für Warenaustausch; der St.-Lorenz-Seeweg schafft eine „vierte Küste"; im Winter sind Große Seen jedoch zugefroren (Mitte Dezember bis Mitte April).
Der Hudson River ist durch einen Kanal mit dem Eriesee verbunden.

Einzugsbereich des Golfs von Mexiko

fast die Hälfte der Fläche der USA; Ausbau der Stromgebiete: Staubecken ermöglichen gleichmäßige Wasserführung und damit Schifffahrt auch in den Nebenflüssen des **Mississippi**: Missouri bis Sioux City; Tennessee bis Knoxville; Ohio bis Pittsburgh; Kanal zum Eriesee; Mississippi bis St. Paul, Minneapolis; Verbindung zum Michigansee; Gefälle des Mississippi sehr gering; Dammfluss

Bewertung:
Der Nord-Süd-Verlauf steht der Hauptverkehrsspannung O–W entgegen, fördert also die Erschließung kaum.

Pazifisches Entwässerungssystem

Wasserscheide etwa Rocky Mountains; das Große Becken ist abflusslos; keine bedeutenden Schifffahrtswege

B USA / Kanada

1.7 Rohstoffe und Energiequellen

Kanada

- Kanada besitzt große Mengen an Rohstoffen, teils im Bereich des Kanadischen Schilds, teils in dem der Rocky Mountains.
- Es steht an 1. Stelle in der Weltförderung bei Zink, Kali, Nickel und Uran, an 2. Stelle bei Cadmium, an 3. Stelle bei Kupfer und Erdgas, an 4. Stelle bei Silber, an 5. Stelle bei Blei und Gold, bei Eisenerz an 8. und Erdöl an 9. Stelle.
- Bei einer geringen Bevölkerungszahl (30 Mio.) übersteigt diese Förderung den Eigenbedarf weit.
- starker Export in die USA;
- Abbau und Transport aus dem Bereich nördlich der Großen Seen unproblematisch, schwierig im Westen und Nordwesten

USA

Energierohstoffe:

- **Kohle:** 215 Mrd. t (27% der Weltvorräte); reicht 200 Jahre bei gleich bleibender Förderung;
Lagerstätten: Appalachen-Plateau, Mittlerer Westen (Illinois, Iowa, Missouri, Kansas, Oklahoma, Texas) und Rocky Mountains; Braunkohle in den nördlichen Plains;
USA sind zweitgrößter Kohleproduzent nach China und vor der GUS; Abbau sehr wirtschaftlich wegen horizontaler, oberflächennaher, ungestörter Lagerung; extrem günstig in Montana und Wyoming: 30 Meter unter der Erde Flöze von 8 bis 25 Metern (!) Mächtigkeit und bis 110 km Länge.
Viel Kohle wird verstromt; 10% exportiert.
- **Erdöl:** 3,5 Mrd. t Reserven (Vergleich: Naher Osten 89, GUS 8, Mexiko 7);
Lagerstätten: Westlicher Golfküstenbereich, Alaska, Zentrales Tiefland (Texas, Oklahoma, Kansas), Appalachen, Kalifornien;
27% des Weltverbrauchs bei Bevölkerungsanteil von 5%! Bei dieser Verschwendung reichen die Vorräte nur bis zum Jahr 2006.
Es gibt allerdings immense Vorräte an Ölschiefer (50% der Welt); derzeit nicht abgebaut, da wegen des Preises nicht rentabel.

✦ **Erdgasvorräte:** 4711 Mrd. m³ (4% der Welt; GUS 40% der Welt); Lager: westliche Golfküste; südliche Plains; zweitgrößter Produzent der Welt nach GUS; Produktion seit 1970 leicht reduziert; Verbrauch hauptsächlich in der chemischen Industrie;
✦ **Uran:** 378 000 t;
✦ **Wasserkraft:** große Reserven im Nordwesten und in Alaska; bisher zu 33% genutzt; sinkende Tendenz wegen Widerstands von Umweltschützern

Bewertung:
✦ riesiger Energieverbrauch;
✦ Eigendeckung 1988 zu 89%; aus Erdöl 33%, Erdgas 34%, Kohle 29%, Wasserkraft und Kernenergie 3,2%;
✦ Erdöl sehr bald knapp;
✦ lange Transportwege, da Hauptverbrauch im *Manufacturing Belt*

Mineralische Rohstoffe:
✦ vielseitige Ausstattung, aber manche Lager schon erschöpft oder kurz davor;
✦ **Eisenerz:** große Lager am Oberen See; dort 92% der Förderung im Tagebau; wegen geringem Erzgehalt von 20 bis 35% Anreicherung an Ort und Stelle zu Pellets; Verschiffung über die Großen Seen; notwendiger Import: 30%;
✦ **Kupfer:** Vorräte 100 Mio. t (GUS 60, Welt 600); Kordilleren; Tagebau
✦ **Blei:** in der Förderung an 2. Stelle, trotzdem wird Blei importiert.

Bei sehr vielen mineralischen Rohstoffen besteht hohe Importabhängigkeit. Für 90 Rohstoffe wurde aus strategischen Gründen eine Vorratshaltung angeordnet.

2 Erschließung und Besiedelung Nordamerikas

2.1 Anfänge der Kolonisation

Spanier

Ziele:
- Edelmetalle;
- Missionierung der Ureinwohner;
- später: Abwehr der vordringenden Engländer und Franzosen

Räume:
- Florida;
- Vorstöße von Mexiko aus nach Arizona und Kalifornien; Santa Fé 1609

Erschließungsverlauf:
- Zahl der Spanier gering;
- geringes Interesse an Besiedlung und landwirtschaftlicher Nutzung;
- geringe Gesamtwirksamkeit, trotzdem bis heute erhalten: unregelmäßige Flurgrenzen im Gegensatz zum quadratischen Landvermessungssystem der Amerikaner; Ortsnamen (spanischsprachige Bevölkerung im Südwesten stammt größtenteils aus jüngster, z. T. illegaler Einwanderung)

Russen

Ziele:
- Seeotterfang in den Küstengewässern;
- Verkauf der Felle nach China; Handel

Räume:
- Nordwestküste;
- Alaska (in Besitz der Russen 1788 – 1867);
- weiteste Südausdehnung bis Fort Ross, 120 km nördlich von San Francisco

Erschließungsverlauf:
- Zahl der Russen gering;
- Seeotterfang rückläufig;
- Amerikaner drängen Russen zurück; Monroe-Doktrin von 1823;
- 1867 Verkauf Alaskas an die USA

Franzosen

Die Siedler wurden staatlich unterstützt.

Ziele:
- Siedlungsland;
- Pelzhandel;
- Mission;
- vereinzelt auch Abbau von Bodenschätzen (Blei, westl. Michigansee)

Räume:
- St.-Lorenz-Strom ab 1534; Quebec 1608;
- Mississippimündung; New Orleans 1718;
- Von beiden Räumen aus erfolgte der Vorstoß ins Landesinnere; der ganze Tieflandsraum zwischen Appalachen und Rocky Mountains wurde eingenommen: Louisiana

Erschließungsverlauf:
- Anlage von Flusshufensiedlungen mit Streifenflur;
- geringer Nachschub an Siedlern aus dem Mutterland;
- Kampf gegen die aus dem Osten anrückenden Engländer;
- Zusammenbruch des französischen Kolonialreichs in Amerika: Sieg der Engländer durch die Eroberung Quebecs 1759; 1763: England erhält Kanada und alles Land östlich des Mississippi; 1803 verkauft Napoleon Louisiana (wesentlich größer als der heutige gleichnamige Staat) an die USA.

Nachwirkungen:
- stellenweise alte Flurformen in Kanada noch erhalten;
- französischsprachige Bevölkerungsgruppen (Frankokanadier in Quebec, Montreal)

B USA / Kanada

Engländer

Ziele:
+ Siedlungsland gewinnen;
+ freie Religionsausübung (Puritaner);
+ politische Freiheit;
+ Handel

Räume:
+ Nähe Hudson Bay;
+ atlantischer Küstenraum zwischen französischem Gebiet am St.-Lorenz-Strom und spanischem Gebiet in Florida;
+ erste Ansatzpunkte: 1607 Kolonie Virginia; 1620 Bucht von Boston: *Pilgrim Fathers*

Erschließungsverlauf:
Im **Norden** ist die Naturlandschaft kleinräumig, ähnlich wie in der Heimat:
+ reine Siedlungskolonien, ständiger Siedlerzustrom;
+ bäuerliche Wirtschaft; Besitzgrößen bis 20 ha; Blockflur; dörfliches Siedlungsbild;
+ Handel und Gewerbe besonders in den Küstenstädten

Im Süden:
+ Gute Böden und günstiges Klima ermöglichen den Anbau von Produkten, die sich für den Export eignen (z. B. Tabakanbau); arbeitsintensive Wirtschaftsform.
+ Großgrundbesitz, der zuerst mit Landarbeitern, später (ab 1661) mit Sklaven aus Schwarzafrika bearbeitet wird.

Nachwirkungen:
+ Britische Einflüsse blieben weitgehend prägend für die USA: Sprache, Recht, Erziehungswesen, Religionsgemeinschaften, Architektur;
+ starker Einfluss der Puritaner

2.2 Die weitere Erschließung des Kontinents (ab 1776)

- Die Erschließung erfolgte in einer Westwärtsbewegung ausgehend von den Neuenglandstaaten.
- Sie lief in Wellen ab, die aufeinander folgten, sich manchmal überlagerten, im Westen gelegentlich nur regional ausgeprägt waren und teilweise nicht bis an die Westküste reichten; lediglich im Osten war die Siedlungsgrenze eine zusammenhängende Linie.
- Der Grenzraum der Erschließung war eine „Entwicklungs- und Kampfzone", die sich langsam „in die Wildnis hineinschob", als *frontier* bezeichnet.
- Die *frontier* ist nicht identisch mit der politischen Westgrenze der USA zum jeweiligen Zeitpunkt; sie folgt, von Ausnahmen abgesehen, der politischen Grenze nach.
- Durch Vergleiche mit Russland wird der private Charakter der Erschließung oft überbetont und der staatliche Beitrag für die Erschließung unterschätzt.
- Die Westwärtsbewegung war von Auseinandersetzungen mit den Indianern begleitet. Teilweise Landkäufe von Indianern, meist Verdrängung mit Waffengewalt. Zuweisung von Reservaten. Durch Tötung der Büffel wurde einem Teil der Indianer die Lebensgrundlage entzogen. Krankheiten taten ein Übriges. Zahl der Indianer vor dem Eintreffen der Europäer: 1 bis 2 Millionen. Im Jahr 1909 gab es in den USA noch 237 000 Indianer.

Träger der Kolonisation und ihre Wirksamkeit

(Reihenfolge der Nennung entspricht nicht immer dem exakten zeitlichen Ablauf der Erschließung)

Pelzhändler, Jäger, Trapper (Fallensteller); ab 1750
Motive, Ziele: Abenteuerlust, finanzieller Gewinn;
Inwertsetzung: sehr gering

Französische Bergleute, ab 1823 auch Iren und Engländer
Motive, Ziele: Abbau von Bodenschätzen (z. B. Blei);
Inwertsetzung: punktuell; am Oberlauf des Mississippi; Grenzbereich Iowa/Wisconsin; Vorräte bald wieder erschöpft, Siedlungen wurden aufgegeben

Goldsucher in Kalifornien ab 1847
Inwertsetzung: punktuell

Squatter (lassen sich ohne offizielle Erlaubnis und ohne rechtmäßigen Landerwerb nieder)
Motive, Ziele: Siedlungsraumgewinn, oft nur vorübergehend;
Inwertsetzung: gering; leben von Jagd, Fischfang, etwas Ackerbau zur Selbstversorgung, ziehen dann weiter.

Viehzüchter (Rancher): oft mittellose Einwanderer, gelegentlich gescheiterte Existenzen, auch Asoziale aus dem Osten
Motive, Ziele: Siedlungsraum gewinnen;
Inwertsetzung: flächendeckend, aber mäßige Intensität; Auseinandersetzung mit Indianern; Auseinandersetzung mit nachfolgenden Ackerbauern

Ackerbautreibende Farmer: Herkunft ähnlich wie Viehzüchter
Motive, Ziele: Siedlungsraum gewinnen; Spekulationsgewinne erzielen;
Inwertsetzung: flächendeckend; intensive Raumgestaltung, starke Veränderung der Naturlandschaft; zwischen Appalachen und Mississippi Abholzung, westlich des Mississippi Zerstörung der Graslandschaften; Anlage von Siedlungen

Die Rolle des Staates bei der Kolonisation

- Voraussetzung für den Erfolg der Kolonisation waren die Eigenstaatlichkeit der Amerikaner, ein ständiger Einwandererstrom, die Regierungsexpeditionen zur Landerkundung, die Errichtung eines Verkehrsnetzes und die Landvergabe.
- Eigenstaatlichkeit ermöglichte systematischen Landerwerb. 1848 Inbesitznahme bis zum Pazifik abgeschlossen; Gründung von Bundesstaaten später;
- Einwandererstrom ermöglichte die Inbesitznahme und Erschließung.
- Regierungsexpeditionen erkundeten das Land und bewerteten seine Eignung für eine Besiedlung und wirtschaftliche Nutzung. Expedition von *Lewis* und *Clark* 1804 den Missouri aufwärts; 1805 am Pazifik; zwischen 1867 und 1878 vier große Expeditionen;
- Bau leistungsfähiger Straßen ab 1811;
- Ausbau der Wasserwege: 1825 Eriekanal fertig; 1848 Illinois-Michigan-Kanal schafft Verbindung zum Mississippi.

B USA / Kanada

- Erwerb und Vergabe von Staatsland;
  Neu hinzugekommene Staaten gingen in den Besitz des Bundesstaates über; dieser besaß dadurch 76% der gesamten Landesfläche.
  Dieses Staatsland wurde teilweise verkauft (136,8 Mio. ha), an Eisenbahngesellschaften verschenkt (36,8 Mio. ha) oder nach dem Homestead Act vergeben (116,1 Mio. ha).
  Homestead Act von 1862: Jedes amerikanische Familienoberhaupt kann 160 acres (64 ha) Land gegen eine geringe Gebühr erwerben, wenn es das Land 5 Jahre bewohnt und bebaut hat. → Grundlage für 1 Mio. bäuerliche Familienbetriebe in Streusiedlung im zentralen Tiefland (später im Westen wegen der dortigen Trockenheit auf 320 und zuletzt auf 640 acres erhöht). Quadratische Landvermessung gibt dem Land sein charakteristisches Schachbrettmuster; Wege und Siedlungen ordnen sich dem unter.

Die Rolle der Eisenbahngesellschaften

Besonders wirksam zwischen 1860 und 1880;
Motive, Ziele: private Gewinne;
Inwertsetzung: Eisenbahnen wurden staatlich gefördert durch Landschenkung.

- Zwischen den Ackerbaugebieten und den Rocky Mountains gibt es bedeutende Viehhaltung, aber keinen Markt für das Vieh; erst die Eisenbahnen erschließen die Märkte im Mittleren Westen; Bahnanschluss bedeutet Marktanschluss und damit Wachstumschancen.
- Bahngesellschaften gründen im eigenen Interesse Siedlungen und holen Siedlungswillige aus dem Osten, um ihr Verkehrsaufkommen zu verbessern.
- 1869 erste Eisenbahnlinie, die den ganzen Kontinent durchquert.

3 Die Bevölkerung der USA

Gesamtzahl: 265,2 Mio. (1996)

Dichte: 27 E/km²

Zusammensetzung nach Ethnien (1995; Prozentwerte gerundet):

Weiße	193,3 Mio.	74%
Schwarze	33,0 Mio.	13%
Hispanics (Latinos)	26,8 Mio.	10%
Asiaten	9,2 Mio.	4%
Indianer, Eskimos, Aleuten	2,2 Mio.	1%

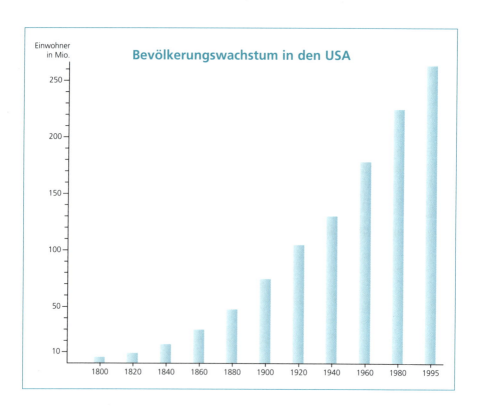

Bevölkerungswachstum in den USA

Bevölkerungswachstum

- Er beruht auf Geburtenüberschuss und Einwanderung.
- Seit dem Zweiten Weltkrieg steigt der Anteil der Eingewanderten am Gesamtwachstum; 1995 betrug er ein Drittel.
- Bei den Gründen für die Einwanderung überlagern und ergänzen sich Push- und Pullfaktoren: wirtschaftliche Not, politische, soziale und religiöse Unterdrückung, mangelnde Aufstiegsmöglichkeiten in den Herkunftsländern und Freiheit in den USA, Siedlungsraum für eine Existenzsicherung, Aufstiegschancen.
- Mit der territorialen Ausweitung nach Westen und der damit verbundenen Besiedlung verschob sich der Bevölkerungsschwerpunkt immer weiter westlich. Heutige Lage im Staat Missouri, südwestlich von St. Louis.

Einwanderungsphasen

Bis 1820	hauptsächlich Engländer, aber auch Schotten, Iren, Deutsche; Gründe: religiös, politisch, sozial
Bis 1880	Einwanderer aus West- und Mitteleuropa; Gründe: Not der dortigen Landbevölkerung, Armut der Industriearbeiter, politische Unterdrückung in der Zeit der Restauration und Reaktion in Deutschland
Bis 1914	Zuwanderer hauptsächlich aus Süd- und Osteuropa
Bis 1964	geringere Einwanderung wegen restriktiver Gesetzgebung
Seit 1964	Neue Gesetze erlauben Nachzug von Angehörigen und Zuzug von Menschen, die ihres Berufes wegen erwünscht sind, und von Flüchtlingen. Dies führt zu starkem Anschwellen der Einwandererzahlen und zur Verlagerung. Schwerpunkt derzeit: Hispanics und Asiaten.

Für die Zukunft weiterhin starkes Wachstum der Gesamtbevölkerung prognostiziert, wobei der Anteil der Weißen relativ sinkt und der Anteil der Farbigen absolut und relativ zunimmt. Bei gleich bleibender Einwanderung wie seit 1980 sinkt der Anteil der weißen Amerikaner bis 2050 auf 52%.

Indianer

- Als verdrängte Urbevölkerung waren sie lange Zeit ohne volle Rechte und nicht integriert.
- Sie leben hauptsächlich im Westen, wo auch die meisten Reservate liegen.
- Zwei Drittel leben außerhalb der Reservate.
- Die Indianer haben im Vergleich zum Durchschnitt einen niedrigeren Bildungsstand, ein geringeres Einkommen und eine hohe Armutsrate.

Schwarze / Afro-Amerikaner

- Durch den Sklavenhandel kamen bis zu dessen Abschaffung 600 000 Menschen aus Afrika ins Land.
- Sie waren ursprünglich im Süden konzentriert, wo sie hauptsächlich auf den Plantagen als Arbeitskräfte eingesetzt wurden.
- Auch heute noch ist der Schwerpunkt im Südosten des Landes.
- Nach Aufhebung der Sklaverei gab es eine Teilabwanderung in den Nordosten, wo man sich Arbeit in der Industrie erhoffte.
- Aufgrund geringer Ausbildung bestehen schlechtere Berufsaussichten und Integrationsschwierigkeiten.
- Siedlungsschwerpunkt sind der Osten und Kalifornien.

Hispanics

- Siedlungsschwerpunkt im Südwesten;
- Herkunftsländer: besonders Mexiko (häufig nach Kalifornien), Puerto Rico (häufig nach New York) und Kuba (häufig nach Florida);
- im Vergleich zum Landesdurchschnitt niedrige Bildungsrate, geringes Einkommen, sehr viele Arbeitslose, hohe Armutsrate; kinderreiche Familien

Ende der Vorstellung vom *melting pot*?

Früher Vorstellung der Integration der Ethnien in eine von den Weißen getragene, europäisch geprägte Kultur

Heute große Zweifel an der Verwirklichung dieser Vorstellung, denn
- der Anteil der Nichtweißen wächst überproportional,
- die Zahl der Nichtintegrationswilligen nimmt zu.

Künftige Gesellschaft eher multikulturell unter Wahrung der ethnischen Identität: „kulturelles Mosaik"

4 Die amerikanische Landwirtschaft und Industrie

4.1 Bedeutung innerhalb der Gesamtwirtschaft

- In der Landwirtschaft arbeiten 2,8% der Erwerbspersonen (in der Industrie 24%).
- Der von ihnen erwirtschaftete Anteil am BSP beträgt 2% (der der Industrie 26%).
- Innerhalb der Gesamtwirtschaft spielt die Landwirtschaft eine völlig untergeordnete Rolle.

Weltwirtschaftliche Bedeutung

Anteil an der Weltproduktion bei einigen Produkten:

Weizen	11%	Sojabohnen	52%
Fleisch	16%	Baumwolle	20%
Mais	40%		

Unter den Weltagrarexporteuren nehmen die USA die wichtigste Position ein. Die USA exportieren seit 1970 jeweils zwischen 40 und 70% ihrer Weizenernte.

B   USA / Kanada

Wirtschaftsleitbild der USA

Bis heute immer noch weitgehend durch den Liberalismus geprägt: Vertrauen auf die Selbstregulierungskräfte des Marktes (Angebot und Nachfrage entscheiden über Produktion und Preis); staatliche Eingriffe bleiben gering und erfolgen nur im Notfall.

Auswirkungen:
- rasche Anpassung an Binnenmarkt und Weltmarkt;
- rasche Einführung neuer Produktionstechniken;
- Entstehen neuer Produktionsformen;
- schnelle Strukturveränderungen

4.2   Strukturwandel in der Landwirtschaft

Veränderungen seit 1950

Die meisten Veränderungen sind unter der Zielvorgabe einer möglichst kostengünstigen und rationellen Produktion zu sehen.

Man könnte sie folgendermaßen zusammenfassen:
- Weniger, aber größere Betriebe
- produzieren mit weniger Arbeitskräften
- bei starkem Kunstdüngereinsatz
- und hoher Mechanisierung
- große Mengen an Agrarprodukten.

Landwirtschaftliche Nutzfläche:
1950: 450 Mio. ha   1989: 431 Mio. ha

Exportschwankungen und Preisänderungen für Getreide können zu starker Veränderung der Anbauflächen führen,
z. B. 1950:153 Mio. ha   1969: 135 Mio. ha

Das Weideland beträgt konstant ca. 55% der LF.

Anzahl der Betriebe:
- Bis 1935 angestiegen, da die Erschließung und Inbesitznahme des Landes durch die Farmer bis dahin anhielt.
- 1935: 6,8 Mio. Farmen   1990: 2,1 Mio.   2000: 1,25 Mio.

Mittlere Farmgröße:
- Durch Vergrößerung der Betriebe kommt es zunehmend zur Streulage der Betriebsflächen.
- Wegen unterschiedlichem Klima und verschiedenen Betriebsformen sind die Betriebsgrößen innerhalb des Landes sehr unterschiedlich:
  im NO 50 bis 70 ha,
  in Kalifornien 170 ha,
  in Arizona 1760 ha (viel Weideland).

B USA / Kanada

Die Größenklassen entwickeln sich unterschiedlich:
Es gibt eine große Zahl von **Teilzeitfarmen** und **kleinen Farmen**. Sie haben einen geringen Anteil an der Gesamtproduktion und ein geringes Einkommen, das oft sogar unter der Armutsgrenze liegt. Es gibt also sehr arme und verschuldete Farmer. Viele mussten sich einen weiteren Beruf suchen; in diesen Fällen ist das Einkommen von außerhalb der Landwirtschaft meist größer als das aus dem Farmbetrieb.

Andererseits gibt es eine kleine Zahl von **großen Farmen**, die sehr viel produzieren und ein hohes Einkommen erzielen:
- Im Jahr 2000 werden die 50 000 größten Farmen 75% der Agrarprodukte erzeugen.
- Die 175 000 größten Farmen (14% der Farmen) werden über 90% des agrarischen Einkommens erzielen.

Man spricht von einer **dualen Struktur**: viele kleine Farmen mit niedrigem Einkommen neben wenigen großen Farmen mit sehr hohem Einkommen.

Mechanisierung:
- Seit 1960 nimmt die Zahl der Traktoren leicht, die der Mähdrescher stark ab. Gründe:
  - Gesamtzahl der Farmen geht zurück.
  - Großmähdrescher werden eingesetzt.
  - Überbetriebliche Lohnunternehmer bieten ihre Dienste an.
- Für viele Produkte (Zuckerrüben, Baumwolle, Gemüse) werden spezielle Erntemaschinen eingesetzt.
- größere Zahl von Lastwagen;
- vollautomatisierte Ställe mit Futtersteuerung;
- Kapitaleinsatz für Mechanisierung nimmt insgesamt kräftig zu, besonders weil auch allgemein die Tendenz zu sehr großen, leistungsfähigen Geräten zu beobachten ist.
- Leasing ist weit verbreitet: 40% der Farmer leihen Landmaschinen aus.

B USA / Kanada

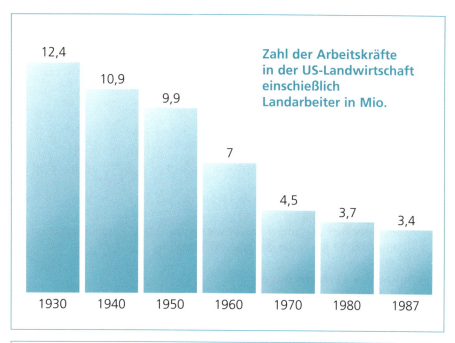

Zahl der Arbeitskräfte in der US-Landwirtschaft einschießlich Landarbeiter in Mio.

Sinkender Arbeitsaufwand in Stunden je ha	1945/49	1981/85
Baumwolle	207,5	15,0
Mais	48,0	7,8
Tabak	1150	558
Weizen	14,3	6,5
Leghennen je 100 Hennen	240	46
Mastrindvieh h je 100 kg Gewichtszunahme	9,6	2,5
Mastschweine h je 100 kg Gewichtszunahme	7,2	0,7

Beispiele nach Windhorst, Industrialisierte Landwirtschaft und Agrarindustrie, S. 14

Einsatz von Kunstdünger und Pestiziden:
Kunstdünger: Im Verbrauch standen die USA 1993 bei Stickstoff an 2., bei Phosphat an 2. und bei Kali an 1. Stelle in der Welt.
Pestizide: Einsatzmenge hoch, aber rückläufig

B USA / Kanada

Saatgutzüchtung:
Durch die **Hybridisierung** gelang es, ertragreichere und widerstandsfähigere Sorten und Anpassung an kürzere Vegetationszeiten zu erzielen.
Aber: Körner der Hybridsorten können nicht als neues Saatgut verwendet werden → Einfluss der Saatzuchtunternehmen steigt.
Einsatz von **Gentechnologie**

Künstliche Bewässerung:
- Sie wurde stark ausgedehnt.
- Sie umfasst heute 7% der landwirtschaftlichen Betriebsfläche und wird von 9% der Betriebe praktiziert.
- Sie dient im Westen in ariden Gebieten der Flächenausweitung, im Osten zur Ertragssteigerung.
- Formen der Bewässerung: Kanalbewässerung oder Karussellbewässerung;
- künftig stärkere Kontrolle des Wasserverbrauchs

Ergebnisse der Veränderungen:
- **Produktivität je Fläche** ist gestiegen:
  Hektarerträge bei Mais in dt/ha:

1945/49:	21,1
1955/59:	28,4
1965/69:	45,1
1976/79:	54,6
1981/85:	61,4

- **Produktivität je Arbeitskraft** ist gestiegen:
  Eine Arbeitskraft ernährte

1960:	25 Personen
1970:	60 Personen
1980:	79 Personen
1986:	87 Personen

- Problem der **Überproduktion** ist entstanden.
- Großer Teil der Produktion muss auf dem Weltmarkt abgesetzt werden.

Produktionssteuerung durch die Regierung:
- Seit den 30er Jahren gab es öfter Garantiepreise zur Einkommenssicherung der Landwirte.
- Teilweise wurden Produktionsquoten festgelegt, um Überproduktion zu verhindern.

- Nach 1983 gab es für Farmer, die einen Teil ihres Landes nicht bebauten, Weizen oder Mais aus der staatlichen Lagerhaltung. Dadurch geringerer Einkommensausfall für die Farmer, Reduzierung der Lagerbestände des Staates und Möglichkeit der Bodenkonservierung.
- *Corporate farms* werden geringer besteuert als Farmen im Individualbesitz.

4.3 Wandel der Organisationsformen in der amerikanischen Landwirtschaft

Family-size farm

- Das Leitbild der amerikanischen Landwirtschaft in der Zeit der Kolonisierung und noch lange danach war der Familienbetrieb mittlerer Größe, der unter Mithilfe der Familienangehörigen ausreichend viel produzierte.
- Steuerelement waren das Landvermessungssystem und die Homestead Act (1862).
- Ausnahmen bildeten die großen Baumwollfarmen im Süden und einige Großbetriebe aus der spanischen Kolonisationszeit im Südwesten.

Die *family-size farm* spielt auch heute noch eine wichtige Rolle, doch sind neue Formen hinzugekommen: Nebenerwerbsbetriebe, Kontraktfarmen und *corporate farms*. Durch die Konkurrenz der letzten beiden mit ihrer Kapitalkraft und rationalisierten Betriebsführung nehmen die Familienbetriebe immer mehr ab.

1978 waren von den Farmen:
87,8% **Familienbetriebe**, sie bewirtschafteten 70,5% der landw. Fläche.
 9,7% **Kontraktfarmen**, sie bewirtschafteten 16,3% der landw. Fläche.
 2,1% *corporate farms*, sie bewirtschafteten 12,3% der landw. Fläche.

Nach Eigentumsverhältnissen aufgegliedert waren 58% der Farmen vom Eigentümer bewirtschaftet, 28,8% der Farmer waren Teileigentümer und 12,7% Pächter. 46% (1978) der Farmer arbeiteten als Nebenerwerbslandwirte.

Viele Farmer sind Mitglieder von **Kooperativen**; diese sorgen für die Bereitstellung von Produktionsmitteln und für die Vermarktung der Produkte.

Mancher Farmer lässt seine Felder durch Firmen abernten, gelegentlich auch bestellen; diese Unternehmen führen die Auftragsarbeit mit eigenen Maschinen und Lohnarbeitern aus und wandern entsprechend dem saisonalen Ernteverlauf von Süden bis nach Kanada.

18% leben nicht auf ihrer Farm, sondern in einer nahe gelegenen größeren Siedlung oder Stadt.
- **Sidewalk farmer:** Die bis zu 50 km entfernten Felder werden nebenberuflich bewirtschaftet; im Hauptberuf arbeitet dieser Farmer in der Industrie oder in einem Dienstleistungsunternehmen.
- **Suitcase farmer:** Er bewirtschaftet seine bis zu 300 km entfernten Felder im Hauptberuf; fährt mit seinen Maschinen zur Saat- und Erntezeit zu den Feldern.

Kontraktfarmen

gehören zu den **agroindustriellen Unternehmen**.
- Die Farm ist nur noch ein Glied in der ganzen Produktionskette eines großen Unternehmens.
- Der Farmer stellt seine Betriebsfläche, Maschinen und seine Arbeitskraft zur Verfügung.
- Das Unternehmen liefert ggf. Saatgut, Düngemittel, bestimmt Art und Menge der Produktion und besorgt die Vermarktung.
- Diese Betriebsform hat bei Hähnchenmast und in der Legehennenhaltung begonnen und ist heute in allen Produktionszweigen verbreitet.
- Vertikale Integration: Zusammenfassung verschiedener Produktionsschritte zu einer Organisation, z. B. in der Hähnchenmast: Brutbetrieb, Futtermittelbeschaffung, Mastbetrieb, Schlächterei, Verarbeitung und Vermarktung.

Corporate farms

Große Unternehmen, die hauptsächlich außerhalb der Landwirtschaft tätig sind, z. B. die Firmen *Goodyear, Boeing, Getty Oil*, kaufen Farmen auf und betreiben pflanzliche und tierische Produktion im großen Stil.

Kennzeichen:
+ hoher Kapitaleinsatz,
+ gutes Management,
+ effektiver Betrieb,
+ vorübergehende Verluste können durch Gewinne in anderen Betriebszweigen ausgeglichen werden.

Beispiel Viehmast:
+ Betriebe mit bis zu 100 000 Stück Mastvieh;
+ Das Vieh bleibt nur 6 bis 12 Monate auf den Weiden und kommt dann in riesige Freiställe, sog. *feedlots,* in abgegrenzte Blöcke zu je 250 Stück.
+ automatische Fütterung, Verfütterung von Konzentraten und Abfällen aus der Nahrungsmittelindustrie;
+ Futterzusammensetzung und Menge werden genau bestimmt.
+ Eine Arbeitskraft kann bis zu 6000 Rinder versorgen.
+ In Geflügelmästereien versorgt eine Arbeitskraft bis zu 70 000 Hähnchen.

Neue Tendenzen

+ **Kleine und mittelgroße Farmen** (meist Familienbetriebe) haben bei Preisverfall infolge Überproduktion und bei steigenden Investitionskosten und hohen Zinsen keine Überlebenschance mehr. Sie sind hoch verschuldet. möglicher Ausweg: Umwandlung in **Kontraktfarmen**;
+ Die Zukunft gehört den **agroindustriellen Großunternehmen:**
  – In der Rindermast lagen Ende der 60er Jahre 55% der Produktion bei relativ kleinen Betrieben.
  – Anfang der 80er Jahre kamen bereits 60% der Produktion aus agroindustriellen Großbetrieben.
  – Die Geflügelproduktion ist heute praktisch ausschließlich in der Hand von Großfarmen und agroindustriellen Unternehmen.
  – Der Konzentrationsprozess vollzieht sich auch bei der Produktion von Baumwolle, Früchten und Gemüse.
  – Der Einsatz von Fremdkapital wird immer größer.

B USA / Kanada

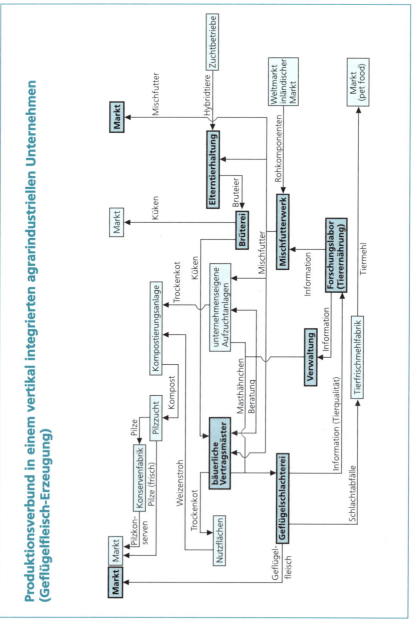

Klohn/Windhorst, Das agrarische Intensivgebiet Südoldenburg, 2. völlig neu bearbeitete Auflage, Vechta 1998

Industrialisierung der Landwirtschaft

Man spricht einerseits von der **Industrialisierung des Produktionsprozesses**:
- hoher Kapitaleinsatz;
- Spezialisierung;
- Massenproduktion;
- Einsatz von Technik

Diese Kennzeichen hat auch ein moderner amerikanischer Farmbetrieb.

Von **agrarindustriellen Unternehmen** andererseits kann man erst sprechen, wenn zusätzlich neue Unternehmensformen auftauchen, die eine vertikale Integration aufweisen und ein Management mit hierarchischer Struktur besitzen. Es gibt dabei drei Ebenen: Leiter einzelner Farmen, Leiter von zusammenhängenden Produktionseinheiten, Direktoren oder Unternehmensleiter für das ganze Unternehmen.

Die Farmkrise

Ursachen:
- In den 70er Jahren sehr große Exportsteigerung bei Agrarprodukten;
- führte zu großem Optimismus und in der Folge zu Flächenausweitung, stärkerem Düngereinsatz und höherer Produktion;
- Die Exportabhängigkeit wuchs.
- Farmmodernisierungen und Vergrößerung des Maschinenparks führten zu Kreditaufnahme bei niedrigen Zinsen in den 70er Jahren.
- Wachsende Konkurrenz auf dem Weltmarkt (Angebote aus Kanada, Frankreich und Australien) und sinkende Nachfrage aus Entwicklungsländern verschlechterten die Absatzmöglichkeit.

Folgen:
- Bei sinkenden Agrarpreisen und steigenden Zinsen mussten viele Farmer Land verkaufen.
- Steigender Dollarkurs schmälerte die Verkäufe auf dem Weltmarkt.
- Der Wert des Farmlandes sank innerhalb weniger Jahre auf die Hälfte.
- Das große Farmsterben setzte ein: „Mitte der achtziger Jahre verlor alle zwei Minuten ein amerikanischer Farmer seinen Arbeitsplatz oder musste sein Land verlassen" (Der Spiegel Nr. 4 1986, S. 116).

4.4 Organisationsformen der US-Industrie

Betriebsgrößen

- Die Bildung von großen Einheiten ist noch weiter als in der Landwirtschaft fortgeschritten.
- In Betrieben mit 250 bis 999 Beschäftigten arbeiten 47% der industriellen Arbeitnehmer, in solchen über 1000 arbeiten 25,5%.
- Allerdings wächst die Zahl der Kleinbetriebe in jüngster Zeit.
- Auch im internationalen Vergleich werden die Größendimensionen sichtbar: Von den 20 größten Industrieunternehmen der Welt sind 8 US-amerikanische (1996).

Die Konzentration

- Die rechtliche Form der großen Wirtschaftseinheiten: *Holdinggesellschaften; Pools, Trusts*
- Wirtschaftlich vollzieht sich die Konzentration teils in horizontaler Form, das heißt Zusammenschluss oder Erwerb von Betrieben der gleichen Branche. Den starken Fortschritt der horizontalen Konzentration sieht man an den Betriebsgrößen oder an Einzelbeispielen: Es gibt nur drei bedeutende Autohersteller in den USA.
- Die zweite Form ist die vertikale Integration: Nacheinander gelegene Produktionsschritte werden durch Erwerb entsprechender Firmen in einer Hand vereinigt. So sind in der US-Stahlindustrie meist Hüttenwerke, Stahlwerke, Walz- und Hammerwerke vereint. Die US Steel Corporation besitzt eigene Kalkbrüche, Erzgruben, Kohleabbau- und Transportbetriebe. Der Autoproduzent Ford besitzt (was aber sonst nicht branchenüblich ist) Kokereien, Hüttenwerke, Stahl- und Walzwerke, Kunststoff- und Glasfabriken.
- Horizontale und vertikale Konzentration gibt es meistens gleichzeitig.
- In einigen Zweigen, die stagnieren oder an Bedeutung verlieren, kann man beobachten, dass Betriebe aus der Wachstumsbranche zugekauft werden. Überhaupt ist der Erwerb branchenfremder Betriebe häufig.

Internationale Verflechtung

- Konzerne reichen häufig über den nationalen Rahmen hinaus, das bringt oft Vorteile in der Arbeitsteilung: Entwicklung in den USA, Produktion in Ländern mit niedrigerem Lohnniveau. Häufig *Joint Ventures* mit ausländischen Firmen, z. B. mit japanischen;
- Internationale Verflechtung gibt es auch in der Produktion von Einzelteilen. Zulieferindustrie ist heute international verflochten.

Fühlungsvorteile im Industriepark

- In den Suburbs oder außerhalb der Städte, verkehrsgünstig an Highways gelegen, entstehen Industrieparks, meist für Mittel- und Kleinbetriebe.
- Bevorzugt werden sie von Betrieben der Leichtindustrie und des High-Tech-Bereichs; manchmal sind gepflegte Grünanlagen vorhanden; auf nahe gelegene Wohnmöglichkeiten für Angestellte mit gehobenen Ansprüchen wird Wert gelegt.
- Die Betriebe suchen hier bewusst Fühlungsvorteile innerhalb der Branche oder mit benachbarten Bereichen.

B USA / Kanada

5 Umweltgefährdungen in Nordamerika

5.1 Trockenheit und Erosion in semiariden Gebieten

In semiariden Gebieten, z. B. in den Great Plains, ist die Gefahr der Bodenaustrocknung und der Erosion wesentlich höher als im humiden Bereich.

Ursprünglicher Zustand

- Die Steppengräser stellen mit ihrem Wurzelwerk einen natürlichen Schutz für den Boden dar.
- In Trockenphasen ist das Wachstum eingestellt, aber die Wurzeln sterben nicht ab. Die Vegetation ist an das Klima angepasst.

Eingriff des Menschen

Durch das Pflügen und den Anbau wird der natürliche Schutz beseitigt, weil der Boden zeitweise im Jahr keine Vegetationsdecke hat (vor der Wachstumsphase und nach der Ernte).

Mögliche Folgen:
- Austrocknung,
- Bodenabwehung durch den Wind,
- Bodenabschwemmung bei Regenfällen.

Erhöhte Gefahr besteht, wenn
- mehrere Trockenjahre nacheinander auftreten,
- der Boden in Monokultur genutzt wird und lange Zeit großflächig ohne Bewuchs bleibt.

Beispiel *Dust Bowl*

- In den 30er Jahren trat in den USA eine mehrjährige Dürre auf. Betroffen waren hauptsächlich die Staaten Nebraska, Kansas und Texas. In dieser *Dust Bowl* trugen Staubstürme die fruchtbare Bodenkrume weg.
- 1 Mio. ha Ackerland wurde vernichtet.
- 600 000 Farmer mussten ihre Betriebe aufgeben.

Die Trockenheit der 50er Jahre umfasste eine noch größere Fläche.

5.2 Schutzmaßnahmen für den Boden

- Aufgabe von Grenzertragsböden für den Anbau und Aufforstung;
- Zwischenfruchtanbau in Monokulturgebieten; bedeckt und schützt den Boden längere Zeit;
- Anlage von Terrassen: Regenwasser fließt weniger ab, dringt in den Boden ein; geringere Erosion;
- Anlage von Windschutzstreifen; mehrere Baumreihen, Abstand jeweils 400 bis 500 Meter; reduziert Windgeschwindigkeit, Austrocknung und Abwehung;
- Pflügen im reliefierten Gelände an den Höhenlinien entlang *(contour ploughing)*; lässt mehr Wasser in den Boden eindringen und weniger abfließen;
- *strip cropping*: streifenförmiger Wechsel von Acker- und Grünland; oft mit *contour ploughing* verbunden; verringert Erosion;
- *dry farming;* Boden bleibt 1 bis 2 Jahre brach liegen, wird nach größeren Niederschlägen gepflügt, um die feuchte Bodenschicht in die Tiefe zu bringen; durch Walzen werden die Kapillaren zerstört, in denen das Wasser nach oben steigt; gleichzeitig wird Verdunstungsoberfläche reduziert; anschließend Unkrautbekämpfung;
- *minimum tillage*: Statt drei Arbeitsgängen (Pflügen, Eggen, Säen) nur ein einziger mit einer Spezialmaschine; Boden wird nicht gewendet, sondern nur aufgerissen, Saatgut eingebracht und wieder geschlossen; Methode ist arbeitssparend und schafft weniger Erosionsanfälligkeit; aber mehr Kapitaleinsatz für teure Maschinen und für Pestizide notwendig.

B   USA / Kanada

6   Die Stadt in Nordamerika

6.1   Konzentration der US-Bevölkerung in Metropolen und Städtebändern

Größe und Zahl der Städte

Größere städtische Siedlungskomplexe heißen *Metropolitan Statistical Areas (MSA)*. Sie haben jeweils
+ mindestens 100 000 Einwohner,
+ eine Kernstadt mit mindestens 50 000 Einwohnern,
+ mindestens 50 000 Einwohner in der zugehörigen Stadtregion.

Die US-Statistik weist 329 MSA aus; unter ihnen sind 76 wegen ihrer besonderen Bedeutung herausgehoben als *Primary MSA*.

Die oberste Größenklasse bilden die 22 *Consolidated MSA (CMSA)*. Sie schließen die 76 *PMSA* ein.

Verstädterungsgrad

Der hohe Verstädterungsgrad der USA erklärt sich durch:
+ Umschichtung der Bevölkerung vom primären in den sekundären und tertiären Sektor, wodurch die Bindung an den agrarischen Raum nicht mehr notwendig war;
+ Konzentrationseffekte, die mit industrieller Produktionsweise und Tertiärisierung verbunden sind;
+ die hohe Mobilität der Bevölkerung.

Städtebänder

In einigen Fällen kam es zur Ausbildung regelrechter Städtebänder. Die wichtigsten:
+ Die 1000 km lange Megalopolis von Boston bis Washington, die auch New York einschließt und fast 20% der US-Bevölkerung umfasst; auch *Bosnywash* genannt;
+ Lower Great Lakes (mit Chicago) 9%;

- California (mit San Francisco und Los Angeles) 9%;
- Florida 3,7%

Die MSA ist ein rein statistische Größe; in ihr sind alle Orte über 2500 Einwohner mitgezählt. Will man Städte als sozioökonomische Einheit erfassen, spricht man von der *Urbanized Area* (Stadtregion); dann sind auch manche Orte unter 2500 Einwohner miterfasst, wenn sie städtische Siedlungsform und Erwerbsstruktur aufweisen. Die USA haben 366 *Urbanized Areas*.

Wenn man Wanderbewegungen zwischen Städten beschreibt, greift man gerne auf die konventionelle Dreiteilung Klein-, Mittel- und Großstädte zurück. Der Anteil der Amerikaner, der in Klein- und Mittelstädten wohnt, nimmt zu *(counter-urbanization)*.

6.2 Strukturmerkmale der amerikanischen Stadt und ihre Probleme

(z.T. nach *Blume, Helmut:* USA, I Der Großraum in strukturellem Wandel, Darmstadt 1987^3)

Erscheinungsbild

Amerikanische Städte sehen ziemlich gleichförmig aus.

Grundriss:
- Schachbrettmuster, nach Nord-Süd und Ost-West ausgerichtet;
- gleicher Abstand der Straßen, keine gewundenen Straßen;
- *Main Street* verläuft in der Mitte in Nord-Süd-Richtung;
- selten Diagonalstraßen;
- Marktplätze im Zentrum wie in Europa fehlen;
- in neuen Außenbezirken heute oft auch Straßen, deren Verlauf dem Gelände angepasst ist.

B   USA / Kanada

Aufriss:
- Hochhausbebauung (Wolkenkratzer) nur im Zentrum; Höhenrekord z. Zt. in Chicago mit 442 m;
- Grund für Hochhausbebauung nicht primär der Raummangel und die hohen Grundstückspreise (es gibt auch Wolkenkratzer in Städten mit reichlich Platz), sondern Fühlungsvorteile der Wirtschaftsunternehmen (Handel und Industrieunternehmen);
- starke Konzentration von Arbeitsplätzen des tertiären Sektors (World Trade Center hat ca. 50 000 Beschäftigte);
- extreme Verkehrsströme wegen der völligen Trennung zwischen Wohnung und Arbeitsplatz;

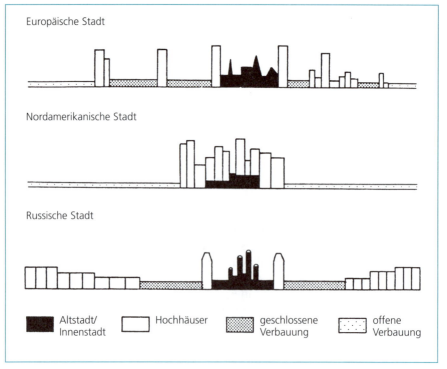

Aus: Lichtenberger, Stadtgeographie
2., überarbeitete und erweiterte Auflage © 1991 B. G. Teubner Stuttgart.

- anschließend, in der Grafik nicht eingezeichnet, ein Übergangsgürtel mit meist alten 3- bis 4-stöckigen Wohnblocks; schlechter Bauzustand;
- im ganzen Außenbereich niedrige Bebauung mit Ein- und Zweifamilienhäusern; diese Vorstädte ufern weit aus.

Funktionale Gliederung

Innenstadt (Downtown):
In der Downtown sind die Funktionen des tertiären Sektors konzentriert: Handel, Banken, Versicherungen, Geschäfte, Öffentliche Verwaltung, Verwaltung von Konzernen.

Die weitere Ausdehnung der Downtown wird oft durch vorbeiführende Bahnlinien oder Schnellstraßen mindestens nach einer Seite behindert.

Die Downtown besteht aus zwei sehr unterschiedlich aussehenden Teilen:
1. *CBD (Central Business District):* geringe Flächenausdehnung, Hochhausbebauung, sehr gepflegtes Erscheinungsbild; Sitz von Handelsfirmen, Banken, Versicherungen; Einzelhandelsgeschäfte
2. **Downtown außerhalb des CBD:** neben Hochhausbauten viele sehr heruntergewirtschaftete alte 3- bis 4-geschossige Häuser, teilweise leer, teilweise abbruchreif; manchmal Freiflächen, genutzt als Parkplätze; Funktionen: neben Einzelhandel und Dienstleistungen Gebäude der öffentlichen Verwaltung

Der Verfall alter Bausubstanz weist auf Bedeutungsschwund hin → Wohnbevölkerung ist weggezogen; Einzelhandel hat an Bedeutung verloren.

Maßnahmen der Städte, um den Bedeutungsschwund aufzuhalten:
- Bau eines Kongresszentrums mit Hotels und Restaurants; Einzelhandel kann mit Spezialgeschäften wieder Fuß fassen;
- Anlage eines Schnellbahnnetzes;
- am Rand oft ein Stadion;
- Einrichten einer Fußgängerzone

Die Downtown-Aufwertung ist in vielen Städten gelungen: private Dienstleistungen nehmen wieder zu, neue Hochhäuser werden gebaut.

B USA / Kanada

Übergangszone:
- in großen Städten sehr breit, bis zu 13 km;
- sehr verschiedene Funktionen: Öffentlicher Dienst (25%), Handel, Industrie (14%), Wohngebäude (Miethäuser, alt, in schlechtem Zustand) (14%), Großhandel (14%) mit Lagerhallen, Speditionen; Busbahnhöfe; Parkgaragen für die Downtown; Leichtindustrie, manchmal auch Schwerindustrie;
- Weiße ziehen weg, Schwarze ziehen zu → Gettobildung; Dienstleistungen und Einzelhandel gehen in die Vororte, zum Teil auch Industrie (→ Verfall → Slumbildung), am stärksten an der Grenze zur Downtown, nach außen zu abnehmend;
- Sanierungsmaßnahmen der Behörden: neue Parkhäuser für die Downtown; Wohnhochhäuser mit sehr guter Ausstattung für junge Berufstätige, die in der Downtown arbeiten;
- Übergangszone bleibt trotz Sanierungsversuchen ein Problemgebiet.

Stadtrand / Suburbia / Suburbs:
- durch Zuzug aus dem Übergangsgebiet starkes Wachstum der Wohnbevölkerung (Suburbanisierung);
- weil Eigenheime dominieren, riesiger Flächenbedarf, Zersiedelung *(urban sprawl)*;
- Siedlungsbild monoton; Häuser relativ einfach gebaut; Neubauten bevorzugt in verkehrsgünstigen Lagen; auch hier Schachbrettmuster, dazwischen Freiflächen; manchmal auch geplante Wohnsiedlungen dazwischen: Gartenstädte, Wohnwagenkolonien und Fertighäuser auf kleinen Grundstücken;
- öffentliches Verkehrsnetz völlig unzulänglich; Individualverkehr dominiert

Handel, Dienstleistungen, Industrie:
- An den Ausfallstraßen liegen die Einkaufszentren, die für die Umgebung Mittelpunktcharakter haben; sie sind entweder
  – langsam gewachsen (bandförmig an der Straße entlang) oder
  – geplant: Shoppingcenter *(Malls)* mit riesigen Parkplätzen; Einzelhandelsgeschäfte, private und öffentliche Dienstleistungen
- *Industrial parks* sind geplante und als Einheit verwaltete moderne Industriekomplexe; zwischen den Hallen oft Grünflächen; angesiedelt sind Klein- und Mittelbetriebe der Leichtindustrie, auch High-Tech-Bereich und Dienstleistungsunternehmen; viele suchen Fühlungsvorteile.

◆ *Office parks* enthalten Unternehmensverwaltungen, private Dienstleistungsunternehmen, Geschäftszentren mit Läden für den gehobenen Bedarf, oft solche, die früher im CBD waren. Der Einzelhandel in Suburbs macht höhere Umsätze als in der Kernstadt (Kernstadt ist: Downtown plus Übergangszone).

Soziale Segregation und rassisch-ethnische Viertelsbildung

Die Bevölkerung der USA ist sozial stark differenziert und sehr mobil; man wohnt gern unter seinesgleichen und zieht bei sozialem Aufstieg um.

Soziale Segregation:
◆ *upper class* in den großen Villen auf großen Grundstücken in exklusiven Vororten;
◆ *middle* und *upper middle class* in besseren Einfamilienhäusern am Stadtrand;
◆ *lower middle class* in weniger guten Einfamilienhäusern in ungünstigen Bezirken und in Randbereichen der Übergangszone;
◆ *lower class* in mehrstöckigen alten Miethäusern in der Übergangszone.

Strenge Bauvorschriften und Bebauungspläne und entsprechende Besteuerung verhindern den Zuzug der jeweils unteren Schicht in die Wohnviertel der oberen Schicht; es kommt also nicht nur auf Grunderwerb an.

Viertelsbildung nach ethnischer Herkunft:
◆ Innerhalb der jeweiligen Einkommensgruppe kommt es oft zu Viertelsbildung nach Ethnien: Afroamerikaner, Puertoricaner, Chinesen, Italiener, Polen usw. wohnen meist in eigenen Vierteln.
◆ Wenn Zugehörigkeit zur *lower class* und Diskriminierung aufgrund der Hautfarbe zusammenkommen, bilden sich Gettoformen wie bei den Afroamerikanern und Puertoricanern in New York; kann oft zum Slum degradieren mit Verfallserscheinungen, hoher Arbeitslosigkeit und Kriminalität.
◆ Verfall geht weiter: Hausbesitzer *(Slumlord)* investiert die hier erlösten, bescheidenen Mieten nicht mehr zur Sanierung, Kapital fließt in die Vorstädte ab.
◆ Es gibt rasche Umwälzungen in den verschiedenen Stadtbereichen (siehe Grafik nächste Seite).

B USA / Kanada

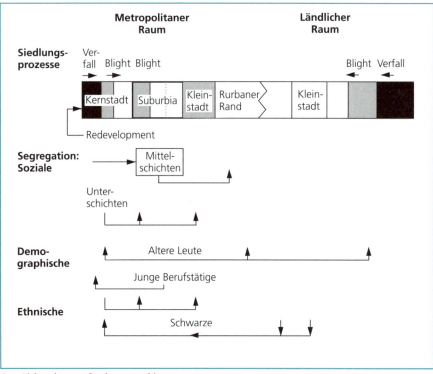

Aus: Lichtenberger, Stadtgeographie
2., überarbeitete und erweiterte Auflage © 1991 B. G. Teubner Stuttgart.

◆ Ziehen Schwarze in eine bisher von Weißen bewohnte Gegend, beginnt ab einem Schwarzenanteil von 10 bis 20% ein Abzug der Weißen, der sich bei 30% fluchtartig steigert; Grund: Furcht vor Einbruch der Immobilienpreise und vor Nivellierung der Schulbildung.

C Russland und seine Nachbarstaaten

1 Ausdehnung und Naturausstattung

1.1 Ehemalige Sowjetunion

Breitenerstreckung: von etwa 70° n. B. bis etwa 49° n. B.
Längenerstreckung: etwa 160 Längengrade, entspricht 11 Zeitzonen
Fläche: 22 Mio. km²
Fehlende Offenheit: Gebirgsschranke im Süden und Eismeer im Norden wirken als Barriere; etwas größere Offenheit nach Westen
Küstendistanz: sehr groß; wenige ungefährdete eisfreie Meereszugänge

1.2 Relief

Osteuropäisches Flachland

Kernraum, aber nicht zentral gelegen;
Tiefland; nach N und S entwässert; durchschnittlich 170 m hoch;
relativ leicht erschließbar

Kaspisch-Turanische Niederung

um Kaspisches Meer und Aralsee; trockene Beckenlandschaft

Ural

Mittelgebirge, durchschnittlich 300 bis 800 m hoch; geringere Trennfunktion als meist angenommen

Kasachische Schwelle

zwischen südlichem Ural und Balchaschsee; leicht hügelig; Steppengebiet, Übergang zur Wüste

C Russland und seine Nachbarstaaten

Westsibirisches Tiefland
stark versumpft, umfasst Vegetationsbereich von Tundra bis Steppe

Mittelsibirisches Bergland
alte, zerschnittene Plateaufläche mit Mittelgebirgscharakter

Nordostsibirisches Bergland
stark gegliederte Hochgebirgsform bis 3147 m, nach N abfallend

Jakutisches Becken (Lena-Becken)
Tiefland an der mittleren Lena

Südliche Randgebirge
deutliche Trennfunktion; Hochgebirge bis über 7000 m

Nach: dtv-Perthes Weltatlas, Bd. 6, S. 12/13. © Klett-Perthes, Gotha

1.3 Klima

Nördliche Lage bedingt das Vorherrschen von Eis- und Schneeklimaten; Größe der Landmasse und Abschirmung gegenüber dem Meer bedeuten → Kontinentalität und geringe Niederschläge.

- an Nordpolarmeer angrenzend: Polarklimate;
- südlich anschließend die Mittelbreiten mit nach Osten zunehmender Kontinentalität und abnehmenden Niederschlägen (Ausnahme: Ferner Osten);
- Das Kaspisch-Turanische Tiefland ist hochkontinental und arid ausgeprägt.
- Das gilt auch für das im äußersten Süden liegende subtropische Gebiet.

Temperatur:
- Isothermen verlaufen im Juli annähernd breitenparallel, im Winter dagegen fast radial um das nordostsibirische Kältegebiet im Raum Werchojansk und Oimjakon (bis unter 50° C).
- Daraus ergibt sich eine gewaltige Zunahme der Kontinentalität von W nach O mit Jahresamplituden bis 65° C.
- Winter ist die dominierende Jahreszeit; Übergangsjahreszeiten (Frühling, Herbst) fehlen; von W nach O nimmt die Dauer des Winters zu, gleichzeitig nimmt die Länge der Vegetationsperiode ab (in Westsibirien 160 Tage, in Ostsibirien nur noch 120 Tage).
- Durch die Offenheit in Nord-Süd-Richtung können die kalten arktischen Luftmassen ungehindert bis tief in den Süden vordringen → das erhöht die Kontinentalität.

Niederschläge:
- Ausreichende Niederschläge (über 500 mm) erhält nur der europäische Teil der GUS, sofern nicht schon Steppenklima vorherrscht.
- Östlich des Ural sind der SW und der NO besonders trocken.

C Russland und seine Nachbarstaaten

Wichtige Anbaugrenzen im Norden:
- weniger Niederschläge als 200 mm in der Zeit der Vegetationsperiode; diese Linie ist etwa mit der Südgrenze des Dauerfrostbodens identisch;
- etwas weiter südlich liegt die Grenze für eine ausreichende Vegetationsperiode (90 Tage über 10° C);
- Risikogrenze im Süden wird markiert durch den Grenzverlauf zwischen Steppe und Halbwüste.

Bewertung des Klimas:
- Im Vergleich zu den USA ist die GUS klimatisch sehr benachteiligt.
- Der Norden ist durch ein sehr kaltes Polarklima bestimmt. Daran schließt sich eine breite Zone mit kühlgemäßigtem Klima an, in der Landwirtschaft, Bergbau und Verkehr stark eingeschränkt sind. In beiden Zonen dominiert Dauerfrostboden.
- Der Süden im Raum Turan ist durch Hitze und Trockenheit geprägt.
- Nur im Agrardreieck und im Schwarzmeerbereich sind die Bedingungen günstiger.
- Fast überall ist das Klima sehr kontinental.

1.4 Böden

Tundrengleye im Norden (etwa 15% der Böden)
- Untergrund ist ständig gefroren (Dauerfrostboden), daher staut sich die Sommernässe an der Oberfläche.
- In der sehr kurzen Vegetationsperiode bildet sich aus Gras, Moosen und Flechten ein sehr dünner Humushorizont; chemische Verwitterung sehr gering, daher wenig aufbereitete Nährsalze.
- Für Anbau wegen Nährsalzmangel, geringer Einwurzelmöglichkeit und Vernässung kaum geeignet.

Podsolböden und **Moorböden** schließen sich nach Süden an (etwa 50% der Böden); geringe Fruchtbarkeit; etwa mit der Vegetationszone der Taiga in der Verbreitung identisch.

Podsolböden bringen höchstens dann brauchbare Erträge, wenn sie sehr tief gepflügt und reichlich mit Kunstdünger versorgt werden.

Die **Braunerde- und Parabraunerdeböden** liegen im Bereich der Laub- und Mischwälder.

Der Langgraszone entsprechen die fruchtbaren **Schwarzerdeböden** (Tschernosem); beste Böden.

Der Kurzgrassteppe entsprechen **kastanienbraune Böden**.

Wegen der geringeren Niederschläge wird die Humusproduktion weniger, die chemische Verwitterung geht zurück; Ah-Horizont wird also nach S zur Wüste hin immer dünner.

Nutzbarkeit bei Bewässerung vorhanden, aber **Versalzungsgefahr** (etwa 9% der Böden).

Im Übergangsbereich zur Wüste folgen **hellbraune bis graue Böden** von geringem Wert für die Landwirtschaft; bei Bewässerung starke Versalzungsgefahr. Unabhängig vom Bodentyp handelt es sich bei allen Böden in der Nordregion Russlands um Dauerfrostböden (Permafrostböden).

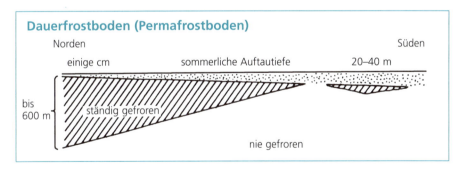

Fast die Hälfte der Gesamtfläche der GUS hat Dauerfrostboden; Verlauf der Südgrenze mitten durch die Taiga, zieht in Ostsibirien entsprechend den Wintertemperaturen weit nach Süden bis Baikalsee und Amur.

C Russland und seine Nachbarstaaten

Schwierigkeiten für die Raumerschließung:
- Abbau von Bodenschätzen: Gestein ist nur sehr schwer herauszulösen.
- Errichtung von Bauten: unter Häusern taut der Boden auf, Einsturzgefahr; Abhilfe: Bau von Pfahlrosten oder Gebäude werden auf Stelzen gestellt.
- Hebungen und Absenkungen können auch Straßen, Gleisanlagen und Flugplätze beschädigen; daher Isolierung gegen den Untergrund notwendig.
- Schluff- und Tonböden sind besonders anfällig für Frostschäden, Sandböden mit vielen Hohlräumen weniger.
- Alle Wasser- und Abwasserleitungen müssen über der Erde geführt werden.
- Oberfläche verschlammt und versumpft in der Sommerzeit: landwirtschaftliche Nutzung verhindert.
- Bodenfließen: auf dem gefrorenen Untergrund kommt die sommerliche Auftaudecke, die völlig durchnässt ist, auch bei äußerst geringen Hangneigungen ins Fließen → Problem für Landwirtschaft, Hausbau, Eisenbahnbau.

1.5 Natürliche Vegetation

Etwa breitenparallele Anordnung der Vegetationszonen

Tundra:
Kältesteppe mit winterharten Pflanzen, Moosen und Rentierflechten; keine Bäume; nur am Südrand einzelne Baumgruppen und Buschwerk

Taiga:
breiter Nadelwaldgürtel; im N lockere, niedrige Bestände, häufig von Sümpfen unterbrochen, hauptsächlich Kiefern und Fichten; im Osten Lärchen

Mischwald:
nach Osten sich zuspitzender Keil;
Nordgrenze: von Leningrad über nördliche Wolga bis Ufa am Ural;
Südgrenze: Kiew über Kasan nach Ufa;
Bestand von Fichten, Eichen, Birken;
im Süden lichter, parkartiger;
im Osten Nadelbaumanteil höher

Waldsteppe:
Einzelne Baumgruppen, Hochgräser und kleine Wälder wechseln sich ab; charakteristische Bäume: Eiche, in Sibirien Birke.

Grassteppe:
im Norden noch mit Büschen durchsetzt, im Süden reine Kurzgrassteppe

Trockensteppe (Halbwüste):
im Übergang zur Wüste; Gras steht nur noch in Büscheln, keine geschlossene Decke mehr, verdorrt im Sommer

Tatsächliche heutige Vegetation:
- In beiden Räumen wurde die potentielle natürliche Vegetation bedeutend verändert. Besonders die Laub- und Mischwälder, deren Böden sich gut für den Ackerbau eigneten, wurden gerodet. Hier wie in den begünstigten Steppengebieten ist Kulturlandschaft entstanden.
- Die borealen Nadelwälder sind geschont worden, sie stellen einen riesigen Reichtum der GUS dar. Mittlerweile sind sie durch Raubbau stark gefährdet.

1.6 Gewässer

Der Raum besitzt große und wasserreiche Ströme.
Wert für die Erschließung: gering, oft sogar hinderlich

Gründe:
- Hauptfließrichtung von Süden nach Norden, dagegen Hauptrichtung der Erschließung des Landes bis heute: W – O; dem entspricht auch die Verkehrsplanung.
- Die halbe Lauflänge der sibirischen Ströme ist etwa 6 Monate lang vereist und daher nicht zu befahren.
- Schneeschmelze im Oberlauf beginnt früher; Ablauf der Schmelzwässer behindert durch Eis im Mittel- und Unterlauf → gewaltige Überschwemmungen.
- Eisstoß gefährdet Brücken.
- Im Oberlauf ist Gewinnung von elektrischer Energie möglich, aber weit von den Verbraucherzentren entfernt.
- Wasserführung schwankt im Jahreslauf stark.

C   Russland und seine Nachbarstaaten

Einzelne Flüsse:
- Ob: sehr geringes Gefälle; Nähe Tomsk 67 m über Meeresspiegel;
- zwischen Ob und Jenissej sehr flache Wasserscheide;
- Jenissej: extreme Abflussschwankungen;
- Wolga: geringes Gefälle, Aneinanderreihung von Stauseen;
- südliche Flüsse: geringe Wasserführung; hohe Wasserverluste durch Versickern und Verdunstung; hoher Wasserbedarf für künstliche Bewässerung

Der Süden (Raum Kaspisches Meer bis Balchaschsee) ist abflusslos; er besitzt Fremdlingsflüsse, zum Teil Flüsse, die periodisch fließen.

1.7   Die Ausstattung mit Energierohstoffen

- **Kohle:** 175 Mrd. t Vorräte (22% der Welt); Lagerstätten sind weit über das Land verteilt: Donezk, Petschora, Karaganda, Kusnezk, Nordostsibirien; 42% der Kohle wird im Tagebau abgebaut.
  Wichtigste Fördergebiete für Kohle:
  Donezk: derzeit am größten, aber rückläufig (Transportkosten in die Verbrauchergebiete zwar gering, aber Untertagebau relativ teuer);
  Kusnezk: derzeit an zweiter Stelle, soll größtes Abbaurevier Russlands werden; Tagebau;
  Ekibastus: starkes Wachstum;
  Kansk-Atschinsk: Braunkohlentagebau;
- **Erdöl:** Vorräte 8 Mrd. t (Schätzung), reichen bei Förderung wie bisher bis zum Jahr 2020 (es gibt allerdings weitere Ressourcen, die nicht genau erforscht sind); Förderschwerpunkt: Westsibirien (Tjumen) 60%, Wolga-Ural-Revier, Baku.
- **Erdgas:** 56 Bill. m^3 sichere Vorräte (40% der Welt); würde bei unveränderter Förderung 50 Jahre reichen; Hauptvorkommen in Westsibirien (Surgut, Urengoi; künftig wichtig: Jamburg, Halbinsel Jamal); Usbekistan, Turkmenien, Nordkaukasus; Förderung steigt; große Mengen werden exportiert. Anteil der GUS an der Weltförderung betrug 1997 30% (685 Mrd. m^3).
- **Wasserkraft:** großes Potential (10% der Welt); allerdings: Wasserreiche sibirische Ströme sind in ihrem Unterlauf schlecht nutzbar: geringes Gefälle, lange Vereisung, ungleichmäßige Wasserführung mit Hochwasser im April, Mai, Juni. Günstig wären die Ressourcen im Fernen Osten und in Ostsibirien.

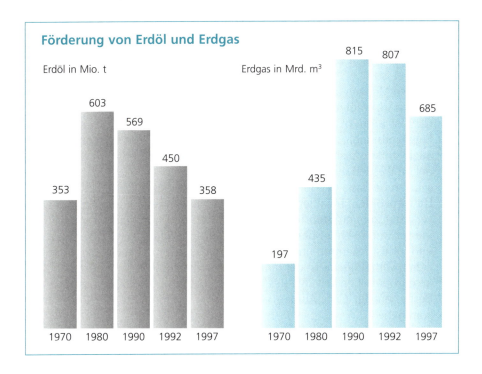

Ausbau erfolgte früher im Westen: Dnjepr, Wolga, Kama; später im südlichen Sibirien: an der Angara (Bratsk; Ust-Jlimsk, Bogutschany); am Jenissej (Sajan-Schuschenskoje).

Mineralische Rohstoffe in der ehemaligen SU:
- Eisenerz: 41% der Weltvorräte,
- Mangan: 38% der Weltvorräte,
- Vanadium: 25% der Weltvorräte,
- Kupfer: 10 bis 12% der Weltvorräte.

Es gibt ferner große Mengen an Bauxit, Platin, Chrom, Zinn, Gold, Blei, Zink, Nickel, Wolfram.

C Russland und seine Nachbarstaaten

Bewertung der natürlichen Ressourcen der GUS:
+ GUS ist der größte Energieproduzent der Erde; die Vorräte ermöglichen umfangreichen Export, der die Haupteinnahmequelle der GUS im Außenhandel ist.
+ Riesige Mengen an Kohle und Erdgas decken langfristig den ganzen Energiebedarf. Erdöl und Wasserkraft als Ergänzung;
+ GUS ist bestrebt, bei exportierbaren Energieträgern (Erdöl, Erdgas) den Eigenverbrauch gering zu halten, um Devisen zu erwirtschaften; daher auch starker Ausbau der Kernenergie (40 Kernkraftwerke im dicht besiedelten Westteil des Landes);
+ sehr breite Basis bei den mineralischen Rohstoffen;
+ **Hauptproblem** bei allen Ressourcen: Sie liegen weit in dem riesigen Land verstreut, zum größten Teil in den östlichen und nördlichen Landesteilen, die schwer erschließbar sind und in großer Distanz zu den Verbraucher- und Industriezentren im Westen des Landes liegen. Unter marktwirtschaftlichen Verhältnissen ist der lange Transport vieler Rohstoffe unrentabel.
+ im europäischen Teil 75% des Verbrauchs, aber nur 10% der Vorräte;
+ Bestreben der GUS: Aufbau von Industrie in der Nähe der Rohstoffvorkommen

2 Die Bevölkerung

2.1 Bevölkerung allgemein

Grundmerkmale

- Die Bevölkerung der SU betrug 290 Mio.
- Die Dichte lag bei 13,0 E/km².
- Die Einwohner sind sehr ungleichmäßig über das Land verteilt:
  - Sibirien und der Ferne Osten sind extrem dünn besiedelt.
  - Der Raum, der dem Agrardreieck entspricht, ist dicht besiedelt, dazu gehört auch der europäische Teil.
  - Die Oasengebiete Mittelasiens sind ebenfalls dicht besiedelt.

Wachstum

- Der natürliche Zuwachs durch Geburtenüberschuss ist besonders hoch in Mittelasien: Turkmenistan, Usbekistan, Tadschikistan, Kirgisistan, Kasachstan.
- Die Bevölkerung schrumpft in den nördlichen und westlichen Staaten: Russland, Ukraine, Estland, Lettland.

Verstädterung

- Insgesamt ist die Verstädterung mit 67% sehr hoch.
- Hohe Werte werden jeweils in den Regionen um die Hauptstädte einer Region erzielt.

2.2 Ethnische Differenzierung

Vielzahl der Nationalitäten

- Die ehemalige SU war ein typischer Vielvölkerstaat.
- 1989 gab es 27 Nationalitäten mit mehr als 500 000 Personen.

Differenzierung nach ethnisch-sprachlichen Merkmalen

- ✦ Indoeuropäer
  - Slawen (Russen, Ukrainer, Weißrussen),
  - Balten,
  - Romanen,
  - Iranische Völker,
  - Germanen
- ✦ Semiten
- ✦ Kaukasische Sprachfamilie
- ✦ Altaiische Sprachfamilie

2.3 Russifizierung

Begriff

Die Ausbreitung russischer Sprache und Kultur im Vielvölkerstaat zum Zweck der Machtsicherung und mit dem Ziel der Integration der anderen Ethnien

Phasen ausgeprägter Russifizierung

- ✦ spätes 19. Jahrhundert;
- ✦ 30er Jahre des 20. Jahrhunderts unter Stalin;
- ✦ Ära Chruschtschow und Breschnew

Formen

- ✦ In sowjetischer Zeit wurde das Russische zur Verkehrs- und Verwaltungssprache im ganzen Land.
- ✦ Der berufliche Aufstieg war häufig an die Beherrschung der russischen Sprache gebunden.
- ✦ Viele Völker hatten nicht das Recht, in der Schule in der eigenen Sprache zu unterrichten, das war allenfalls in einigen Stunden erlaubt.
- ✦ Neben dem Einfluss der Sprache erfolgte die Herrschaftssicherung in den nichtrussischen Gebieten auch durch Ansiedlung von russischer Bevölkerung.

Folgen

- In vielen nichtrussischen Nachfolgestaaten leben heute Russen als nationale Minderheiten, die teilweise Diskriminierungen ausgesetzt sind, z. B. in Estland und Lettland.
- In den mittelasiatischen Nachfolgestaaten ist teilweise ein aggressiver Verdrängungsprozess zu beobachten, der auch zur Abwanderung der Russen führt.
- Auch andere Gruppierungen sind manchmal betroffen: Deutsche und Juden. Aussiedlung und Auswanderung bleiben als Ausweg.
- Während sich in Kaukasien und Mittelasien das Russische als Verkehrssprache noch halten kann, wird Russisch in den Schulen Estlands und Lettlands zunehmend durch Englisch ersetzt.
- Manche Nachfolgestaaten wollen ihren nationalen Minderheiten (oft Russen) die Staatsbürgerschaft verweigern.

3 Planwirtschaftliche Strukturen

3.1 Organisationsformen ehemaliger sowjetischer Landwirtschaft

Kolchosen

- Kollektive aus ehemaligen Landeigentümern; arbeiten als Produktionsgenossenschaften;
- Boden zur Nutzung vom Staat überlassen;
- durchschnittliche Gesamtfläche 7300 ha LF 1980;
- durchschnittliche Beschäftigtenzahl 513;
- Maschinen, Wirtschaftsgebäude und Vieh im Besitz des Kolchos;
- Leitung wird gewählt.
- Produktionssoll und Aufkaufpreis bestimmt die staatliche Planungsbehörde.
- Produktion verschiedener Erzeugnisse;
- Überproduktion kann frei verkauft werden.
- Erträge werden verteilt nach geleisteter Arbeit; mittlerweile Entlohnung unabhängig vom Ertrag;
- Kolchosniki entscheiden über Investitionen, müssen auch Verluste selbst tragen.
- Zwischen 1950 und 1960 Bildung von Großkolchosen

Geplante Neuerungen:
- Kolchosleiter sollen selbstständige Geschäftsbeziehungen unterhalten dürfen, auch zum westlichen Ausland.
- Kolchosen sollen ihre Produkte in eigener Regie weiterverarbeiten dürfen.
- Kolchosen sollen Maschinen und Land verkaufen und verpachten dürfen.

Sowchosen

- staatseigene landwirtschaftliche Großbetriebe;
- durchschnittlich 18 000 ha LF ⎫
- durchschnittlich 551 Beschäftigte ⎬ je Sowchos;
- bewirtschaftet mit Landarbeitern;
- Leiter vom Staat eingesetzt;
- Entlohnung nach Tarifen, fast unabhängig vom Produktionserfolg;
- alle Produktionsmittel im direkten Staatsbesitz;

- meist vollmechanisierte Musterbetriebe;
- Großflächenfelder;
- Spezialisierung (Getreidesowchos, Viehmastbetrieb, Saatzucht);
- Risiko trägt der Staat, daher häufig in Neulandgebieten, wo mit starken Ernteschwankungen zu rechnen ist.
- Sowchosen nehmen weiter zu, sie werden am meisten gefördert.
- Sie sind trotzdem weniger produktiv als Kolchosen.

Hofland (privater Sektor)

- Land zur privaten Nutzung für Kolchosbauern und Sowchosmitglieder,
- 0,25 bis 0,5 ha je Familie, in Trockengebieten bis 1 ha,
- vererbbar,
- ursprüngliche Idee: Deckung des Eigenbedarfs im Nebenerwerb;
- heute: gleichzeitig wichtig für Versorgung der städtischen Bevölkerung mit Nahrungsmitteln (Frischobst, Frischgemüse usw.);
- intensive Nutzung: Hofland machte 1% der LF in der SU aus; auf ihm wurden 12% der Produkte erzeugt, die der Staat aufkaufte; außerdem noch Produkte für die Eigenversorgung und für den Verkauf auf den Kolchosmärkten in den Städten;
- Hofland bringt für den Inhaber $1/4$ des Einkommens.
- Der private Sektor ist sehr produktiv durch intensiven Arbeitseinsatz.
- Durch Spezialisierung der Großbetriebe sinkt der Anteil der Privatproduzenten bei Eiern, Fleisch und Gemüse.

Geplante Neuerungen:
- Die private Nutzung der Maschinen des Kolchos soll erlaubt werden.
- Die Hoflandfläche soll nicht mehr so streng begrenzt bleiben, man soll mehr Land zur Privatnutzung vom Kolchos oder Sowchos bekommen.
- Die Anzahl der Tiere, die privat gehalten werden, soll nicht mehr begrenzt werden.
- Die Bauern sollen leistungsbezogene Arbeitsverträge mit der Kolchosleitung abschließen.

C Russland und seine Nachbarstaaten

Kolchosen:	1950	1960	1970	1984
Zahl in 1000	124	44	33	26
Aussaatfläche (%)	83	61	48	44
Ackerland in 1000 ha je Kolchos	0,9	2,7	3,0	3,5
Sowchosen:				
Zahl in 1000	4	7	15	22,5
Aussaatfläche (%)	11	36	49	53
Ackerland in 1000 ha je Sowchos	2,6	9,0	6,2	4,9
Kolchoshöfe (Hofland):				
Zahl in Mio.	19	17	14	13
Aussaatfläche (%)	6	3	3	3

Neue Kooperationsformen

Horizontale Kooperation:
- Zwischenbetriebliche Einrichtungen (ZBE) sollen dem Zweck dienen, Maschinen und Personal rationeller einsetzen zu können.
- Es gibt Kooperation zwischen benachbarten Kolchosen, zwischen Sowchosen; zwischen Sowchosen und Kolchosen seltener.
- Die Zusammenarbeit erfolgt beispielsweise zwischen Futterbau- und Viehzuchtbetrieben oder zwischen Kolchosen und Meliorationsbetrieben, Baubetrieben, Elektrifizierungsbetrieben.
- Die Beteiligung an solchen Einrichtungen ist freiwillig, ein Kolchos kann sich auch an mehreren ZBE beteiligen.
- Kolchosen und Sowchosen stecken nur bis zu 5% ihres Anlagekapitals in solche zwischenbetriebliche Einrichtungen; es sind meistens nur Teilkooperationen.

Vertikale Kooperation:
- Man sprach in der SU vom Agroindustriellen Komplex (AIK).
- Hier sind auch Düngemittel- und Maschinenfabriken sowie verarbeitende Betriebe, Lagerung und manchmal auch der Handel einbezogen.
- Ziel ist es, die Transportkosten zu senken, industrielle Arbeitsplätze auch auf dem Land zu schaffen, die Unterschiede zwischen Stadt und Land abzubauen und die landwirtschaftlichen Arbeitskräfte im Winter besser auszulasten.

3.2 Organisationsformen ehemaliger sowjetischer Industrie

Kombinate

- Als Kombinate wurden in der SU und in anderen Staaten mit Zentralverwaltungswirtschaft Konzerne bezeichnet, die horizontal oder vertikal integriert waren.
- Meistens wurden Industriebetriebe, die räumlich voneinander getrennt waren, miteinander organisatorisch verbunden, wenn sie sich gegenseitig ergänzten.
- Beim Prototyp eines Kombinats in der SU waren Kohlenabbaubetriebe und Erzabbaubetriebe miteinander verknüpft. Durch eine Eisenbahnverbindung konnten Erze und Kohle ausgetauscht und an beiden Standorten Hüttenwerke errichtet werden.
- Kohle aus Kusnezk und Eisenerz aus dem Südural (Swerdlowsk, Magnitogorsk, Tscheljabinsk) wurden ausgetauscht.
- Später wurden solche einfachen Verknüpfungen auf eine größere Zahl von Betrieben und Standorten ausgeweitet.
- Inzwischen ist man zu umfassenderen Einheiten übergegangen: den TPK.

C Russland und seine Nachbarstaaten

Territorialer Produktionskomplex (TPK)

✦ Staatliches Planungskonzept zur Erschließung von klar umgrenzten Räumen;
✦ Seit den 60er Jahren wurden TPK gebildet.

Voraussetzungen in einem künftigen TPK:
✦ ausreichende Energievorräte;
✦ Bodenschätze, die abbauwürdig sind;
✦ Nach Möglichkeit sollte man Arbeitskräfte ansiedeln und sie aus dem Umland ernähren können.
✦ Der Raum sollte verkehrsgünstig gelegen oder verkehrsmäßig erschließbar sein.
✦ Nach der wissenschaftlichen Untersuchung des Raumes auf seine Eignung hin wurde ein Generalplan aufgestellt. Geplant wurde im Unterschied zum Kombinat nicht nur die industrielle Entwicklung, sondern auch die gesamte Infrastruktur einschließlich des Städtebaus.
✦ Ziel war entweder eine völlige Neuerschließung oder die Modernisierung eines erschlossenen Raumes, manchmal auch die Weiterentwicklung eines unterentwickelten Raumes.

Modell „Sajaner TPK"

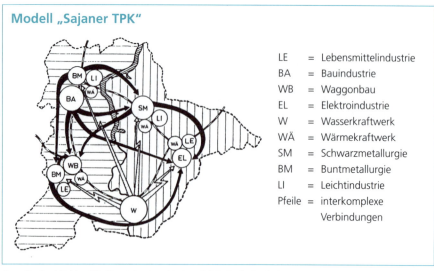

LE	=	Lebensmittelindustrie
BA	=	Bauindustrie
WB	=	Waggonbau
EL	=	Elektroindustrie
W	=	Wasserkraftwerk
WÄ	=	Wärmekraftwerk
SM	=	Schwarzmetallurgie
BM	=	Buntmetallurgie
LI	=	Leichtindustrie
Pfeile	=	interkomplexe Verbindungen

Aus: Norbert Wein: Die Sowjetunion. Verlag Schöningh, Paderborn, 2. überarb. und erw. Auflage 1985, (Uni-Taschenbücher 1244).

C Russland und seine Nachbarstaaten

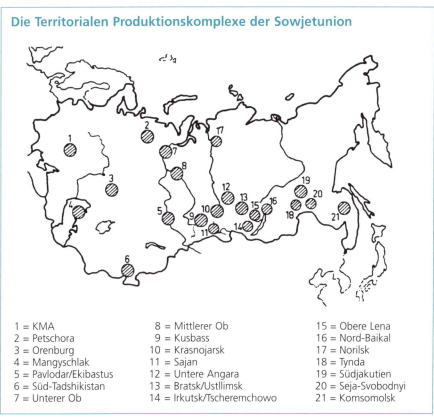

Die Territorialen Produktionskomplexe der Sowjetunion

1 = KMA
2 = Petschora
3 = Orenburg
4 = Mangyschlak
5 = Pavlodar/Ekibastus
6 = Süd-Tadshikistan
7 = Unterer Ob
8 = Mittlerer Ob
9 = Kusbass
10 = Krasnojarsk
11 = Sajan
12 = Untere Angara
13 = Bratsk/Ustllimsk
14 = Irkutsk/Tscheremchowo
15 = Obere Lena
16 = Nord-Baikal
17 = Norilsk
18 = Tynda
19 = Südjakutien
20 = Seja-Svobodnyi
21 = Komsomolsk

Aus: Norbert Wein: Die Sowjetunion. Verlag Schöningh, Paderborn,
2. überarb. und erw. Auflage 1985, (Uni-Taschenbücher 1244).

✦ Jeder TPK hatte innerhalb der Gesamtwirtschaft der SU eine bestimmte Aufgabe zu erfüllen.
✦ Die einzelnen Industriekomplexe wurden aufeinander so bezogen, dass sie aufeinander angewiesen waren.

133

4 Transformationsprobleme

4.1 Gesamtsituation der Wirtschaft

Wirtschaftswachstum

- Zwischen 1992 und 1996 ging das Wirtschaftswachstum jährlich um durchschnittlich 9% zurück.
- 1998 betrug die erbrachte Gesamtleistung nur 55% von der Leistung im Jahr 1989.

Finanzielle Krise

- Die Staatseinnahmen sanken und sind viel zu gering. Gründe:
  - zu komplizierte Steuergesetzgebung;
  - schlecht funktionierende Verwaltung verbunden mit Korruption;
  - Steuern dürfen teilweise in Naturalien bezahlt werden;
  - Schattenwirtschaft macht bis zu 40% der erbrachten Leistung aus;
  - Der Dollarpreis für Erdöl, Erdgas und Erdölprodukte (das sind Russlands Hauptexportprodukte) ist deutlich gesunken und damit die Exporterlöse.
  - Dem Staat fehlt dadurch das Geld für seine Aufgaben.
- Die staatliche Auslandsverschuldung ist so groß, dass die Zinsen nicht mehr bezahlt werden können.
- Das Bankenwesen ist marode:
  - Wegen der Inflation vertraut man Ersparnisse ungern den Banken an.
  - Banken haben sich Kredite im Ausland verschafft und sind dort hoch verschuldet.
  - Personal ist schlecht ausgebildet und die Aufsicht unzulänglich.
- Der Außenwert des Rubel ist gegenüber dem US-Dollar von 1996 bis Mitte 1999 auf 20% seines ursprünglichen Wertes gesunken.
- Gewinne werden oft ins Ausland geschafft.

Unternehmen

- Bei unrentablen Betrieben wird der Konkurs hinausgezögert oder vermieden, um Arbeitsplätze zu erhalten → Zahlungen (auch Lohnzahlungen) sind lange überfällig oder werden nicht geleistet.

- 1998 wurde in der Industrie die Hälfte aller Verkäufe durch Tauschhandel (!) abgewickelt.
- Viele Unternehmen, aber auch Banken und staatliche Behörden werden vom organisierten Verbrechen kontrolliert.

Internationale Investoren

- Weil Auslandsschulden nicht mehr zuverlässig bezahlt werden und die Gesamtsituation, außer bei der Inflationsbekämpfung, sehr bedenklich ist, schwindet die Bereitschaft, in Russland zu investieren.

Krise in der Landwirtschaft

- Die Agrarproduktion ist zwischen 1990 und 1996 jährlich zurückgegangen.
- Der Viehbestand ist stark geschrumpft.
- Die Versorgung der russischen Bevölkerung mit Fleisch, Milch und Eiern hat sich verschlechtert.
- Die Subventionen durch den Staat sind weggefallen.
- Höhere Agrarpreise, die für die Gesundung der Landwirtschaft notwendig wären, lassen sich auf dem Markt nicht erzielen und sind auch von der Regierung nicht gewünscht.

4.2 Umstellungsprobleme in der Landwirtschaft

Rechtliche Grundlage für die Agrarreform 1993 geschaffen

- Recht der freien Verfügung von Grund und Boden;
- Jedes Kolchos- und Sowchosmitglied bekommt Land zugeteilt, bleibt aber zunächst Mitglied in diesem Verband.
- Wenn ein Mitglied aus der Gemeinschaft dann aussteigen will, sind „die Interessen des Gesamtbetriebs zu berücksichtigen". Das kann also Schwierigkeiten bereiten.
- Boden kann nur für landwirtschaftliche Nutzung gekauft werden.
- Die Ablieferungspflicht von Agrarprodukten an den Staat entfiel 1994.
- Die neue rechtliche Grundlage schafft aber noch keine wirkliche Sicherheit, weil die Ungewissheit über die politische Gesamtentwicklung noch groß ist.

Man setzt vielfach lieber auf die weniger risikoreiche Nutzung des Hoflands. Eigentumsumwandlung an Grund und Boden kommt nur zögernd voran (Angaben in %):

	1992	1994
Staatseigentum	30,5	23,5
Kollektiveigentum	45,4	30,5
Aktiengesellschaften	14,0	16,4
Farmer-Betriebe	3,0	6,7
Hofland	2,8	7,0

Im Oktober 1993 waren erst 7% der Agrarfläche der GUS privatisiert. Diese wenigen Betriebe spielten für die Versorgung noch keine große Rolle.
Die Entwicklung in den folgenden Jahren bleibt unübersichtlich.

Großbetriebe

- Ein Teil der Kolchosen und Sowchosen hat die alte Organisationsstruktur beibehalten.
- Andere haben sich als juristische Personen neu angemeldet, sind also jetzt wirtschaftlich eigenständig, bleiben aber kollektiv strukturiert. Ihre Rechtsform kann die einer Genossenschaft, einer Aktiengesellschaft oder eine andere sein.
- Die früheren Betriebsleiter haben ihre Position meist beibehalten, weil es kaum Personal gibt, das Erfahrung mit der Führung eines großen Betriebes hat.

Farmer-Betriebe (russisch: Fermer)

- Die in Russland neue Form von Privatlandwirten entspricht der bei uns üblichen Form.
- Im Jahr 2000 gibt es etwa 350 000 mit einer durchschnittlichen Betriebsgröße von 46 ha. Die sibirischen Betriebe sind meist größer, die im europäischen Teil gelegenen eher kleiner. Diese Betriebsgröße reicht kaum aus, um wirtschaftlich konkurrenzfähig zu sein.
- Ihr Anteil an der gesamten Ackerfläche Russlands beträgt 8,7%.
- Sie haben ihren Schwerpunkt um Moskau und in den Hauptweizenanbaugebieten.

- Bei der Herauslösung ihrer Betriebe aus den Kolchosen oder Sowchosen haben sie meist Böden von geringerer Qualität und in ungünstigen Lagen bekommen.
- Manche haben wegen Misserfolgs auch wieder aufgegeben.
- Für die Versorgung des Landes spielen sie noch keine besondere Rolle. Die Regierung in Moskau setzt aber große Erwartungen in sie.

Gründe für die zögernde Umwandlung in Farmer-Betriebe

- rechtliche Unsicherheit, ob die Reformen wirklich weitergehen;
- kein Kapital vorhanden, um Maschinen und Saatgut zu kaufen oder Stallgebäude zu errichten;
- Ausleihe bei der Kolchos- oder Sowchosverwaltung schafft unerwünschte Abhängigkeit und ist nicht jederzeit möglich.
- Man kann höchstens abgeschriebene Geräte erwerben: Ersatzteilprobleme. Viele Maschinen sind schrottreif.
- Die industrielle Produktion von Landmaschinen ist beträchtlich zurückgegangen, weil die Industrie selbst in der Krise steckt.
- Mangel an Jungvieh;
- mangelnde Erfahrung in der selbstständigen Führung eines Betriebes mit dem vollen marktwirtschaftlichen Risiko;
- Absatzrisiko in Räumen abseits großer Städte. Es fehlt ein geregelter Aufkauf. Wer nicht selbst vermarkten kann, ist auf die noch bestehenden Handelsorganisationen angewiesen, die sehr niedrige Preise zahlen.
- Bei der Vermarktung besteht oft auch Abhängigkeit von Kolchosen und Sowchosen.
- Angst vor Missernte in Risikoräumen

„Gemeinschaften"

- Das sind neue Zusammenschlüsse von ganz unterschiedlichen Betrieben: Sie umfassen z. T. Aktiengesellschaften, Großkonzerne und Vereinigungen von Einzelbauern.
- Sie dienen der vertikalen Integration und nähern sich in der Zielsetzung den Vorstellungen von westlichem Agrobusiness. Sie haben sich dem Industrieverband angeschlossen.

4.3 Umstellungsprobleme in der Industrie

- Mit dem Zusammenbruch des RGW bricht der traditionelle wirtschaftliche Austausch mit den bisherigen Partnern weitgehend zusammen, weil diese sich neu orientieren.
- Mit dem Zerfall der SU (1991) wird auch der Güteraustausch innerhalb des bisherigen Großstaates infrage gestellt.
- Extreme Monopolisierung – viele Güter kommen nur von einem einzigen Hersteller – bringt Versorgungsprobleme nach der Teilung der Märkte.
- Zwischen 1991 und 1996 bricht die Produktion in fast allen Bereichen ein, im Durchschnitt um 50%!
- Die Rüstungsindustrie muss auf zivile Produktion umstellen.
- Energieversorgung macht Schwierigkeiten: Erdölproduktion geht wegen schlechtem Zustand der Förder- und Transporteinrichtungen (besonders der Pipelines) zurück.
- Produktion ruht manchmal wegen fehlender Zulieferung.
- Kapitalflucht ins Ausland angesichts der hohen Inflation;
- Ausländische Firmen investieren wenig. Sie bevorzugen Tschechien und Polen.
- Das System der Zentralverwaltungswirtschaft zerfällt, ohne dass es durch ein funktionierendes neues System ersetzt worden wäre.

Die Privatisierung der Industrie – ein unbefriedigender Weg

1. Phase: 1991 – 1992:
- Betriebe können nur an Belegschaftsmitglieder verkauft werden.
- Es werden Privatisierungsschecks ausgegeben.

2. Phase: 1993 – 1994:
- Zahl der Staatsbetriebe geht auf fast die Hälfte zurück. Viele Aktiengesellschaften entstehen.
- Hauptsächlich kleinere Betriebe werden privatisiert; in zwei Dritteln der Fälle kauft die Belegschaft selbst.
- Bei den großen Industriebetrieben erwirbt die Belegschaft oft 51% der Anteile; altes Management bleibt → uninteressant für Privatinvestoren; solche Betriebe arbeiten weiterhin wenig effektiv und sind teilweise vom Staat abhängig.

3. Phase: seit Mitte 1994:
- Ziel: Für Großbetriebe Investoren anlocken, auch ausländische;
- Tatsächlich steigen Großaktionäre, Banken und der Staat ein.

Ergebnis:
- Der Staat hat immer noch in vielen verstaatlichten oder nichtverstaatlichten Betrieben das Sagen. Ein umfassender Systemwandel ist nicht erfolgt.
- Auch dort, wo Betriebe in Aktiengesellschaften umgewandelt wurden, hat sich zwar der Eigentümer verändert, aber es sind keine Mittel zugeflossen. Investition ist unterblieben.

4.4 Soziale Probleme

- Unvorstellbare soziale Disparitäten sind entstanden.
- Viele Rentner und Arbeitslose sind durch Inflation und die leeren Kassen des Staates in absolute Armut gefallen. Die Preisfreigabe der Lebensmittel nach dem Wegfall der Agrarsubventionen lässt Lebensmittel für sie zu teuer werden.
- Auch die arbeitende Bevölkerung, die schlecht und unregelmäßig bezahlt wird, sinkt teilweise unter die Armutsgrenze. Vielfach erhalten Arbeiter von maroden Firmen monatelang keinen Lohn oder werden zu unbezahltem Zwangsurlaub verpflichtet.
- Ausreichende medizinische Versorgung gibt es oft nur bei privater Zuzahlung.
- 1997 lebten nach Angaben der Europäischen Bank für Wiederaufbau 40% der Russen unter der Armutsgrenze.
- Andererseits gibt es eine kleine Schicht von sehr reichen „Neuen Russen"; zum Teil handelt es sich um ehemalige Funktionäre, die sich in den Wirren der Umstellung bereichert haben. Sie investieren ihr Kapital teilweise im Ausland.

C Russland und seine Nachbarstaaten

5 Probleme durch die Entstehung selbstständiger Staaten

Politische Schwierigkeiten

- Viele der ehemaligen Binnen- und jetzigen Außengrenzen sind umstritten.
- Dies führt zu Belastungen der Beziehungen innerhalb der GUS.

Wirtschaftliche Konsequenzen der Auflösung

- Zollschranken wurden errichtet, zum Teil als Schutzzölle für einen eigenen Wirtschaftszweig.
- Eigenständige Währungen sind entstanden.
- Die Preise haben sich sehr unterschiedlich entwickelt, was die traditionellen Handelsbeziehungen oft stört.
- Viele Staaten sind von ihren bisherigen Energie- und Rohstofflieferanten abgeschnitten.
- Manche Absatzmärkte sind nicht mehr zugänglich.
- Wegen Devisenmangel ist man oft zu Kompensationsgeschäften gezwungen: So wird beispielsweise turkmenisches Erdöl gegen ukrainisches Getreide getauscht.
- Innerhalb Russlands, aber auch in vielen anderen Nachfolgestaaten wurden Wirtschaftssonderzonen eingerichtet, um Versorgungslücken besser schließen zu können und um die Konjunktur anzukurbeln.

Ergebnis

- Die wirtschaftliche und politische Trennung bringt erhebliche Umstellungsschwierigkeiten.
- Die Spezialisierung und einseitige Struktur aus der sowjetischen Zeit wirkt sich jetzt negativ aus.
- Litauen war auf eine leistungsfähige Landwirtschaft ausgerichtet und hat jetzt Defizite im sekundären Sektor.
- Weißrussland mit seiner breit gefächerten Industrie hatte den Hauptabsatzmarkt in Russland und kann viele Erzeugnisse nicht mehr verkaufen.
- Usbekistan leidet unter der Monostruktur, weil es sehr stark vom Baumwollexport abhängig ist.

6 Ökologische Probleme

6.1 Umweltschäden in allen Landesteilen

Keine nachhaltige Nutzung der Wälder

- Rücksichtsloser Waldraubbau in der Taiga bedroht die größten Waldbestände der Erde.
- Der Schaden ist besonders lang anhaltend wegen der geringen Regenerationsfähigkeit aufgrund des kalten Klimas.

Abbau von Bodenschätzen

- Überall, wo Kohle abgebaut wird, tritt eine besonders hohe Konzentration von Schwefeldioxid auf, z. B. in Workuta, auf der Halbinsel Kola, im Moskauer Braunkohletagebau, im Kusnezker Becken, aber auch bei der Erzgewinnung im Südural.
- Gleiches gilt für die Weiterverarbeitung der Bodenschätze: z. B. Buntmetallverhüttung im nordsibirischen Norilsk.
- In den gleichen Räumen kommt es zu hoher Rußkonzentration, speziell bei austauscharmen Wetterlagen.

Industrielle Produktion ohne Rücksicht auf Folgen

- starke Wasserverschmutzung an allen Standorten der Zelluloseindustrie;
- erhebliche Waldschäden an den Standorten der Aluminiumverhüttung;
- Die Luftverschmutzung in den Industriestädten ist sehr groß: 110 Mio. Russen müssen Luft atmen, deren Schadstoffbelastung über den Grenzwerten liegt.

Sorgloser Umgang mit Atomenergie

- GAU von Tschernobyl in der Ukraine;
- Verstrahlung von Nowaja Semlja und Ostsibirien sowie Ost-Kasachstan, den ehemaligen Testgebieten für Atombomben;
- Verstrahlung von Karasee, Barentsee und Japanischem Meer, wo früher Atommüll unzulänglich entsorgt wurde.

Landwirtschaftliche Nutzung nur am Ertrag orientiert

- 37% der landwirtschaftlichen Nutzfläche Russlands ist von Bodenerosion betroffen.
- Fast ebenso groß ist die Fläche, die chemisch belastet ist. Pestizide und das bei uns längst verbotene, hochgiftige Insektizid DDT, besonders häufig eingesetzt in den Baumwollanbaugebieten;
- In den südlichen Trockenräumen (Kasachstan, Usbekistan, Turkmenistan) sind Bodenversalzung und Bodenverdichtung besonders stark, ebenso die Wasserverschwendung.

Ende der Umweltschäden?

- Das Problem der Umweltbelastung ist in allen Nachfolgestaaten erkannt und es wurden neue Umweltschutzgesetze erlassen.
- Für die Umsetzung fehlen aber fast überall die finanziellen Mittel.

6.2 Probleme im Erdölgebiet Westsibiriens

Naturbedingungen

- winterliche Kälte (– 22° C im Januar);
- frostfreie Zeit: nur 102 Tage im Jahr;
- riesige Sümpfe und Moorgebiete, viele offene Wasserflächen;
- Mückenplage im Sommer

Schwierigkeiten bei der Erschließung

- Für Siedlungen, Industrieflächen und Standplätze der Erdölbohrtürme mussten Plattformen aus Sand aufgeschüttet werden.
- Straßenbau ist sehr schwierig: Man musste den Sand für den Untergrund weit herholen und mächtige Fundamente aufschütten, auf denen Betonplatten aufgelegt wurden.
- Es konnte nur eine einzige Bahnlinie gebaut werden: Tjumen – Surgut.

Rückgang der Fördermenge seit 1988

- veraltete Fördergeräte;
- Erschöpfung vieler Vorkommen;
- Aus Kapitalmangel unterlässt man die Erkundung neuer Vorräte weitgehend.
- Unsachgemäße Förderung in sowjetischer Zeit bewirkte, dass viele Bohrlöcher vor der vollständigen Erschöpfung unbrauchbar werden.

Ökologische Probleme

- Zwischen 7 und 20% der Fördermenge läuft aus geborstenen Pipelines aus und belastet die Natur, besonders die Böden und die Gewässer.
- Die natürliche Selbstreinigung erfolgt wegen des kalten Klimas sehr viel langsamer als in wärmeren Räumen.
- Viele Flüsse sind ökologisch tot.
- Durch das Abfackeln des Erdgases entsteht eine starke Luftverschmutzung.

6.3 Der Aralsee trocknet aus

Betroffener Raum

- Die von der Krise berührte Fläche ist mit etwa 400 000 km^2 größer als die Bundesrepublik Deutschland.

Ursachen

- Aus den Zuflüssen Amudarja und Syrdarja wurde zur Versorgung der Baumwollfelder Wasser entnommen.
- Man hat den Bewässerungsfeldbau über Gebühr ausgeweitet:
  1900: 2,8 Mio. ha   1993: 7,5 Mio. ha;
- Der Baumwollanbau erfolgte in Monokultur.
- Im Baumwollanbau wurden Entlaubungsmittel eingesetzt.

Folgen

- Die Flüsse bringen nur noch ein Zehntel der Wassermenge von 1960, seit den 80er Jahren erreichen sie den Aralsee oft nicht mehr.
- Die Fläche des Sees ist um 50% geschrumpft. Sie betrug 1960 67 900 km^2 und 1990 nur noch 44 200 km^2.
- Was Wasservolumen ging von 1040 auf 231 km^3 zurück.
- Der Salzgehalt des Wassers stieg von 5 g/l auf 36 g/l.
- Auch die Böden versalzten und wurden teilweise unbrauchbar. Die Erträge im Baumwollanbau gingen deswegen um bis zu 60% zurück.
- Das Wasser ist durch Dünger und Pestizide stark belastet.
- Der Seespiegel sank zwischen 1960 und 1992 um 16,5 Meter.
- Die trocken gefallene Fläche ist größer als Belgien. Der Wind weht jährlich 75 Mio. t Salz und Staub weg; sie werden bis zu 400 km weit getragen.
- Das Klima wird kontinentaler: Die Julitemperatur nahm in 25 Jahren um 2,6° C zu, die Frosttage im Winter nehmen ebenfalls zu, was den Baumwollanbau gefährdet.
- Der Fischfang musste eingestellt werden, weil die Tiere zu stark mit Mineralien und Pestiziden belastet waren.
- Das Trinkwasser ist durch Pestizide und Herbizide belastet.
- Die Säuglingssterblichkeit ist extrem hoch.

Lösungsmöglichkeiten

- Reduzierung von Baumwoll- und Reisanbau;
- Flussumleitung;
- sparsamer Wasserverbrauch durch Sprinkleranlagen;
- Abdichtung der Kanäle, die bisher viel Wasser verlieren

D Entwicklungsländer und Schwellenländer

1 Das Naturpotenzial der Tropen und Subtropen

1.1 Das System der atmosphärischen Zirkulation

Die Klimazonen der Erde

Sie werden primär durch die Sonneneinstrahlung bestimmt. Diese ist wesentlich vom Einfallswinkel der Sonnenstrahlen abhängig. Rein schematisch lassen sich 4 Teilräume unterscheiden:

A Tropen: zweimaliger Zenitstand der Sonne im Jahr; Zone zwischen den Wendekreisen

B Subtropen: so starke Einstrahlung, dass echter Hochwinter fehlt; Zone zwischen Wendekreisen und 45. Breitengrad

C Mittelbreiten: echter Hochwinter und Hochsommer; Zone bis zu den Polarkreisen

D Polarregion: extreme Differenz zwischen den Tageslängen (Polartag, Polarnacht jeweils am Pol 6 Monate lang); Zone polwärts der Polarkreise

In der Praxis weichen die Grenzen durch Land-Meer-Verteilung, Höhenlage und Meeresströmungen etwas von der mathematischen Grenzziehung ab.

D Entwicklungsländer und Schwellenländer

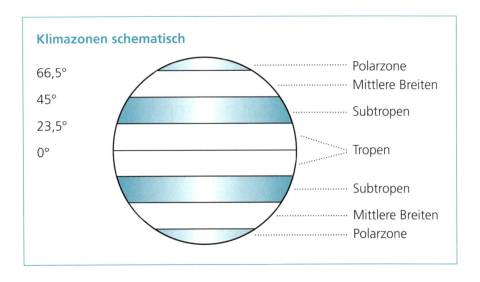

Das System der atmosphärischen Zirkulation

- Infolge des ganzjährig steilen Einfallswinkels der Sonnenstrahlung starke Erwärmung mit gleichmäßig hohen Temperaturen das ganze Jahr über (Tagesschwankungen sind sehr viel größer als Jahresschwankungen);
- im Zenitalbereich der Sonne aufsteigende Luftmassen, starke Niederschläge, weitgehende Windstille, Tiefdruckgebiet;
- in höheren Atmosphärenschichten Abfließen der Luft in Richtung auf die Wendekreise hin, dort absinkende Luft, große Trockenheit infolge der sich erwärmenden Luftmassen, weitgehende Windstille; Hochdruckgebiet;
- Ausgleichsströmung zwischen dem Hoch an den Wendekreisen und der Tiefdruckzone im Bereich des Zenitalstands der Sonne. Sie wäre eigentlich eine Luftströmung exakt parallel zu den Meridianen, ist infolge der Erddrehung aber von der Corioliskraft abgelenkt, auf der Nordhalbkugel nach rechts, also NO-Passat, auf der Südhalbkugel nach links, also SO-Passat. Im Zenitalbereich der Sonne strömen die Passate zusammen: ITC (Innertropische Konvergenzzone).

D Entwicklungsländer und Schwellenländer

✦ In höheren Luftschichten im Bereich der Tropen herrscht höherer Luftdruck als in gleicher Höhe über der Polarregion → Ausgleichsströmungen mit hohen Geschwindigkeiten (*Jetstreams* oft mit 400, manchmal sogar mit 600 km/h), ebenfalls nach rechts abgelenkt (Südhalbkugel nach links) → in beiden Fällen Westwind; das Westwindband reicht bis in die Bodenschichten hinunter.

Dieses **System der Zirkulation wandert**, leicht verzögert, mit dem Zenitstand der Sonne mit. Die ITC verlagert sich also ebenfalls. Beachten Sie: ITC wandert im Sommer in Südasien besonders weit nach Norden.

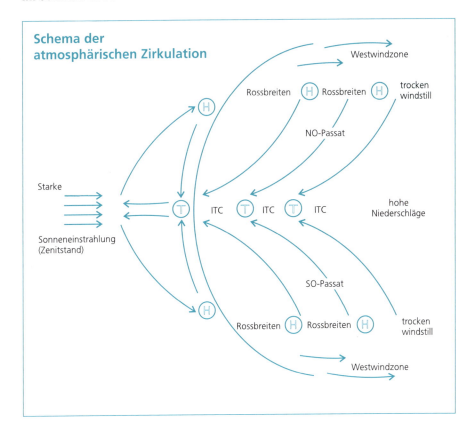

147

D   Entwicklungsländer und Schwellenländer

Differenzierte Klimaräume

ergeben sich durch:
1. das Wandern des Zirkulationssystems (Mittelmeerraum liegt im Winter in der Westwindzone, im Sommer in der Hochdruckzone der Rossbreiten);
2. das Relief: abnehmende Temperatur mit der Höhe; Luvseite: Passat-Steigungsregen; Leeseite: Regenarmut;
3. Meeresnähe oder Küstenferne

Die **Tropen** sind in sich deutlich differenziert nach Temperatur (wegen Höhenlage) und Feuchtigkeit.

Allgemeine Kennzeichen:
- Tagesschwankungen der Temperatur größer als Jahresschwankungen (Tageszeitenklima);
- Jahreszeiten sind durch die Niederschläge, nicht durch die Temperaturen bestimmt; normalerweise sommerfeucht, wintertrocken;
- Tageslänge schwankt nur gering zwischen 10,5 und 13,5 Stunden;
- Passatzirkulation zwischen Hochdruckzone und ITC

1.2   Die immerfeuchten Tropen

Klima

- Temperatur: alle Monatsmittel über 18° C; im Äquatorbereich Monatsmittel bei 25 bis 28° C;
- Niederschläge immer hoch; Gesamtmenge über 1500 mm; Maximum kurz nach dem Zenitstand der Sonne; 10 bis 12 humide Monate, keine richtige Trockenzeit;
- ständig hohe Luftfeuchtigkeit, Schwüle → Dauerleistungsfähigkeit des Menschen herabgesetzt;
- Anbaumöglichkeit vom Klima her optimal

Vegetation

- immergrüner tropischer Regenwald;
- große Dichte, Stockwerkbau, Artenreichtum, aber weite Streuung der verschiedenen Holzarten;
- hoher Bestand und jährliche Produktion an Biomasse

Böden

Im tropischen Regenwald, in der Feuchtsavanne und im Monsunwald herrschen **ferralitische Böden (Latosole)** vor.

Chemische Verwitterung überwiegt und verläuft rasch; Böden sind tiefgründig verwittert, Ausgangsgestein ist oft viele Meter tief zersetzt; kaum noch verwitterbare Minerale vorhanden, die an die Pflanzen Nährstoffe abgeben könnten; im Oberboden ist Silizium (Kieselsäure SiO_2) ausgewaschen, nur noch Eisen- und Aluminiumverbindungen vorhanden, daher der Name ferralitische Böden; humusarm; basenarm; Mangel an Kalk, Stickstoff und Phosphorverbindungen

Bewertung:
- besonders in den Feuchtsavannen Gefahr der Krustenbildung;
- Straßen- und Eisenbahnbau erschwert, weil Material für Unterbau oft von weither herangeschafft werden muss;
- Böden brauchen zur Korrektur sehr viel Kunstdünger und Kalk;
- auch vorhandene Humusschicht wird bei fehlenden Gegenmaßnahmen rasch abgebaut;
- geringe Kationenaustauschkapazität (Fähigkeit, Nährstoffe festzuhalten) ist der Hauptmangel und erschwert agrarische Nutzung sehr.
- Grund für die **geringe Austauschkapazität**: Es sind als Tonminerale nur Kaolinite vorhanden (2-Schicht-Tonminerale). Die 3-Schicht-Tonminerale mit hoher Austauschkapazität fehlen weitgehend.

Daneben gibt es aber in den Tropen auch Böden, die durchaus günstig sind (etwa 20%). Sie sind basenreich und enthalten genügend Nährstoffe. Es sind Böden im Hochgebirge, wo frisches Gestein verwittert, Böden an Vulkanen und in Stromebenen. In solchen Räumen (Java, Teile der Philippinen) kommt es auch zu einer hohen Bevölkerungsdichte.

Ökosystem tropischer Regenwald

- Ständiger Mineralstoffkreislauf erhält das Ökosystem.
- Hauptmenge der Nährstoffe immer in der Biomasse
- Aus Mineralisierung des Gesteins und der Zersetzung organischer Substanz (Reste von abgestorbenen Tieren und Pflanzen) entstehen Nährstoffe; diese Nährstoffe (Kalium-, Calzium-, Magnesium-, Phosphor- und Natriumkationen) werden vom Pilzgeflecht der Mykorrhiza, das wie eine Nährstofffalle wirkt, aufgenommen und an die Pflanzen und Bäume weitergegeben (Mykorrhiza-Pilze leben an den Nährwurzeln der mehrjährigen Pflanzen und Bäume).
- Weitgehend geschlossener Nährstoffkreislauf; kaum Nährstoffe ausgewaschen oder weggeschwemmt, es treten also keine Verluste auf.
- Boden im Untergrund unfruchtbar; tropischer Regenwald lebt nicht aus dem Boden, auf dem er steht. Er lebt von sich selbst.

Eingriff in das System durch Rodung:
- Zunächst werden mit der Asche infolge Brandrodung dem Boden viele Nährsalze zugeführt.
- Die oberflächennahe Humussubstanz wird zerstört oder, da sie jetzt frei liegt, durch Regengüsse abgeschwemmt.
- Das Pilzgeflecht stirbt bald ab; Nährstoffkreislauf wird unterbrochen.
- Da auch keine geeigneten Tonmineralien vorhanden sind, die wie Pilzgeflechte und Humusstoffe die Nährsalze speichern könnten, werden diese in tiefere Bodenschichten weggewaschen, der Boden verarmt.
- Schlimmste Folge: Hier hilft auch kein künstlicher Dünger, er geht mit dem Sickerwasser unverwertet ab und gelangt in die Flüsse.
- Je nach Intensität der Rodung wächst ein artenärmerer Sekundärwald nach, der bei wiederholter Nutzung zum Gestrüpp verkümmern kann.

1.3 Die wechselfeuchten Tropen (äußere Tropen)

Die wechselfeuchten Tropen stellen einen in sich sehr verschiedenartigen Raum dar.

Klima

- Niederschläge sind auf eine Regenzeit konzentriert; sie bestimmt den Rhythmus der Landnutzung.
- Jahreszeiten nicht nach der Temperatur, sondern nach dem Niederschlag bestimmt;
- Zu den höheren Breiten hin nehmen die Menge der Niederschläge und die Zahl der humiden Monate ab. Der Unterschied zwischen dem wärmsten und kühlsten Monat nimmt zu.

Vegetation

Eine Differenzierung ist am leichtesten nach den **Vegetationsformen** möglich:
- Tropische Feucht- und Monsunwälder,
- Feuchtsavanne,
- Trockensavanne,
- Trockenwälder,
- Dornstrauchsavanne; sie wird manchmal schon zu den Trockenräumen gerechnet.

Semihumide Warmtropen
(nach *Köppen* Savannenklima [Aw])

Vegetationsform: Feuchtsavanne
- Regenzeit: 7 bis 9 Monate,
- Niederschläge: 1000 bis 1500 mm,
- Monatsmittel der Temperatur: 22 bis 25° C,
- Erscheinungsbild der Vegetation:
  – Übergang vom immergrünen zum zeitweilig Laub abwerfenden Feucht- und Monsunwald;
  – Flächen mit hohem Gras, durchsetzt von Baumgruppen;

D Entwicklungsländer und Schwellenländer

✦ **Böden:** noch ähnlich wie im tropischen Regenwald;
✦ **Anbaumöglichkeiten:** Mais, Hirse, Reis, Sojabohnen, Maniok, Süßkartoffeln, Erdnüsse, Baumwolle

Der tropische Feucht- und Monsunwald stellt eine Übergangsform zwischen dem tropischen Regenwald und der Feuchtsavanne dar.

Semiaride Warmtropen
(nach *Köppen* trockenheißes Steppenklima [BSh])

Vegetationsform: Trockensavanne
✦ Regenzeit: 5 bis 6 Monate,
✦ Niederschläge: 500 bis 1000 mm in den Sommermonaten; gewisse Unregelmäßigkeit,
✦ **Erscheinungsbild der Vegetation:** lockere, Laub abwerfende Baum- und Strauchbestände; dazwischen offenes Grasland (Kurzgras); längs der Flüsse immergrüne Galeriewälder; Wasser speichernde Pflanzen überwiegen.
✦ Böden der Trockenwälder und der Trockensavanne:
tropische Roterden (ferralitische Böden)
Bodenschicht ist mächtig und enthält Tonminerale für die Bindung der Nährstoffe; Rotfärbung; chemische Verwitterung ist wirksam, aber nur in der Regenzeit, daher geringe Auswaschung → der Oberboden enthält Eisen, Silizium und Aluminium, daher auch seine Bezeichnung; Humusgehalt ist gering; Nährstoffe können sich zum Teil regenerieren.

Bewertung:
✦ Bei ständiger Nutzung muss gedüngt werden.
✦ Dauerfeldbau möglich;
✦ Gefahr der Krustenbildung bei falscher Anbaumethode

Das Problem bei der Dauernutzung ist nicht in erster Linie die Nährstoffarmut, sondern die fehlende Feuchtigkeit, da wegen hoher Verdunstung die Niederschlagsmenge nicht voll zur Geltung kommt.

D Entwicklungsländer und Schwellenländer

Anbaumöglichkeiten: Mais, Hirse; wegen geringer und unregelmäßiger Niederschläge ist Daueranbau sehr eingeschränkt; nur eine Ernte; Viehhaltung nimmt große Flächen ein.

Ökologische und andere naturgeographische Probleme

1. Die Ausbreitung der Grassavannen und die Krustenbildung der Böden

- Die Grassavannen sind aus immergrünen oder Laub abwerfenden Wäldern entstanden, der Prozess schreitet voran.
- Grassavannen ermöglichen nur extensive Großviehhaltung (ein Tier auf 4 ha).
- Das Abbrennen der Grasflächen vernichtet Sämlinge der Bäume; nicht nutzbare Grassorten breiten sich aus.

Ursachen der Entwicklung:
- Durch Rodung der Regenwälder fallen Sonnenstrahlen bis auf den Boden → starke Erhitzung der oberen Schichten → Austrocknung → Aufwärtsbewegung des Wassers → Verkrustung des Bodens;
- heftige Regenfälle schlämmen Feinmaterial ein, dadurch wird die Krustenbildung verstärkt.
- → Wachstumshemmung für Pflanzen

Mögliche Schutzmaßnahmen bei agrarischer Nutzung:
- Mulchen (Bodenabdeckung mit Laub oder Stroh);
- Pflanzen einer Deckfrucht, z. B. Leguminosen

2. Schwieriger Staudammbau in den Halbtrockengebieten
(Hochland von Dekkan, Sudanländer)

Ausgangssituation:
Täler sind extrem flache, weite Mulden, z. B. nur 200 bis 300 m tief auf 80 km Breite; Fachausdruck: Flachmuldentäler

Ursache:
Bei Abtragung dominiert flächenhafte Tieferlegung.

Probleme:
- Abschlussdamm muss sehr lang werden;
- Abschlussdamm muss in seiner letzten Phase sehr rasch gebaut werden wegen der enormen Hochwassermengen in der Regen- bzw. Monsunzeit.
- gestaute Wassermenge gering im Vergleich zur Oberfläche;
- großer Landverlust: Bewässerungsfläche oft nur dreimal so groß wie die Oberfläche des Stausees;
- ungünstiges Kosten-Nutzen-Verhältnis

3. **Bei starkem Relief vergrößert sich die Erosionsgefahr, wenn Anbau betrieben wird.**

1.4 Die Trockenräume

Die Trockenräume umfassen den Klimabereich der ariden Warm- und teilweise auch der Kalttropen. (Nach *Köppen* BSh und BWh)

Dornstrauchsavanne

- Die **Niederschläge** betragen noch 250 bis 500 mm, und zwar in den 2 bis 4 Sommermonaten; sehr unregelmäßig.
- **Graswuchs** ist nicht mehr geschlossen, Bäume und Büsche sind dornig; Sukkulenten; schirmförmige Baumkronen; Gräser nicht sehr stark verholzt, daher Wildreichtum;
- **Daueranbau** sehr eingeschränkt;
- **Viehzucht** als Nutzung dominiert.

D Entwicklungsländer und Schwellenländer

Wüsten und Halbwüsten

Sie erhalten weniger als 250 mm **Niederschlag**; der Regen fällt sehr unregelmäßig, oft nur episodisch; manchmal jahrelang kein Niederschlag; höchstens ein humider Monat.
- extreme Temperaturschwankungen;
- Vegetation nur an wenigen Gunststellen; dürftige Baumgruppen an den Rändern der Wadis; Sukkulenten;
- **Wanderweidewirtschaft**;
- Oasenwirtschaft

Böden

In der Dornstrauchsavanne gibt es **braune bis rotbraune Böden**; sie haben mittlere Mächtigkeit und sind humusarm; häufig Salzanreicherung

Bewertung:
- mäßige Eignung für Anbau; Trockenheit als Haupthindernis;
- große Erosionsgefahr bei falscher Anbaumethode

In der Wüste gibt es **graue Halbwüstenböden** und **Wüstenrohböden**; mechanische Verwitterung herrscht eindeutig vor; Gestein wird nur zerkleinert, nicht zersetzt; kaum Pflanzenwuchs, daher auch keine Humusbildung.

Bewertung:
Eignung für Anbau sehr gering

Ökologische Probleme

- Bei starker Beweidung breitet sich der Dornbusch aus.
- Falsche Bewässerung führt leicht zur Versalzung.
- Wenn Büsche auch noch als Brennholz geschlagen werden, bricht das labile ökologische Gleichgewicht endgültig zusammen.

2 Die Wirkung sozioökonomischer Faktoren

2.1 Subsistenzwirtschaft (Selbstversorgung)

- Normalerweise für ländliche Gebiete von EL angenommen und als direkter Gegensatz zur Marktproduktion angesehen.
- **Kennzeichen:** Es wird nur so viel produziert, wie zum Lebensunterhalt der Familie oder Gruppe benötigt wird; nicht auf Versorgung städtischer Bevölkerung ausgerichtet, auch nicht an Gewinn orientiert.
- **Einschränkung:** Subsistenzwirtschaft und Marktproduktion sind in der Praxis selten klar trennbar. Ein geringer Teil der ländlichen Agrarproduktion wird meist auf dem Markt verkauft. Auch in den Städten der EL gibt es Gemüseanbau, Kleintierhaltung und Hüttenbau als Subsistenzproduktion.
- In Lateinamerika umfasst der Anteil der Subsistenzproduktion 30 bis 40%, in Afrika über 50%.
- Meist wird eine geringe Zahl von Grundnahrungsmitteln angebaut (Getreide, Süßkartoffeln, Maniok) und etwas Vieh gehalten; geringer Kapital- und Maschineneinsatz.
- Kleinbetriebe; Marktferne

Nachteile:
- Nahrungsangebot oft einseitig;
- Boden einseitig beansprucht;
- Steigende Bevölkerungszahl kann nicht ernährt werden.

Vorteile:
- Großer Teil der armen Bevölkerung ernährt sich selbst und bleibt unabhängig von Marktpreisschwankungen.
- Stabiles soziales System, da kaum Einkommensunterschiede entstehen.

Sinnvolle Weiterentwicklung:
- Subsistenzwirtschaft nicht abbauen, sondern verbessern, damit Nahrungsangebot vielseitiger wird;
- gleichzeitig Marktversorgung verbessern für den Bedarf der städtischen Bevölkerung

2.2 Rentenkapitalismus und Haziendasystem

Rentenkapitalismus

- Ein Wirtschafts- und Sozialsystem, das besonders im Orient verbreitet ist.
- Der Eigentümer (Großgrundbesitzer) von Land und Hof und Handwerksbetrieben lebt in der Stadt.
- Er bestimmt über einen Teil der Produktionsfaktoren: Boden, Wasser, Saatgut, Geräte.
- Er verpachtet sein Eigentum, um daraus Gewinne (Renten) zu erzielen, ohne jedoch selbst produktiv zu arbeiten.
- Er ist an einer Reinvestition der Gewinne in der Landwirtschaft nicht interessiert, sondern verbraucht sie anderweitig.
- Das Land wird in der Regel an viele Pächter (manchmal über Zwischenpächter) abgegeben, sodass sehr kleine Parzellen entstehen.
- Pachtverträge werden oft nur mündlich und auf die Dauer von einem Jahr geschlossen.
- Abgaben sehr hoch: zwischen 30 und 50% des Ertrags → Bauern leben am Rande des Existenzminimums → Verschuldung; Rentenkapitalismus: Ausbeutungssystem;
- Kleinbauern sind zum Raubbau gezwungen; Entwicklung wird gehemmt, da dem Bauern das Interesse an höherem Ertrag oder an systematischer Bodenpflege schwindet; Rentenkapitalismus: Minimumwirtschaft
- Diese Gesellschafts- und Wirtschaftsform verbreitete sich außer im Mittelmeerraum auch in Indien, China und in Lateinamerika.
- In den Bereichen Handwerk, Handel und Dienstleistungen gibt es ähnliche Strukturen; Beispiel: Ein Rikschafahrer in Indien muss den größten Teil seiner Einnahmen an den Rikschabesitzer abgeben.

Haziendasystem

Merkmale:
- feudalistisches agrarsoziales System in Lateinamerika
- **Vorform:** Encomienda-System: Europäische Kolonisten erhielten Land und das Recht, zwangsweise Arbeiter zu verpflichten.
- Nach außen ziemlich geschlossenes Sozialsystem mit vielfacher Schichtung, aber praktisch ohne vertikale Mobilität:
  - Landeigentümer *(patron)*,
  - Verwalter,
  - spezialisierte Fachkräfte,
  - Lohnarbeiter und Pächter

Wirtschaftsflächen:
- große Latifundien, produzieren Getreide, Vieh für den Markt;
- zahlreiche Minifundien zur Selbstversorgung der Beschäftigten;
- arbeitsintensives System mit geringem Kapitaleinsatz;
- die Lohnarbeiter sind an die Hazienda gebunden, für die Überlassung der Minifundien müssen sie auf den Latifundien kostenlos arbeiten.
- Haziendasystem ist unproduktiv, es lähmt die soziale und wirtschaftliche Entwicklung.

2.3 Kolonialzeitliche Prägung

Beispiel Indien

Vorkoloniales System in Indien:
- räumliche Disparität: bewässertes Land – unbewässertes Land;
- soziale Disparität: Kastenwesen;
- aber geschlossene Großgruppen (Großfamilie, Dorfgemeinschaft); gewährt trotz Armut ein gewisses Maß an Sicherheit

Kolonialzeit:
Interessen der Kolonialmacht:
- Produktion agrarischer Rohstoffe,
- Steuereinnahmen,
- Fertigwarenabsatz,
- Herrschaftssicherung

Wirtschaftliche und soziale Folgen:
- Agrarproduktion gesteigert,
- Anbauspezialisierung auf Marktprodukte wie Jute, Baumwolle → regionale Disparität wird größer, Marktabhängigkeit wächst, Getreideerzeugung geht zurück;
- Heimisches Handwerk verliert an Bedeutung.
- Ehemalige Oberschicht der Brahmanen unterstützt die britische Herrschaft und wird dadurch zur privilegierten Schicht der Großgrundbesitzer, Geldverleiher und Händler; sie kann die Marktsituation nützen und immer mehr Land und Vermögen erwerben.
- → Bauern verarmen, Pacht- und Schuldabhängigkeit wächst → immer größere soziale Disparität

Postkoloniale Zeit:
- Landreform gescheitert: regionale und soziale Disparität bleibt erhalten.
- Landbesitzverteilung in Indien:
  - 70% der Betriebe haben weniger als 2 ha Land.
  - Sie besitzen aber zusammen nur 20% der indischen Anbauflächen.

2.4 Ethnische Gegebenheiten – Tribalismus

Unter Tribalismus versteht man Denk- und Verhaltensweisen, die an Stammesgruppen orientiert sind. Tribalismus tritt in verschiedenen Formen auf: als Agrarsystem (**wirtschaftliche** Erscheinungsform) oder als innerstaatliche Großgruppenbildung auf ethnischer Grundlage (**politische** Erscheinungsform).

Tribalistische Agrarsysteme

- Sie beruhen auf dem Gemeinschaftseigentum der Sippen, Stämme oder Dorfverbände, wobei die einzelnen Familien Nutzungsrechte haben.
- Es herrscht Gruppenverantwortlichkeit.
- Oft ist das Gemeinschaftseigentum verbunden mit Wanderviehhaltung, Landwechsel oder herkömmlicher Bewässerungswirtschaft.
- Die Bewirtschaftung erfolgt durch die einzelne Familie oder in Zusammenarbeit mit der Gemeinschaft.

D   Entwicklungsländer und Schwellenländer

+ Langsam werden diese Systeme aufgelöst: 1. Schritt: Festlegung von individuellem Grundeigentum; 2. Schritt: langsamer Übergang zur Marktproduktion.
+ Tribalistische Agrarsysteme haben im sozialen Bereich eine stabilisierende und ausgleichende Wirkung.

Innerstaatliche Großgruppenbildung als politisches Problem

+ Viele Staaten **Afrikas** sind aus ehemaligen Kolonien hervorgegangen.
+ Bildung von und Grenzziehung zwischen Kolonien erfolgten ohne Rücksicht auf ethnische Zusammengehörigkeit.
+ Ursprünglich identifizierten sich die Bewohner ausschließlich mit ihrem Stamm oder Volk (Ethnie): ethnische und kulturelle Identität. Der Kolonialismus hat daran kaum etwas geändert.
+ Ein Kolonialraum hat oft eine Vielzahl von Stämmen und Völkern umfasst.
+ Nach der Unabhängigkeit bildete sich meist in den Grenzen der ehemaligen Kolonie ein nationaler Staat, dessen Machthaber – oft Angehörige einer ethnischen Mehrheit – eine nationale Identifikation verlangten.
+ Das führte zu Minderheitenbildung und Konflikten.

Beispiel Nigeria:
Der Stamm der Ibos in *Biafra* wollte sich lostrennen, um sich der Dominanz der Yoruba im Westen und der Haussa und Fulbe im Norden zu entziehen. Folge war ein blutiger Bürgerkrieg, der zwischen 1967 und 1970 etwa 1 Mio. Tote forderte.

Beispiel Ruanda:
Die aristokratische Minderheit der *Tutsi* und die bäuerliche Unterschicht der *Hutu* haben jahrhundertelang friedlich zusammengelebt. 1960 kam es zu einer blutigen Revolution der wirtschaftlich unterlegenen Hutu, verbunden mit Mord und Vertreibung vieler Tutsi. Die verbliebene Restgruppe der Tutsi erringt unter der nun folgenden Hutu-Herrschaft wieder wirtschaftliche Macht.

1990 kehren ca. 10 000 Tutsi bewaffnet aus dem Exil zurück und versuchen als Rebellen wieder die Macht zu gewinnen. 1994 beginnt aus Angst vor einer Wiederkehr der Tutsi-Herrschaft durch Hutu-Milizen und Todesschwadronen ein Morden an den Tutsi, das zum Kampf aller gegen alle führt. Die meisten der etwa 1,5 Mio. Opfer sind Tutsi. Flucht von Millionen Menschen. Wirtschaftlicher

D Entwicklungsländer und Schwellenländer

Hintergrund: Auf zwei Jahrzehnte der Scheinblüte („Schweiz Afrikas") folgte eine Anspannung. Sehr starkes Bevölkerungswachstum; Nahrungsmittelverknappung; Hoffnung auf Landbesitz förderte die Bereitschaft zu Krieg und Mord.

Bewertung:
Es herrschen starke innere Spannungen in afrikanischen Staaten zwischen ethnischen Gruppen. Viele kleine Stämme sind oft politisch nicht angemessen repräsentiert.

2.5 Informeller Sektor

Definition

Der Bereich der Wirtschaft, der außerhalb der staatlichen Regelungen abläuft. Er umfasst Herstellung und Vertrieb von Waren und das Angebot von Dienstleistungen. Er entspricht etwa dem Begriff „Schattenwirtschaft" oder „Schwarzarbeit".

Betroffene Bevölkerung

Menschen, die im offiziell geregelten Wirtschaftsleben keine Arbeit finden wegen
✦ fehlender Ausbildung oder Arbeitserlaubnis,
✦ einer zu langsamen, übermächtigen oder korrupten Bürokratie,
✦ eines Überangebots an Arbeitskräften.

Dazu gehören oft Zuwanderer in den Slums, Frauen und Kinder.

Beispiele für Tätigkeiten

✦ Herstellung und Verkauf eigener einfacher Produkte,
✦ Betreiben von Garküchen auf der Straße,
✦ Straßenverkauf aller möglichen Produkte,
✦ Kleinreparaturen,
✦ Transport (Rikscha), Tätigkeit als Kofferträger, Wasserverkäufer, Schuhputzer,
✦ Verwertung von Müll, oft direkt bei den Müllhalden

Gemeinsame Merkmale

- eine Art Selbsthilfe der Armen,
- keine Abführung von Steuern oder Sozialabgaben,
- außerhalb oder am Rande der Legalität, daher Schutzlosigkeit,
- fast kein Kapitaleinsatz,
- einfache Tätigkeiten und einfache Techniken,
- geringes und unsicheres Einkommen,
- schlechte Arbeitsbedingungen

Bedeutung

- Obwohl die Schattenwirtschaft in der Statistik nicht erfasst wird, erreicht sie manchmal bis zur Hälfte des offiziellen Sozialprodukts.
- Besonders hoch ist ihr Anteil in den Slums der großen Städte.
- Sie wird meist geduldet, in einigen Staaten sogar gefördert, weil sie der Arbeitslosigkeit etwas von ihrer sozialen Sprengkraft nimmt.
- Es besteht die Gefahr, dass sich der Staat um die betroffenen Menschen nicht mehr weiter kümmert, „weil sie auch so zurechtkommen".

2.6 Einflüsse aus anderen Kulturkreisen

Kontakte mit den Lebensformen der Industrieländer stellen die überlieferte Kultur- und Lebensform infrage oder zerstören sie.

Berührungspunkte:

- Import industrieller Güter löst Konsumbedürfnisse aus, die wegen der Armut oft nicht befriedigt werden können.
- Massenimport von Fernsehfilmen (meist aus den USA), die billiger sind als Eigenproduktionen, hat eine kulturell zerstörerische Wirkung, die viel zu wenig beachtet wird; schafft oft völlig falsche Klischeebilder.
- Tourismus hat zerstörerische Wirkung auf das Wertesystem.

Tourismus

Der Tourismus nimmt weltweit zu. Die Zahl der Touristenankünfte hat sich folgendermaßen entwickelt: 1970: 160 Mio., 1980: 288 Mio., 1990: 455 Mio., Schätzung für 2000: 637 Mio.

Der Anteil der Touristenankünfte in EL nahm von 11% (1978) auf 23% (1990) zu.

EL haben häufig ideale natürliche Voraussetzungen für den Tourismus. Daher sah man im Tourismus lange eine gute Möglichkeit der Entwicklungsförderung. Skepsis ist angebracht.

Deviseneinnahmen:
- sind wesentlich geringer als meist angenommen;
- Kostenanteil für Flug und Reisebüro (zusammen etwa 50%) bleibt oft im Heimatland der Touristen;
- von den Einnahmen müssen noch abgezogen werden:
  - Gewinntransfers der ausländischen Gesellschaften, die investiert haben,
  - Devisenkosten für die Investitionsgüter,
  - Kosten für Konsumgüter, die importiert werden müssen; Touristen verlangen nach gewohnten Speisen und Getränken;
  - Kosten für Tourismuswerbung,
  - Gehälter der ausländischen Kräfte (Reisebegleiter usw.)

Die Nettodeviseneinnahmen betragen nach *Nohlen* nur 30 bis 35% der Bruttoeinnahmen.

Die Devisenerlöse kommen meist einer kleinen, bereits wohlhabenden Schicht zugute.

Arbeitsplätze:
- Investitionen für einen Arbeitsplatz im Fremdenverkehr sind doppelt so hoch wie für einen industriellen Arbeitsplatz (nach tunesischen Berechnungen).
- Saisonabhängigkeit, also vielfach keine Dauerarbeitsplätze;
- Führungskräfte sind oft Europäer mit hohen Löhnen.
- Einheimische, meist ohne Berufsausbildung, beziehen niedrige Löhne.

- **Infrastrukturkosten** muss der Staat als Vorleistungen erbringen.
- **Räumliche Disparität** nimmt zu.
- **Preissteigerung:** Großzügige Versorgung der Touristen mit hochwertigen Lebensmitteln führt zur Verknappung und damit zu Preisanstieg.
- **Immobilienspekulation** verschärft soziale Gegensätze.
- **Ökologische Belastung:** Schäden an Flora und Fauna, Zersiedelung, Wasser- und Energieverbrauch der Touristen unverhältnismäßig hoch, Abwasser- und Müllbeseitigung oft ungelöst

Bewertung:
- Der Tourismus ist nur selten Impulsgeber für periphere Regionen, er verstärkt eher die Disparitäten.
- Wenn touristische **Monostrukturen** entstehen, ist das wirtschaftliche Risiko besonders hoch.
- **Sextourismus** und Kinderprostitution werden als besonders demütigend empfunden.
- Tourismus löst überkommene **Sozialordnung und Wertesysteme** auf.
- Völkerverständigung wird eher unterbunden als gefördert (**Touristengettos**).
- Der „Widerstand der Bereisten" beginnt. Sie fordern kulturell angepasste, sozial- und umweltverträgliche, partizipatorische Tourismusformen.
- Informationen für Reiseleiter und Touristen sollten zum Verständnis und Respekt fremder Kulturen führen.
- Die Regierungen in vielen EL wollen keinesfalls auf Tourismus verzichten (z. B. Ägypten, Kuba), weil er Haushaltsdefizite mindern kann. Tourismusströme sind aber instabil, sie reagieren sensibel bei politischen Unruhen (Afrika) und sind Modetrends unterworfen. Die ärmsten Länder können keine Touristen anlocken. Hier wirkt der Tourismus überhaupt nicht als Impulsgeber.

3 Möglichkeiten und Grenzen der landwirtschaftlichen Nutzung in den Tropen

3.1 Shifting Cultivation (Anbauflächenwechsel)

Andere Bezeichnungen: Wald-Feld-Wechselwirtschaft, Busch-Feld-Wechselwirtschaft

Zwei verschiedene Formen:
1. wenn Siedlung nach einigen Jahren ebenfalls verlagert wird: Wanderfeldbau (Wanderhackbau);
2. wenn Siedlung beibehalten wird: Landwechselwirtschaft; Wanderfeldbau nimmt immer mehr ab; beide Formen nicht ganz klar zu trennen

Umfang und Verbreitung:
In den Tropen und Subtropen Afrikas, Südamerikas und Südostasiens von ca. 200 Mio. Menschen auf einem Viertel der Festlandsfläche betrieben.

Form der Bewirtschaftung

- Die natürliche Vegetation (Wald oder Busch) wird kurz vor Beginn der Regenzeit durch Brandrodung beseitigt.
  Oft wird eine größere Fläche gerodet als später bebaut wird, um viel Asche als Dünger gewinnen zu können.
  Gewonnenes „Feld" hat unregelmäßigen Umriss; große Bäume bleiben manchmal angekohlt stehen, andere stürzen um und bleiben liegen.
- Zu Beginn der Regenzeit werden die Samen meist mit der Hacke oder dem Pflanzstock in den Boden eingebracht; Boden wird nicht weiter bearbeitet.
- Je nach Gegend Anbau von Hirse, Mais, Batate, Maniok, Yams, Trockenreis, Bananen zur Selbstversorgung; inzwischen teilweise auch zur Marktversorgung;
- kein Fruchtwechsel, aber meist Mischkultur einiger der aufgezählten Produkte; keine künstliche Düngung;
- Die Erträge gehen nach zwei, spätestens nach vier Jahren sehr stark zurück, weil sich dann die gesunkene Speicherkapazität des Bodens auswirkt; künstlicher Dünger hilft kaum; Bodenabschwemmung kann hinzukommen; Unkraut breitet sich aus.

D Entwicklungsländer und Schwellenländer

- Jedes Jahr wird ein weiteres Feld angelegt.
- Alte Fläche bleibt nach zwei- bis vierjähriger Nutzung brach liegen und überzieht sich langsam wieder mit einer artenärmeren Sekundärvegetation; kann nach 20 bis 30 Jahren bei allerdings geringeren Erträgen wieder für den Anbau genutzt werden.
- Flächenbedarf sehr groß: 1 km² für 20 bis 30 Menschen;
- Von den Regierungen der EL wird *shifting cultivation* meist abgelehnt und verboten, weil sie zu geringe Erträge liefert (50% der Außentropen) und als altmodische Wirtschaftsform angesehen wird.

Verbreitung:
- In Südostasien betreiben nur noch 8% der Bevölkerung *shifting cultivation;* Rest hat andere Wirtschaftsformen übernommen.
- In Afrika wegen Marktferne und schlechtem Verkehrsanschluss noch weiter verbreitet, aber gefährdet wegen Verkürzung der Brachezeit;
- In Südamerika: Verdrängung durch moderne Agrarkolonisation und durch Rinder-Ranch-Betriebe

Yams: Kletterpflanze mit dicken, stärkehaltigen Wurzelknollen; 15 bis 20 kg schwer; wird immer weniger angebaut;
Maniok: mehrjähriger Strauch, bis 5 m hoch; stärkehaltiges Mark der Wurzelknollen zum Verzehr geeignet; bei feuchtem Erhitzen der Stärke entsteht *Tapioka*, ein gutes Futtermittel; dient in Brasilien der Äthanolgewinnung (Treibstoff)

Bewertung:
- Flächenertrag sehr gering;
- Trotz minimalem Kapitaleinsatz lässt sich Selbstversorgung erreichen.
- Bei sehr geringer Bevölkerungsdichte ist *shifting cultivation* eine relativ schonende Nutzung, da das Ökosystem zwar geschädigt, aber nicht zerstört wird; sie ist trotzdem ökologisch bedenklich. Alle Dauernutzungssysteme richten dagegen in den Tropen größere Schäden an.
- Bei steigender Bevölkerungszahl aber muss die Brache verkürzt werden → keine ausreichende Regeneration des Bodens → Raubbau, Landschaftszerstörung

3.2 Sonstige Nutzungsformen in den immerfeuchten Tropen

Trockenfeldbau
Alle Versuche, auch mit anspruchslosen Pflanzen wie Maniok, haben bisher früh zu einem Ertragsabfall geführt; für Subsistenzwirtschaft nicht ausreichend

Nassreisanbau
- bringt zwar nicht so gute Erfolge wie in den wechselfeuchten Tropen, bewährt sich aber besser als Versuche mit Trockenfeldkulturen;
- erweist sich in den asiatischen Tropen als flächensparend, da bei Nassreisanbau *shifting cultivation* aufgegeben werden kann.

Nutzung von Baum- und Strauchkulturen
- Anbau von Kautschuk, Kaffee, Nelken, Zimt, Pfeffer;
- Besser angepasste Nutzung, da bei langjährigen Bäumen und Sträuchern das Pilzgeflecht wieder nachwachsen kann.
- Wenn zusätzlich große Mengen organischer Substanz auf die Kulturflächen gestreut werden, erhöht sich der Humus- und Nährstoffgehalt.
- **Nachteil:** Fläche fehlt für den Anbau von Grundnahrungsmitteln.
- Gute Erfolge wurden bei der **Kombination** mit Reisanbau erzielt.

Bewertung:
Alle Formen der Subsistenzwirtschaft (*shifting cultivation,* einjähriger Trockenfeldbau) haben nicht zu zufriedenstellenden Ergebnissen geführt, erst die Kombination mit der Marktproduktion (Baum- und Strauchkulturen) ermöglicht eine ökologisch vertretbare Nutzung, die auch ausreichende Erträge abwirft und eine wachsende Bevölkerung ernähren kann. Positive Erfahrungen gab es bisher in Südostasien.

Forstwirtschaft als Alternative

- Monokulturen und große Kahlschläge müssen vermieden werden.
- Maximal 5% der bewirtschafteten Fläche dürfen jährlich geschlagen werden.
- Schwermaschineneinsatz, der den Boden verletzt, ist zu vermeiden.

Eine solche schonende Nutzung stellt einen tragbaren Kompromiss zwischen ökologischen und ökonomischen Ansprüchen dar. Gute Erfolge haben Kombinationen zwischen land- und forstwirtschaftlicher Nutzung gebracht.

Bedenkliche Nutzungsform: moderne Agrarkolonisation

- Feldnutzung beginnt auch mit Brandrodung, trotzdem nicht mit *shifting cultivation* verwechseln; kann beabsichtigt oder unbeabsichtigt zu Großflächenbränden führen, besonders, wenn im Zusammenhang mit dem *El-Niño*-Phänomen längere Trockenzeiten aufgetreten sind.
- beruht auf individuellem Landeigentum; Nutzer sind Klein- oder Mittelbauern, Landspekulanten oder Großgrundbesitzer;
- kein Flächenwechsel, keine Brache, sondern Daueranbau;
- marktorientierte Produktion;
- Wald wird dauerhaft zerstört. Beispiele: Auf den Philippinen und in Thailand wurde der Wald von knapp 60% auf 20% der Landesfläche reduziert.
- Die Erosionsgefahr wächst gewaltig.

3.3 Monokultur, Plantagenwirtschaft, Grüne Revolution, Ecofarming

Monokultur

Größerer Agrarraum wird von einer einzigen Kulturart bestimmt.

Vorteile:
- genaue Anpassung an optimalen Standort,
- Konzentration auf ein Produkt → Rationalisierung, Kostensenkung

Nachteile:
- starke Abhängigkeit von der Witterung,
- wegen der Einbindung in die arbeitsteilige Weltwirtschaft auch Abhängigkeit von Absatz und Preisentwicklung,
- ungünstige Arbeitsverteilung über das Jahr (Spitzensaison),
- Pflanzenkrankheiten breiten sich leicht aus, ebenso Schädlinge,
- einseitige Bodenbelastung,
- keine Selbstversorgung

Abhilfe:
Polykultur und Fruchtwechsel

Plantagenwirtschaft

- Großbetriebe für pflanzliche Produkte;
- Produktion für Binnen- oder Weltmarkt;
- hoher Kapitaleinsatz;
- zahlreiche Arbeitskräfte, die sozial stark differenziert sind: Eigentümer, Manager, Facharbeiter, Hilfskräfte;
- Rationalisierung, Technisierung, Spezialisierung;
- meist eigene Aufbereitung und Vermarktung der Anbauprodukte;
- Betriebe wurden in EL oft enteignet und in staatliches oder genossenschaftliches Eigentum überführt;
- als Monokultur riskant, auch wegen der Erosionsgefahr;
- Lage oft in Küstennähe mit guten Verkehrsbedingungen;
- oft Hinwendung zu risikoärmerer Mischkultur oder zusätzlicher Rinderzucht;

D Entwicklungsländer und Schwellenländer

- **Erscheinungsbild:** große Feldflächen, gutes Wegenetz, Landarbeitersiedlungen;
- **typische Produkte:** Zuckerrohr, Bananen, Sisal, Tee, Kaffee, Kakao, Gummibaum, Ölpalme, Kokospalme;
- als Betriebsform sozial bedenklich;
- **ähnliche Betriebsform:** Pflanzung: kleiner, nur Produktion ohne Aufbereitung

Grüne Revolution

- Seit 30 bis 40 Jahren werden in den USA, in Mexiko und auf den Philippinen neue, besonders ertragreiche **Hochleistungssorten** *(high yielding varieties)* von Weizen, Reis und Mais gezüchtet: „Wunderweizen", „Wunderreis".
- Sie brachten Ertragssteigerungen von oft mehr als 100%.
- Voraussetzung waren besondere maschinelle Bodenbearbeitungs- und Aussaatmethoden; Einsatz von viel Dünger und Schädlingsbekämpfungsmitteln und oft von Bewässerung.
- Von der Übertragung der Hochleistungssorten in die Entwicklungsländer erwartete man die Beseitigung aller Ernährungsprobleme; Einsatz von den Behörden der EL stark gefördert.

Neben Anfangserfolgen und einer Zunahme der ha-Erträge gab es auch große Enttäuschungen.

Gründe:
- Krankheits- und Schädlingsanfälligkeit erfordert viel Pestizide.
- Dünger ist vielfach zu teuer; auf nährstoffarmen, ferralitischen Böden ist er wegen der geringen Austauschkapazität nicht wirksam. In den Tropen ist nur ein gewisser Prozentsatz der Böden für die neuen Sorten geeignet: Asien 30%, Lateinamerika 20%, Afrika 11%.
- notwendige Maschinen zu teuer;
- Saatgut degeneriert rasch, muss neu gekauft werden;
- Nur kapitalkräftige Landwirte konnten die Vorteile nutzen, andere, ärmere, haben sich verschuldet.

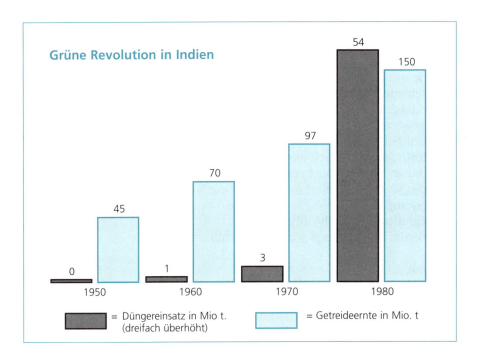

Ecofarming (standortgerechte Nutzung)

In den tropischen Savannen ist die exportorientierte Landwirtschaft durch Mechanisierung, Düngemittel- und Pflanzenschutzmitteleinsatz bestimmt. Das für eine solche Produktionsform notwendige Geld kann ein Kleinbauer nicht aufbringen, außerdem ist diese „moderne" Landwirtschaft voller ökologischer Risiken.

Experten wollten daher mit dem Ecofarming ein Nutzungssystem entwickeln, das heimische, erfolgreiche Formen verbessert, kombiniert und für Kleinbauern praktikabel macht.

Ziele:
- wenig Fremdmitteleinsatz,
- hohe Produktivität,
- Schonung der Ökosysteme

Die Methoden sind räumlich sehr unterschiedlich; hier einige Beispiele:
1. **Büsche** und **Bäume** als hangparallele Streifen in die Agrarlandschaft integrieren;
   Wirkung: Erosionsvermeidung, Windschutz, Schutz vor Austrocknung
2. **Mischfruchtanbau**
   Wirkung: keine einseitige Bodenbeanspruchung und Auslaugung; bessere Raumausnutzung; weniger Schädlingsbefall; Gründüngerpflanzen verbessern Boden; Schutz vor Austrocknung
3. **Aufbringen von Mulch und Kompost**
   Wirkung: Humusanreicherung; sonst verloren gehende Biomasse wird dem Boden wieder zugeführt und in den Kreislauf einbezogen; Schutz vor Austrocknung
4. **Integration** von **Stallviehhaltung**
   Wirkung: Düngemittelgewinnung, Milchproduktion

Problem:
Ecofarming setzt sich nicht leicht durch; einheimische Agrarpolitiker wollen lieber Modernisierung nach Vorbild der Industrieländer und befürchten, durch Ecofarming von erfolgreicher Produktion und vom Weltmarkt ausgeschlossen zu werden.

3.4 Nomadismus, Überweidung, Desertifikation – Grenzen der Nutzung im Savannenbereich

Nomadismus

Definition: Wanderbewegung eines ganzen Stammes, verbunden mit Wanderviehwirtschaft und Weideflächenwechsel

- Weidegründe liegen bis zu mehreren hundert Kilometern entfernt; Tragfähigkeit der Weiden wechselt mit Niederschlägen und Temperaturgang;
- keine Vorratshaltung;
- keine planmäßige Züchtung;
- keine Weidepflege;
- hauptsächlich Selbstversorgung: Fleisch, Milch, Wolle, Häute, Felle;
- pflanzliche Produkte von Ackerbauern der Oasen gekauft;
- zusätzliche Erwerbsquellen: Handel und Transport;

- Herdengröße bestimmt den sozialen Rang.
- Nutzflächen im Stammesbesitz, kein individuelles Grundeigentum;
- als Wirtschafts- und Lebensform im Rückzug gegenüber der überlegenen Form des Bewässerungsfeldbaus, da nicht intensivierbar;
- Existenzbedrohung auch durch Überweidung, Abholzung und Desertifikation; Zwangsansiedlung, Verlust von Weideland, Einschränkung der Freizügigkeit, Verlust der Absatzmärkte;
- Sesshaftmachung wenig sinnvoll, da Nomadismus – richtig betrieben – eine gut angepasste Raumnutzung darstellt; trotzdem überall vorangetrieben

Desertifikation

Definition: Prozess der schleichenden Zerstörung der Regenerationsfähigkeit des labilen Ökosystems arider und semiarider Gebiete durch eine unangepasste Landnutzung. Wüstenhafte Bedingungen breiten sich aus, es entsteht die *man made desert* (nach *Ibrahim*).

Die Folgen menschlichen Eingreifens:
- Durch verstärkte Überweidung verschwinden mehrjährige Pflanzenarten mit tiefer reichenden Wurzeln → Erosion.
- Durch Wanderfeldbau werden viele vegetationsfreie Flächen geschaffen → Erosion.
- Durch exportorientierten Anbau von Erdnüssen und Baumwolle wird bei dem dabei üblichen Maschineneinsatz die Erosionsgefahr größer als beim Hackbau; Einsatz von Herbiziden: Pflanzen in der Umgebung werden mit zerstört; Substistenzwirtschaft wird auf ungünstigere Bereiche verdrängt, die ökologisch erheblich mehr gefährdet sind.
- Brennholzeinschlag vernichtet die Baumsavanne in Dorfnähe; 50 bis 100 km um die Städte herum sind die Bäume abgeholzt.

Weiterer Ablauf des Desertifikationsprozesses:
- Nach der Beseitigung der Vegetationsdecke fehlt die Schattenwirkung → Steigerung der Verdunstung → stärkere Bodenaustrocknung → Oberflächenverkrustung → Bodenwindgeschwindigkeit steigt → Bodenabwehung, neue Dünenbildung; bei Regenfällen Bodenabschwemmung

- Bodenfruchtbarkeit wird zerstört, weil die wenigen Nährstoffe gerade in der obersten Bodenschicht enthalten waren.
- Sind die darunter liegenden Eisenkrusten freigelegt, kann nichts mehr wachsen.

Rolle der klimatischen Dürren:
- Stark schwankende Niederschläge sind in der Trocken- und Dornsavanne normal. Entsprechend hat sich der Grasbewuchs früher auch immer geändert. Beweidung musste flexibel sein und hat sich angepasst → Vegetation hat sich regeneriert, wenn Niederschläge kamen.
- Seit der Übernutzung unterbleibt die Regenerierung, wenn Niederschläge wieder einsetzen. Der normale, früher unschädliche klimatische Dürreeffekt verstärkt jetzt die ökologischen Schäden. Es kommt langfristig zur Austrocknung. Auch die Niederschläge werden weniger.

Beispiel Sahel

Ausgangssituation: Natur
- Übergangsraum von der Wüste über Dornsavanne zur Trockensavanne;
- Niederschlagsmenge von 300 mm im Norden bis 600 mm im Süden;
- Verteilung der Niederschläge auf 30 bis 50 Tage im Sommer;
- entscheidend: Unregelmäßigkeit; Niederschläge können bis zu 50% vom Jahresmittel abweichen;
- Auf feuchte Jahre kann wieder eine Periode von Trockenjahren folgen.

Ausgangssituation: Wirtschaftliche Nutzung durch den Menschen
- im Norden bei Niederschlägen bis zu 300 mm: nomadische Weidewirtschaft;
- im Süden bei Niederschlägen bis 600 mm: Halbnomaden; Hackbau; Anbau von Hirse und Sesam;
- Wenn es früher zu Trockenperioden kam, zogen die Nomaden in die südlichen Gebiete auf die Brachflächen der Ackerbauern; keine Konflikte.

Eingriff:
(verschiedene Maßnahmen, deren Wirkung sich überlagert)
- Politische Grenzziehung durch die Kolonialmächte schneidet die Rückzugsgebiete im Süden ab.
- Programme zur Sesshaftmachung schränken den Aktionsraum der Nomaden ein.
- Anbau von *cash crops:* Erdnüsse und Baumwolle auf den fruchtbarsten und klimatisch günstigsten Gebieten im Süden → Hirseanbau für Eigenbedarf verlagert sich auf die schlechten Steppenböden im Norden, die früheren Weidegebiete der Nomaden; Brachen werden nicht mehr eingehalten → mineralische Erschöpfung der Böden; zusätzliche Erosion;
Kampf um den Raum zwischen Nomaden und Hackbauern
- In den 50er Jahren laufen Entwicklungshilfeprogramme für die Viehzüchter an; zunächst erstaunliche Erfolge;
- Tierseuchen – Impfprogramm;
- Tiefbrunnenbohrungen → kostenloses Wasser für Viehzüchter
  – Herden wachsen bis über ein sinnvolles Maß hinaus an (Viehbesitz bedeutet in der traditionellen Vorstellung Reichtum und Ansehen).
  – Katastrophale Überweidung im Umkreis von 15 km um einen Brunnen; Weide zerstört, kann sich nicht mehr erholen;
  – Noch stärker als die Rinderbestände steigt die Zahl der Ziegen; sie sind weniger anspruchsvoll bei der Nahrungssuche als Rinder und Schafe, die Abweidung ist umso radikaler.
- Als die Trockenjahre anbrechen, kommt es 1973 zur Katastrophe: Dürftige Weiden reichen nicht mehr aus; Ausweichräume nicht mehr vorhanden → Massenviehsterben → Hungersnöte;
- Absinken des Grundwasserspiegels und Vegetationsvernichtung begünstigen die Bodenerosion → die Wüste dringt vor.

Mögliche Gegenmaßnahmen:
- Nomadische Viehzucht in der Trockensavanne betreiben, aber mit reduziertem Viehbestand; stattdessen höhere Qualität; Futterreserven für Trockenzeit anlegen; kontrollierte Weiderotation einführen; Tiefbrunnen teilweise schließen; statt vieler Großbrunnen kleinere Brunnen in breiter Streuung;
- Anbau: auf die geeigneten Savannengebiete beschränken; nördliche Anbaugrenze festlegen; Ecofarming;

- **Maßnahmen gegen Erosion:** Windschutzhecken, Anlage kleiner Erddämme; Wiederaufforstung;
- **Energieversorgung:** strenge Überwachung der vorhandenen Baumbestände; Anlage von Brennholzplantagen in der Nähe von großen Siedlungen; alternative Energiequellen nutzen: Windräder, Parabolspiegel;
- Maßnahmen zur Kontrolle des Bevölkerungswachstums

3.5 Bewässerungswirtschaft – Bodenversalzung

Bewässerungswirtschaft

Vorteile:
- ermöglicht Anbau jenseits der Grenze des Trockenfeldbaus und Neulanderschließung in den Trockengebieten,
- in Regenfeldbaugebieten Ertragssteigerung,
- gleichmäßig hohe Erträge, oft mehrere Ernten pro Jahr,
- Erosionsgefahr gemindert,
- Existenzsicherung auf geringen Nutzflächen bei hoher Bevölkerungsdichte

Notwendige Voraussetzungen:
- Einsatz von viel Arbeit und Kapital,
- überbetriebliche Zusammenarbeit aller Beteiligten,
- Wassereinzugsgebiete müssen vor Vegetations- und Bodenzerstörung gesichert werden,
- Anlage von Stauteichen oder Stauseen;
- Ohne gleichzeitige Entwässerung kommt es zur Versalzung.

Methoden:
- Flächenhafte Bewässerung mit Aufstauung erfordert sehr viel Wasser.
- Furchenberieselung,
- Beregnung aus Rohren: teuer, bringt große Verdunstungsverluste,
- Tropfverfahren aus perforierten Leitungen: bewässert gezielt nur den Wurzelbereich der Pflanzen, daher wassersparend; kann mit Düngung kombiniert werden; wegen hohem Kostenaufwand eher bei Sonderkulturen angewandt

Bodenversalzung

Vorgang:
- Flusswasser in den Subtropen enthält 300 g/m^3 (0,03%) Salz.
- Bewässerungswasser dringt in den Boden ein und löst zusätzlich Salze.
- Dazu kommen überschüssige Nährsalze aus der künstlichen Düngung.
- Salzlösung steigt kapillar auf, meist ermöglicht durch hohen Grundwasserstand.
- Wasser verdunstet an der Oberfläche, Salzausscheidungen im oberen Teil des Bodenprofils und Salzausblühungen an der Oberfläche.
- Folge: Es wächst nur noch spärliche Vegetation, Anbau nicht mehr möglich.

Gefährdete Bereiche:
- alle ariden Bereiche der Erde (Verdunstungskapazität größer als Niederschläge), in denen künstlich bewässert wird;
- Ausmaß (nach *Global 2000*): Jährlich gehen 0,6% des gesamten bewässerten Landes der Welt verloren; das ist meist das produktivste Land.
- Besonders betroffen: Pakistan, Afghanistan, Peru, Argentinien

Gegenmaßnahmen:
- bei hohem Grundwasserspiegel: diesen weit absenken, um kapillaren Wasseraufstieg zu verhindern;
- bei Überflutungsbewässerung: Zufuhr von sehr großen Wassermengen → Sickerwasserbewegung nach abwärts; tiefer gelegene Entwässerungskanäle führen das Überschusswasser mit den gelösten Salzen wieder ab.
- Rekultivierung von Salzflächen möglich; viel Wasser zum Ausschwemmen des Salzes notwendig; hoher Kapitalbedarf

3.6 Waldraubbau und seine Folgen
(nach *Bruenig,* Die tropischen Wälder, S. 6 f.)

Die tropischen Wälder umfassen den immergrünen tropischen **Regenwald**, nach Norden und Süden schließt sich der Laub abwerfende, wechselgrüne tropische **Feuchtwald** an und geht schließlich in die Laub abwerfenden **Trockenwälder** über.
- Tropische Wälder 10 Mio. km² (1900 noch 16 Mio. km²), Trockenwälder 6 Mio. km²
- In diesen Wäldern leben mehr als zwei Drittel aller Tier- und Pflanzenarten der Erde.
- Die Vernichtung schreitet unaufhaltsam voran, die Tendenz ist steigend, der Zeitpunkt des Zusammenbruchs nicht genau bestimmbar.

Ursachen:
- Den Hauptanteil trägt der Wanderfeldbau bei, der wegen gestiegener Bevölkerungszahl nicht mehr schonend, sondern in Raubbauform betrieben wird.
- Auf Flächen, die von Holzfirmen kahl geschlagen wurden, siedeln sich Viehfarmen an, deren Besitzer auf die Landeigentumsrechte spekulieren.
- Der Brennholzeinschlag zur Versorgung der heimischen Bevölkerung ist zehnmal höher als der Nutzholzeinschlag. Er lässt sich nicht reduzieren, solange eine wachsende Bevölkerung keine andere Energie zur Verfügung hat.
- Der Nutzholzeinschlag, der zu weniger als 50% in den Export geht, ist zwar relativ gering, führt aber wegen der heute üblichen übermechanisierten Verfahren zu starken Bodenverletzungen, die eine Wiederbegrünung erschweren.

Folgen:
- Weniger Sonnenenergie wird absorbiert.
- Verdunstung nimmt ab, es gelangt weniger Wasser in die Atmosphäre zurück.
- Nach Niederschlägen fließt mehr Wasser ab, es fließt schneller ab.
- Die Erosion nimmt zu (Beispiele aus dem Himalaya), die Auswaschung der Nährstoffe im Boden ebenfalls.
- Wenn der Oberboden verloren geht, bilden sich Freiflächen, die meist vegetationslos bleiben.

D Entwicklungsländer und Schwellenländer

- Im Unterlauf der Flüsse riesige Überschwemmungen (Gangesdelta);
- Kohlendioxid gelangt in solchen Mengen in die Atmosphäre, dass der Gehalt der Atmosphäre bis 2050 wahrscheinlich um weitere 10 bis 15% steigt → Aufheizung der Erdatmosphäre;
- Millionen von Tier- und Pflanzenarten werden aussterben, gewaltiger Verlust an Genmaterial;
- Das ökologische Gleichgewicht ist weltweit gefährdet.

4 Räumliche Disparitäten und Ansätze zu ihrer Überwindung

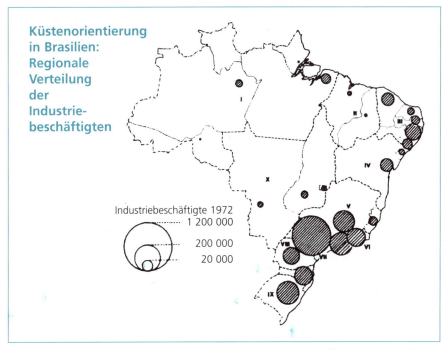

Gerd Kohlhepp, Wirtschafts- und sozialgeographische Aspekte des brasilianischen Entwicklungsmodells, in: Die Erde 1978, S. 355. Gesellschaft für Erdkunde zu Berlin.

D Entwicklungsländer und Schwellenländer

4.1 Ungleiche Verteilung von Ressourcen und Infrastruktur

- Bodenschätze liegen häufig im Innern des Landes.
- Wenn sich in manchen Ländern scheinbar eine Konzentration in Küstennähe zeigt, ist das kein Widerspruch: es handelt sich um die Lager, die wegen ihrer Verkehrsgunst als erste erschlossen und abgebaut wurden.
- Wasserkraft zur Energiegewinnung findet sich ebenso meist im Innern, wo das Relief stärker ist.
- Gleiches gilt für die nutzbaren Wälder.

Ausgebaute Infrastruktur findet sich in der Regel nur in den nach außen orientierten Küstenstädten und in der Hauptstadt.

Dort existieren Arbeitsplätze im sekundären und tertiären Sektor, Krankenhäuser, Schulen, Verkehrseinrichtungen, Banken und Behörden.

Der Wunsch nach einer weiteren Entwicklung des Landes erfordert die Nutzung der Ressourcen im Hinterland.

Wegen Kapitalmangels ist dies jedoch sehr schwer möglich.

4.2 Küstenorientierung und Metropolisierung. Zentrale und periphere Raumstrukturen

Entstehung der Küstenorientierung

- Der Kolonialismus war nicht an einer Landesentwicklung interessiert, sondern an Rohstofflieferungen und Absatzmärkten. Kolonialisierung hat die Einbeziehung in die internationale Arbeitsteilung gebracht.
- Nur flächenmäßig kleine Räume, die Küstenstädte und Hauptstädte, traten in lebhaften Austausch mit den weiterentwickelten Ländern und haben eine gute Infrastruktur erhalten.

Beispiel Indien:
- Die Hafenstädte Kalkutta, Madras, Bombay waren in der Kolonialzeit wichtige Handels- und Güterumschlagplätze.
- Sie haben neben einer entwickelten Infrastruktur auch Fachkräfte, ungelernte Arbeiter und Absatzmärkte.
- Eine zweite Städtegruppe sind die Militärstützpunkte und die neuen Hauptstädte, die sich stärker entwickeln.
- Wegen der schlechten Verkehrsverhältnisse und der immer noch üblichen Steuern beim Gütertransport durch Staaten oder Städte suchen Industriebetriebe den unmittelbaren Kontakt mit Zulieferern, weiterverarbeitenden Firmen und Dienstleistungsbetrieben. Diese gibt es außerhalb der großen Städte kaum, also erfolgt eine weitere Konzentration der Industrie in den Städten.
- Im Staat Maharashtra entfielen 59% der industriellen Arbeitsplätze und 73% der industriellen Wertschöpfung auf Bombay.
- Gründung einer staatlichen Organisation zur Durchführung einer Industrieansiedlung im Hinterland;
- Anreize: billige Grundstücke, Steuernachlass, direkte Subventionen
- Wirkung: Neuansiedlung meist nur in bevorzugten Städten gelungen; die entwickelten Staaten Indiens, die mehr Zuschüsse geben konnten, waren erfolgreicher → Disparität zwischen reichen und rückständigen Staaten Indiens wächst.

Heutige Entwicklung

- Ziel einer ersten Industrialisierung: bisher importierte Konsumwaren selbst herstellen (Importsubstitution);
- Nach der – wegen der geringen Kaufkraft – bald erfolgten Sättigung des Marktes erfolgte die Umstellung auf Exportorientierung.
- Exportorientierung wurde auch notwendig, um den Schuldendienst für die kostspieligen Investitionen leisten zu können.
- Folge: In jedem Fall bleibt die Entwicklung des Landes küstenorientiert.

Metropolisierung

- bezeichnet das besonders starke Anwachsen der Hauptstädte (manchmal sind sie gleichzeitig Küstenstädte);
- EL haben einen sehr aufgeblähten Verwaltungsapparat, Behördenentscheidungen spielen eine sehr große Rolle, also wird „Fühlungsvorteil" mit Behörden in den Hauptstädten gesucht.
- Rational völlig unbegründetes Zuzugsverhalten: Nach der Gründung Brasilias sind 1 Mio. Menschen aus der niedrigsten Einkommensschicht in Brasilia zugezogen. Es bildeten sich 8 Slumstädte.
  Offensichtliche Erwartungshaltung: am Boom Brasilias profitieren

4.3 Landflucht und Verstädterung, Marginalsiedlungen, Segregation

Landflucht und Verstädterung

1950 lebten 17% der Bewohner von EL in Städten. 2015 werden es 50% sein (siehe Grafik Seite 183).

In absoluten Zahlen:
1950 lebten 400 Mio. der Bewohner von EL in Städten, 2000 sind es 2,5 Mrd., 2015 werden es 3,2 Mrd. sein.

Gründe

Pushfaktoren:
- geringe oder keine Verdienstmöglichkeit auf dem Land;
- agrarische Kleinstbetriebe können Produktionsmethoden nicht verbessern;
- Überbevölkerung und damit Unterbeschäftigung;
- Bodenerschöpfung, Bodenerosion

D Entwicklungsländer und Schwellenländer

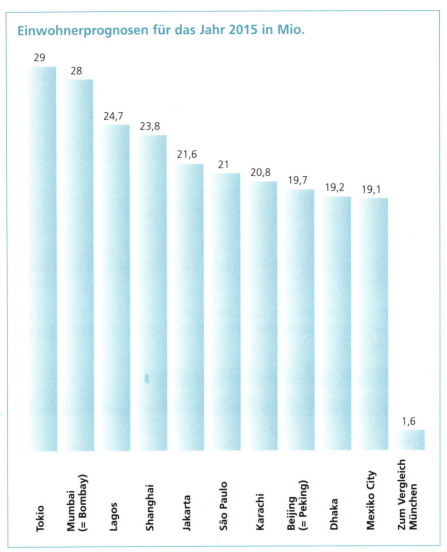

Quelle: UNFPA 1996, S. 32 f.

Pullfaktoren:
- Hoffnung auf bessere Arbeits- und Verdienstmöglichkeiten;
- Ausbildungsmöglichkeiten;
- Annehmlichkeit des Lebens in der Stadt, Sportmöglichkeiten, menschliche Kontakte, Kinos;
- bessere medizinische Versorgung;
- bessere Sozialdienste;
- Versorgung mit Konsumgütern;
- soziale Aufstiegsmöglichkeiten

Marginalsiedlungen
(nach *Mertins*, GR 9, 1984)

Begriff:
Marginalsiedlungen sind großstädtische Substandard-Wohngebiete, die von rassisch, ethnisch, religiös, wirtschaftlich oder sozial unterprivilegierten Gruppen bewohnt werden.

Andere Bezeichnungen: Spontansiedlungen; unkontrollierte Siedlungen: *Ciudades perditas* (Mexiko); *Bidonvilles* (Afrika); *Favelas* (Brasilien); *Barriadas* (Peru); *Bustees* (Indien)

Häufig sind Marginalsiedlungen Squattersiedlungen.

Squatter: Wer sich auf fremdem Land ohne rechtliche Legitimation niederlässt.

Ausmaß:
50 bis 60% der Städter (1 Mrd. Menschen) in EL leben in Marginalsiedlungen, ihr Anteil wächst.

Ursachen:
- Entwicklung des Hinterlandes gegenüber den Städten seit der Phase des Kolonialismus zurückgeblieben;
- ungleiche Besitzverteilung auf dem Land;
- Unterbezahlung in der Landwirtschaft;
- hohe Kinderzahl der Landbevölkerung;
- Hoffnung auf besseren Verdienst in der Stadt;
- Annehmlichkeiten des Stadtlebens, bekannt durch die Medien

D Entwicklungsländer und Schwellenländer

Merkmale:
- Bewohnern fehlt regelmäßiges und ausreichendes Einkommen (Gelegenheitsarbeit, Kinderarbeit; häufig im tertiären Sektor).
- behelfsmäßige Behausung mit mangelhafter Bausubstanz;
- Behausungen liegen in ungünstigen Gegenden; starkes Relief; Stadtrand, manchmal in sanierungsbedürftigen Gebieten der Kernstädte;
- Infrastruktur fehlt meist oder ist unzulänglich: Strom, Wasser, Kanalisation, Straßen; ärztliche Versorgung, Schulen;
- Bewohner leiden unter Rechtsunsicherheit und mangelnden politischen Rechten;
- hohe Dichte;
- geringe soziale Organisation, wenig Kooperation;
- hohe Mobilität;
- überrepräsentiert sind: junge Männer, junge Familien mit hoher Geburtenziffer, unqualifizierte Arbeitskräfte

Typen von Marginalsiedlungen:
- Slums:
  - degradierte ehemalige Wohnviertel der Ober-, Mittel- und Unterschicht im Innenstadtbereich;
  - Wohnungen sind zimmerweise aufgeteilt;
  - nachträgliche Hinterhofbebauung;
  - häufig Kriminalität und Prostitution;
  - manchmal parzelliert ein Eigentümer sein Grundstück und baut einfache Hütten, die vermietet werden;
  - Slums gelten als „bevorzugte" Wohngebiete wegen ihrer Lage nahe beim Zentrum.
- Illegale Marginalsiedlungen (Squattersiedlungen):
  - meist am Rand der Stadt oder entlang von Bahnlinien, Kanälen, Parks;
  - primitive Baumaterialien
- Halblegale Marginalsiedlungen:
  - Parzellen von 100 bis 300 m^2, Verkauf durch Immobilienmakler;
  - keine Baugenehmigung, Missachtung der Bauvorschriften;
  - Bauten werden von Käufern selbst errichtet.

Strategien zur Lösung:
- Zerstörung der Behausungen und Vertreibung der Bewohner: Oft angewandte, aber sinnlose Methode, da nach kurzer Zeit an gleicher oder benachbarter Stelle Wiederaufbau erfolgt;
- Niedrigkosten-Wohnungsbau; zum Selbstkostenpreis verkauft oder mit Subventionen vermietet; entweder Wohnblocks oder Einfachst-Reihenhäuser → kann nur jemand beziehen, der regelmäßiges Einkommen hat → führt zu Selektion und trotzdem zu baldiger Degradierung;
- **Selbsthilfekonzepte:** Kredite und Materialien gestellt; Planvorgaben; angepasste Technologie, heimische Baumaterialien; Bau durch die späteren Bewohner in Kooperation;
- **Sanierung bestehender Siedlungen:** für Behörden relativ preiswert; Nachbarschaften bleiben erhalten; nachträgliche Schaffung von Infrastruktureinrichtung; Mithilfe der Bewohner; beliebteste Lösung;
- **Nachteil vieler Lösungen:** Die sozial Schwächsten werden aus ihren bisherigen Quartieren vertrieben. Sanierte Bereiche werden bald wieder übervölkert durch nachziehende Verwandte.

Segregation

- räumliche Trennung verschiedener sozialer Gruppen voneinander in den Städten;
- Das gemeinsame Merkmal einer Gruppe kann sein: die gleiche Rasse, Sprache, Volkszugehörigkeit, Religion oder soziale Schicht.
- Die Segregation kann durch Diskriminierung aufgezwungen sein (Abdrängung in ein Getto) oder eine selbst gewollte Abkapselung darstellen.
- In Ländern mit Tribalismus ist sie besonders deutlich ausgeprägt.
- Im Stadtbild tritt die soziale Segregation am deutlichsten in Erscheinung (Villenviertel – Marginalsiedlung), sie ist größer als in europäischen Ländern wegen des stärkeren sozialen Gegensatzes.
- Begriff wird manchmal auf die rassische und sprachliche Segregation eingeengt.

4.4 Möglichkeiten zur Überwindung räumlicher Disparitäten

Agrarpolitik zur Förderung des Hinterlandes

Beispiel Indien:
Ziele:
- Dezentralisierung;
- Wiederbelebung der alten Dorfgemeinschaften;
- Landreformen;
- Steigerung der Lebensmittelproduktion;
- Verhinderung von Landflucht

Maßnahmen:
- *community development:*
  - soziale Infrastruktur verbessern durch Bau von Schulen, Krankenhäusern; Trinkwasserversorgung; Einsatz von Sozialberatern;
  - Bildung von Genossenschaften;
  - Landreform (scheitert aber, weil die dörfliche Oberschicht den Nutzen aus den Maßnahmen gezogen hat);
  - Einsatz von Agrarberatern
- Versuch, in ausgewählten Räumen und auf größeren Betrieben Produktionszuwachs und Selbstversorgung zu erreichen:
  - Kredite;
  - Subventionen für Düngemittel, Pestizide;
  - Kauf von Wasserpumpen;
  - Preisgarantie für Reis und Weizen;
  - Maßnahmen kamen wieder der ländlichen Oberschicht zugute.
- Armutsbekämpfung:
  - Schaffung von Arbeitsplätzen auf dem Land

Bewertung:
Die Förderung des ländlichen Bereichs ist zwingend, aber sehr schwer so zu organisieren, dass die beabsichtigte Wirkung erreicht wird.

D Entwicklungsländer und Schwellenländer

Industrieansiedlung

Beispiel Kolumbien und Peru:
Zur industriellen Dezentralisierung wurden in beiden Staaten Programme durchgeführt.

Ergebnis:
- Die „Entlastungszentren", deren Infrastruktur ausgebaut wurde, lagen fast alle in wirtschaftlichen Akivräumen.
- Eine Veränderung der regionalen Wirtschaftsstruktur konnte nicht erreicht werden.
- Die Einrichtung von Industrieparks in strukturschwächeren Gebieten ist gescheitert.
- Die privaten industriellen Investoren haben gegen die staatliche Dezentralisierungsidee gehandelt, der Agglomerationseffekt der großen Zentren hat sich als stärker erwiesen.

Verkehrsausbau

Beispiel Brasilien (nach *Raster*):
Brasilien hat dem Verkehrsausbau eine Vorrangstellung eingeräumt. Neben der großen O-W-Verbindung der Transamazonica wurden S-N-Verbindungen geschaffen.

Probleme:
- sehr hohe Baukosten;
- Baumaschinen mit Devisen im Ausland gekauft;
- wegen Erosion hohe Unterhaltskosten der Naturstraßen (ohne Asphaltierung);
- oft nur mit Allradfahrzeugen befahrbar;
- geringes Verkehrsaufkommen;
- Indianerstämme in ihrer Existenz bedroht

Außerdem wurden Flusshäfen ausgebaut, 126 Flugplätze in Amazonien angelegt und eine Eisenbahnlinie für den Erztransport von Nucleo Carajas nach São Luis am Atlantik.

Die brasilianische Regierung hat seit 1975 das Konzept der Inwertsetzung durch Entwicklungsachsen aufgegeben. Statt Kolonisationsprojekten wird die private Rinderweidewirtschaft gefördert.

5 Wirtschaftliche Verflechtung zwischen unterschiedlich entwickelten Ländern

5.1 Die Länder der „Dritten Welt" und internationale Organisationen

Entwicklung des Begriffs „Dritte Welt"

- Ursprünglich Dreiteilung: Westliche, kapitalistische Länder, RGW-Länder und die „Dritte Welt" als Gruppe der Blockfreien
- Etwa ab 1964 verstand man darunter die Länder, die sich seit der 1. UNCTAD-Konferenz (1964) zur „Gruppe der 77" zusammengeschlossen haben. Nach ihrem Selbstverständnis waren sie die „Opfer und Ohnmächtigen der Weltwirtschaft" *(Julius Nyerere)*. Sie erhoben gemeinsame Forderungen gegenüber den Industrieländern.
Nach der Ölkrise 1973/74 hob sich das Ölkartell der OPEC innerhalb dieser Gruppe heraus.
- Mit zunehmender Differenzierung ließ die Solidarität der Gruppenmitglieder untereinander nach, die gemeinsamen Interessen schwanden. Der Handel untereinander (Süd-Süd-Handel) blieb spärlich, weil der Export auf die IL gerichtet war. Die Maximalforderungen gegenüber den IL wurden angesichts der Schuldenkrise langsam zurückgenommen.
- Nach dem Zusammenbruch des RGW fiel das Kriterium der Blockfreiheit weg, es blieb als Gemeinsamkeit nur noch die Zugehörigkeit zur „Gruppe der 77". 1998 umfasste sie 131 Staaten ohne China. Ihr Forum sind die UNCTAD-Konferenzen, wo sie gemeinsam gegen die IL auftreten.
Wichtigster Erfolg: Formulierung der Neuen Wirtschaftsordnung. Danach definieren *Nohlen* und *Nuscheler* diese Gruppe folgendermaßen: „Die Dritte Welt besteht aus EL, die sich im Selbstverständnis ‚Opfer und Ohnmächtige der Weltwirtschaft' zu sein ... zur Durchsetzung ihrer wirtschaftlichen und politischen Ziele gegenüber den IL in der ‚Gruppe der 77' zusammengeschlossen haben."

D   Entwicklungsländer und Schwellenländer

Differenzierung

Die Praktiker bei den Vereinten Nationen bevorzugen bei der Vergabe von Entwicklungshilfe die besonders armen Staaten. Sie führen eine eigene Liste:

LDC (Least Developed Countries):
48 Länder, davon 34 aus Afrika, 13 aus Asien und Ozeanien, 1 aus Lateinamerika

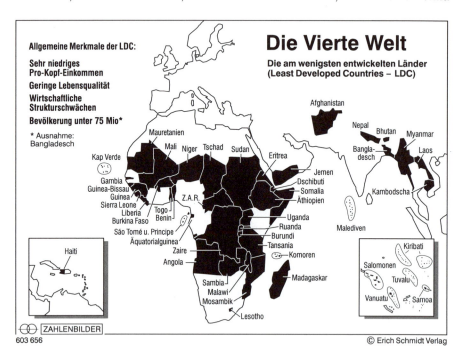

Kriterien für die Zugehörigkeit:
- Bruttoinlandsprodukt (BIP) pro Kopf liegt unter 699 US-$ (Durchschnitt aus drei Jahren).
- Index aus Lebenserwartung, Kalorienverbrauch pro Kopf, Einschulungsrate in Primar- und Sekundarschulen sowie Zahlen der Analphabeten

- Anteil der Industrie am BIP, Zahl der Beschäftigten in der Industrie, Stromverbrauch pro Kopf und Exportorientierung der Wirtschaft
- Einwohnerzahl (maximal 75 Mio.)

In diesen Ländern leben 400 Mio. Menschen.

Schwellenländer / Take-Off-Countries / Newly Industrializing Countries (NIC) / Newly Industrializing Economics (NIE):
Man rechnet 25 bis 30 Länder dazu (nicht fest umrissen). Sie sind wirtschaftlich verhältnismäßig fortgeschritten und haben in industriellen Teilbereichen zu den OECD-Ländern aufgeschlossen, aber ihre gesellschaftliche und soziale Entwicklung ist noch zurückgeblieben.

Kriterien für die Zugehörigkeit:
- Pro-Kopf-Einkommen;
- Anteil der Industrieproduktion am BIP;
- Weltexport an Fertigprodukten

Beispiele: Brasilien, Argentinien, Südkorea, Mexiko, Portugal, Singapur, Polen, Rumänien, Ungarn, Indien, Taiwan, Israel

Die Weltbank misst bei ihrer Unterstützung die Länder weitgehend nach dem Pro-Kopf-Einkommen.

Der Entwicklungshilfeausschuss der OECD (DAC) führt eine eigene Liste von 140 EL, unterteilt nach zwei Gruppen, ebenfalls am Pro-Kopf-Einkommen orientiert.

Etwa 100 EL haben weder Wirtschaftskraft noch politischen Einfluss. Aus diesem Bereich könnten Elends- und Umweltflüchtlinge zu einem bedrohlichen Potenzial für die Industrieländer werden (Beispiel Kuba 1994).

D Entwicklungsländer und Schwellenländer

OPEC-Länder:
Hauptproblem: Intern abgesprochene Höchstförderquoten werden von einzelnen Mitgliedern nicht eingehalten, was wieder zu Preisrückgang führt.

Ecuador trat 1992 wegen der geringen Förderquote aus.

OPEC-Länder weisen sehr große Unterschiede in ihrer wirtschaftlichen, politischen und gesellschaftlichen Entwicklung aus, daher Spannungszustand. Ihre Industrialisierung ist gering.

UNCTAD (United Nations Conference on Trade and Development):
- Verhandlungsforum für EL und Industrieländer;
- 1964 als Organ der UN-Generalversammlung gegründet;
- Ziel: wirtschaftliche Integration der EL;
- 188 Mitglieder; Sekretariat in Genf; Gegenpol zum GAT;
- Erwartungen der EL bisher kaum erfüllt

GATT (General Agreement on Tariffs and Trade):
1947 als Sonderorganisation der UN gegründet; Sitz Genf; 123 Mitglieder, davon 99 EL; Ziel: Abbau der Handelsschranken, besonders der Zölle → starke Entwicklung des Welthandels; teilweise Gegenposition zu UNCTAD.

Ein wichtiges Ziel des GATT war es, eine eigene Welthandelsorganisation zu gründen. Das ist die seit 1995 existierende

Welthandelsorganisation WTO, die das GATT ersetzen und weiterführen soll.
- Mitglieder: über 130 und viele Antragsteller für die Aufnahme;
- Ziel: Ein weltweiter freier Handel soll durch Abbau von Zöllen und anderen Handelshemmnissen erreicht werden.
  Vorzugsbedingungen nur noch für EL. Sonst sollen die günstigsten Handelsbedingungen allen Partnern eingeräumt werden.
- Als Unterorganisation der UN mit Sitz in Genf überwacht sie die internationale Handelspraxis und schlichtet Streit.
- Einige Industriestaaten wollen aber lieber wieder zum Protektionismus zurückkehren, um ihre Arbeitslosenzahlen zu reduzieren, und möchten wieder regionale Freihandelszonen oder Zusammenschlüsse (z.B. USA: NAFTA).

5.2 Merkmale von Entwicklungsländern

Unterentwicklung.
Wandlung des Begriffs

Ursprünglich: Unterentwicklung = Hunger + Krankheit + mangelnde Bildung (Analphabetentum)

Später: Unterentwicklung ist ein Mangel an Gütern des Grundbedarfs (Nahrung, Kleidung, Wohnraum) und an grundlegenden Dienstleistungen (Bildung, Gesundheit). Diese weitgehende Gleichsetzung von materieller Armut und Unterentwicklung ist ebenso falsch wie die Gleichsetzung von materiellem Reichtum mit Entwicklung: Der Reichtum an Geld z. B. in manchen Ölländern sagt nichts über die Entwicklung der Produktivkräfte.

Heute sieht man in der Unterentwicklung ein Bündel von Strukturdefiziten, das man durch Indikatoren beschreiben kann.

Merkmale der Unterentwicklung

Allgemeine Kennzeichen und Voraussetzungen:
- BSP wächst langsam, BSP je Kopf gering;
- hohe Konsumquote (hoher Verbrauchsanteil von Nahrungsmitteln und einfachen Konsumgütern);
- niedrige Investitionsquoten;
- unzulängliche Infrastruktur (besonders Verkehrserschließung und Energieversorgung); 1,7 Mrd. Menschen haben kein einwandfreies Trinkwasser; oft keine Abfallbeseitigung und Kanalisation;
- geringe technische Entwicklung;
- geringe Produktivität;
- hohe offene und versteckte Arbeitslosigkeit;
- z. T. ökologische Benachteiligung durch geringe Ertragskraft der Böden, Wasserknappheit, klimatische Belastungen; Gefährdung der Ökosysteme;
- sehr hoher Anteil der Erwerbstätigen im primären Wirtschaftsbereich

D Entwicklungsländer und Schwellenländer

I. Wirtschaftssektor:
- geringer Düngerverbrauch je ha;
- Subsistenzwirtschaft sehr weit verbreitet;
- extensive Anbaumethoden;
- geringer Anteil der LF an der Gesamtfläche;
- Agrarische und mineralische Rohstoffe werden nur wenig weiterverarbeitet.

II. Wirtschaftssektor:
- einseitige Produktionsstruktur;
- ausgerichtet auf Export

III. Wirtschaftssektor:
- hohe Unterbeschäftigung;
- Fehlen einer wirksamen Verwaltung;
- unzureichende Markt- und Kreditorganisation

Außenhandel:
- Import-Exportquote: negative Handelsbilanz;
- einseitige Exportstruktur: Abhängigkeit von wenigen Agrarerzeugnissen oder Bodenschätzen;
- sinkende *Terms of Trade*

Merkmale aus dem Bereich des Sozial- und Bildungswesens:
- Unter- oder Mangelernährung
  Unterernährung: Nahrung reicht mengenmäßig nicht aus; betroffen sind 200 bis 400 Mio. Menschen.
  Mangelernährung: Nahrung reicht mengenmäßig, ist aber zu einseitig; meist fehlen Proteine (Eiweiß) und Fette.
- Ursachen:
  – Bevölkerungswachstum;
  – Landwirtschaft produziert viele Agrarrohstoffe für den Export;
  – Erzeugerpreise bei Nahrungsmitteln in vielen Ländern durch Subventionen sehr niedrig, dadurch kein Produktionsanreiz über den Eigenbedarf hinaus;
  – mangelhafte Agrarstruktur;
  – Düngermangel (Düngerproduktion ist sehr energieintensiv; Ölpreise!);

- Verluste bei Lagerhaltung;
- Weltweit werden genügend Nahrungsmittel erzeugt, ungelöst ist das Verteilungsproblem.

Ärztliche Unterversorgung:
Im Vergleich:
- Industrieländer: 1 Arzt – 380 Menschen;
- fortgeschrittene EL: 1 Arzt – 2250 Menschen;
- ärmste EL: 1 Arzt – 14 160 Menschen

Fast 2 Mrd. Menschen haben keine ausreichende medizinische Versorgung.

Übertragbare Massenkrankheiten immer noch nicht ausgerottet. Es leiden an:
- Malaria 110 Mio. Menschen mit 1 bis 2 Mio. Todesfällen jährlich;
- Wurmkrankheiten 300 Mio. Menschen;
- Bilharziose 200 Mio. Menschen;
- Lepra 11 bis 12 Mio. Menschen;
- Aids 20 Mio. Menschen

Ungleichmäßige Besitzverteilung

Ungleichmäßige Einkommensverteilung

Hohe Analphabetenquote (zwischen 1970 und 1990 in den EL von 54% auf 35% gesunken). Problem: Entwicklung setzt Bildung voraus.

Mangel an qualifizierten Arbeitskräften, besonders an Facharbeitern, Lehrern, Ärzten und Ingenieuren. Viele wollen nur in die Städte, nicht ins Hinterland.

Benachteiligung und ungesicherte Rechtsstellung der Frauen:
- übermäßige Arbeitsbelastung;
- hohe gesundheitliche Risiken;
- niedriger sozialer Status;
- geringe Ausbildungsmöglichkeiten;
- müssen auf dem Land oft den Lebensunterhalt für die Familie erwirtschaften;
- in den Entscheidungen meist von den Männern abhängig

Fehlender Mittelstand:
Im wirtschaftlichen und sozialen Bereich werden überkommene Gewohnheiten / Traditionen beibehalten und dadurch **Innovationen verhindert.**

Geringe soziale Mobilität

Entwicklung der Weltbevölkerung in Mrd.:
1950: 2,5   1990: 5,3   2000 (6,0/6,2/6,4)   2025 (7,6/8,5/9,4)

Bei den Schätzungen sind die niedrige, mittlere und hohe Variante angeführt.

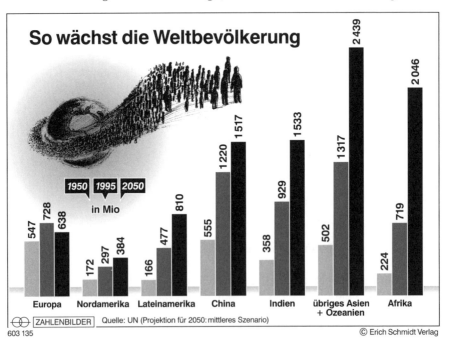

Säuglingssterblichkeit:
Zahl der gestorbenen Kinder unter 1 Jahr zur Gesamtzahl der einjährigen Kinder, ausgedrückt in ‰.

In EL ist dieser Wert zwischen 1960 und 1990 von 149 auf 71 gesunken. In IL liegt er unter 25.

D Entwicklungsländer und Schwellenländer

Lebenserwartung:
Lebenserwartung ist ein statistischer Durchschnittswert, der in den EL durch die hohe Säuglings- und Kindersterblichkeit deutlich niedriger liegt.

In EL ist dieser Wert zwischen 1960 und 1990 von 46 auf 62 gestiegen. Er liegt aber in den *Least Developed Countries* bei 50 und in den Industrieländern bei 75.

Bevölkerungswachstum	1960	1970	1980	1990	
Deutschland	16,4	16,3	10,3	11,1	G
	11,5	12,3	12,1	11,6	S
	0,66	0,44	–0,10	0,46	W
USA	24,3	18,0	15,1	16,0	G
	9,4	9,5	8,6	8,8	S
	1,70	1,08	1,06	0,94	W
Indien	43,6	40,2	34,7	31,0	G
	21,7	17,5	13,9	11,2	S
	2,26	2,28	2,08	1,97	W
China	35,9	36,9	21,5	21,6	G
	20,6	10,9	7,2	6,6	S
	1,53	2,61	1,43	1,49	W
Brasilien	43,3	36,4	32,0	26,7	G
	13,6	10,8	8,9	7,8	S
	2,97	2,57	2,31	1,90	W
Algerien	50,8	49,8	45,0	35,5	G
	21,2	17,4	13,4	8,3	S
	2,12	2,85	3,14	2,72	W

G = Geburtenziffer: Die Zahl der Lebendgeborenen eines Jahres, bezogen auf 1000 der Gesamtbevölkerung des gleichen Raumes
S = Sterbeziffer: Zahl der Sterbefälle eines Jahres, bezogen auf 1000 der Gesamtbevölkerung des gleichen Raumes
W = Wachstumsrate in Prozent. Sie enthält auch die Wanderbewegung.

Alle Zahlen beziehen sich auf den Durchschnitt der jeweils 5 vorausgegangenen Jahre.

Quelle: World Population Prospects, 1993

D Entwicklungsländer und Schwellenländer

Generatives Verhalten:
Das generative Verhalten drückt sich u. a. aus:
- in der Heiratshäufigkeit;
- im Heiratsalter; es liegt in EL niedriger als in Industrieländern;
- in der Fruchtbarkeit (Kinderzahl)

Alle Programme zur Geburtenkontrolle in EL sind bisher ohne nachhaltige Erfolge geblieben.

Gründe:
- Kinder stellen die einzige soziale Absicherung und Altersversorgung dar.
- Kinder sind preiswerte Arbeitskräfte.
- religiöse Gründe;
- unreflektierte Tradition;
- politische Gründe: Wunsch, eine große Nation zu werden

Bevölkerungsweise:
Ist die Summe der Handlungsweisen, die eine Bevölkerung in einem bestimmten Zeitabschnitt prägen.

Man unterscheidet: vorindustrielle Bevölkerungsweise, demographischer Übergang, industrielle Bevölkerungsweise, nachindustrielle Bevölkerungsweise.

Die Aufeinanderfolge dieser verschiedenen Bevölkerungsweisen nennt man Verlaufsmodell des demographischen Übergangs.

Das Modell wurde in Europa entwickelt und dann auf die EL übertragen. Übertragung problematisch, siehe Grafik Seite 199; mögliche Einwände:
- Die Sterbeziffer in Europa sank in einem langen Zeitraum mit dem Fortschritt der Medizin allmählich.
  In den EL können ausgereifte medizinische Techniken und Medikamente kurzfristig eingeführt werden und die Sterbeziffern sehr rasch senken.
- Die Geburtenziffern haben sich in Europa bald angepasst, in den EL läuft dieser Prozess langsamer.

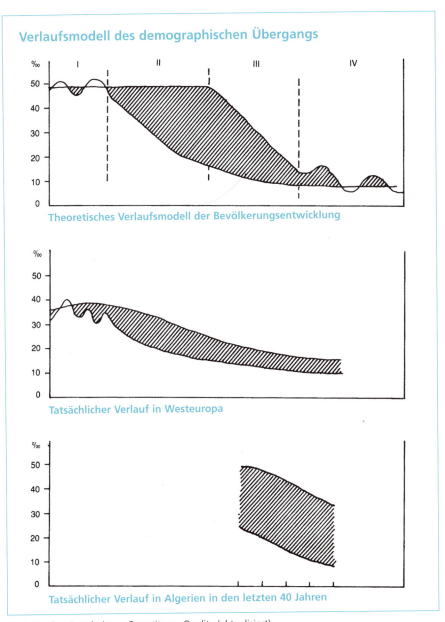

Nach Hartley, Population – Quantity vs. Quality (aktualisiert)

D Entwicklungsländer und Schwellenländer

Den Rückgang der Geburten in den Industrieländern seit Ende des 19. Jahrhunderts erklärt *Höhn* (Weltbevölkerung – Wachstum ohne Ende, S. 6) so: „Der (ökonomische) Wert der Kinder sank, da Kinder nicht mehr als billige Arbeitskräfte zur Verfügung standen (Schulpflicht, Verbot der Kinderarbeit, Rückgang der arbeitsintensiven Landwirtschaft), da Kinder nicht mehr zur Sicherung der Eltern benötigt wurden (Einführung der Rentenversicherung, Herausbildung des Wohlfahrtsstaates) und die Kinder zunehmend Kosten verursachten (Ausbildung)." Der Rückgang hat sich ohne die modernen Methoden der Geburtenkontrolle vollzogen.

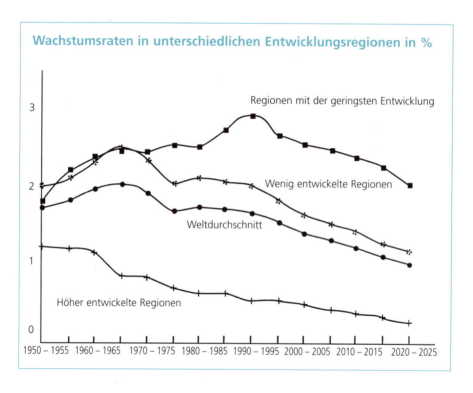

D Entwicklungsländer und Schwellenländer

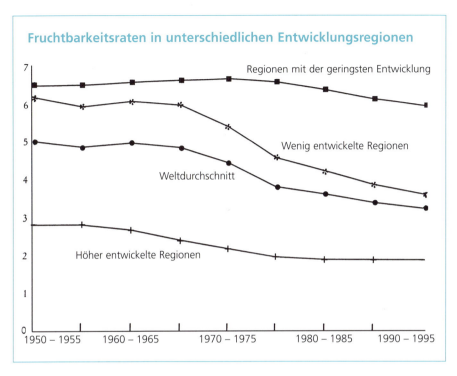

Altersstruktur

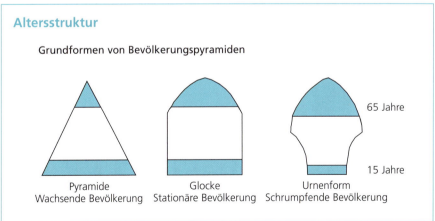

Nach: Sozial- und Wirtschaftsgeographie 1, S. 109

D Entwicklungsländer und Schwellenländer

Die Bevölkerungspyramide gibt Aufschluss über Altersstruktur und einige soziale Belastungen. Wichtig ist das Verhältnis

Erwerbsbevölkerung – abhängige Altersgruppen (unter 15 J., über 65 J.); hohe Abhängigkeitsquote stellt große Belastung dar.

Indien: 42% der Bevölkerung unter 15 Jahren

Industrieländer: höchstens 25% der Bevölkerung unter 15 Jahren

Die tatsächliche Belastung der EL ist noch höher, als die Statistik ausdrückt:
- In der Erwerbsbevölkerung sind viele arbeitslos oder unterbeschäftigt.
- Viele sind schon früher als mit 65 Jahren arbeitsunfähig.

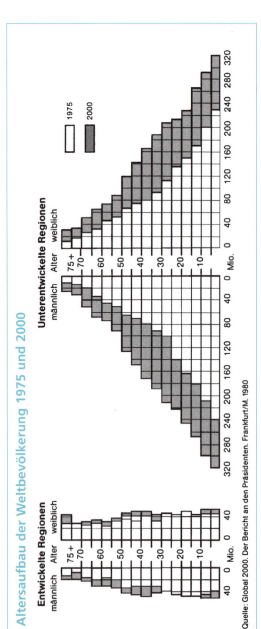

Altersaufbau der Weltbevölkerung 1975 und 2000

Quelle: Global 2000. Der Bericht an den Präsidenten. Frankfurt/M. 1980

Aus: Karl Engelhard, Altersaufbau der Weltbevölkerung. © Omnia Verlag, Köln.

D Entwicklungsländer und Schwellenländer

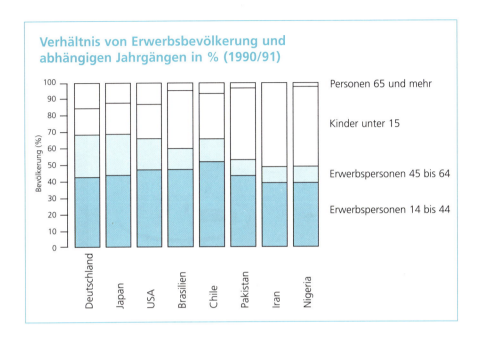

Erwerbsstruktur:
EL sind noch weitgehend Agrarländer; Anteil der Erwerbstätigen im primären Sektor (Landwirtschaft), Beispiele (1993):

Ägypten	33%	Brasilien (Schwellenland)	23%
Äthiopien	73%	Indien (1996)	61%
Nigeria (1996)	37%	Industrieländer (zum Vergl.)	6%

Pro-Kopf-Einkommen (BSP pro Kopf) in US-$:
Problem: Obwohl das BSP real wächst, steigt häufig das Pro-Kopf-Einkommen nicht oder kaum.
Ursache: hohes Bevölkerungswachstum
Folge: Abstand zu Industrieländern wird immer größer (Reichtum-Armut-Schere).
Beachten Sie: Bei hohem Anteil der Subsistenzwirtschaft erscheint das Pro-Kopf-Einkommen besonders niedrig.

D Entwicklungsländer und Schwellenländer

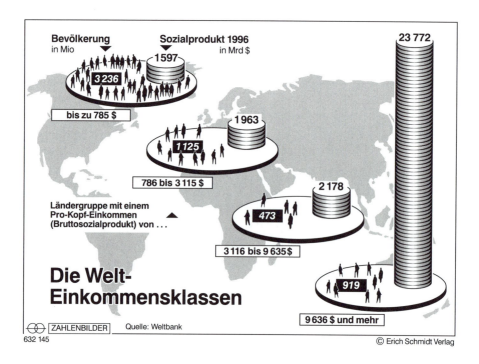

Monostruktur (einseitige Wirtschaftsstruktur):
◆ Die Wirtschaft ist besonders auf einige wenige Produkte oder auf einen Wirtschaftszweig ausgerichtet.
◆ Problem:
   – starke Abhängigkeit vom Weltmarktpreis und damit vom Ausland;
   – Bei zurückgehender Nachfrage oder bei schwankender Produktion (Missernte) ist die gesamte Volkswirtschaft gefährdet.
   – Alle anderen Güter müssen importiert werden.

Hauptexportprodukte und ihr Anteil am Gesamtexport in %

Ausgewählte Länder:

Äthiopien	Kaffee 58
Algerien	Rohöl, Erdgas 96
Birma	Erze 40, Erdöl und Gas 26
Honduras	Bananen 36, Kaffee 20, Erze 10
Libyen	Erdöl und Erdölprodukte 99
Nigeria	Rohöl und Erdölprodukte 97
Sambia	Kupfer 91
Uganda	Kaffee 91
Venezuela	Rohöl und Erdölerzeugnisse 82
Zaire	Kupfer 48, Kaffee 6, Diamanten 11

Quelle: Engelhard: Entwicklungspolitik

Gegenmaßnahme: Diversifikation, das heißt Entwicklung zusätzlicher Wirtschaftszweige, um das Risiko zu vermindern.

Energiemangel:
- 2,8 Mrd. Menschen sind auf traditionelle Energiequellen angewiesen: Brennholz, tierische und pflanzliche Abfälle; ungeheure Waldverluste in den ökologisch labilen Bereichen der Tropen; nur 10% der kahl geschlagenen Flächen werden wieder aufgeforstet.
- Von der kommerziellen Energie (gewonnen aus Öl, Gas, Kohle, Wasserkraft, Kernenergie) verbrauchen die EL 15% der Erde, obwohl sie 75% der Bevölkerung stellen.
- Steigende Bevölkerungszahl, Wunsch nach Industrialisierung und höherem Lebensstandard werden eine riesige Energienachfrage auslösen. Deckungsmöglichkeit ungewiss

Arbeitslosigkeit:
- In EL sind im Durchschnitt nach UN-Schätzungen 40% der arbeitsfähigen Bevölkerung arbeitslos oder ohne ausreichenden dauernden Arbeitsplatz (Unterbeschäftigung).
- Da sich die Bevölkerung in 20 Jahren verdoppelt, werden die Aussichten auf ausreichend Arbeitsplätze immer geringer.

D Entwicklungsländer und Schwellenländer

5.3 Wirtschaftliche Abhängigkeiten und Verflechtungen zwischen Industrieländern und Entwicklungsländern

Verflechtung des Welthandels

◆ Außenhandel der ehemaligen Staatshandelsländer sehr gering (10% des Welthandels)

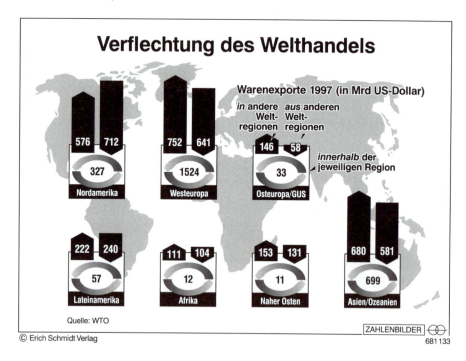

◆ geringer Handel der EL untereinander, da ihr Warenangebot (Rohstoffe, Halbfertigwaren) für andere EL nicht so interessant ist;
◆ starker Warenstrom zwischen Industrie- und Entwicklungsländern;
◆ Seit den 50er Jahren nahm der Welthandel stark zu:
   1950: 61 Mrd. $ 1991: 3524 Mrd. $ 1997: 5573,6 Mrd. $
◆ 1974 gab es im Gefolge der Ölkrise eine große Umstrukturierung. Der Anteil der westlichen Industrieländer sank, der der OPEC-Staaten stieg an.

✦ Seit 1981 sinkt der Anteil der OPEC-Staaten wieder, ebenso der Anteil der Gesamtgruppe der EL; die Schwellenländer haben steigenden Anteil. Mit fast 70% dominieren die westlichen Industrieländer klar.

Rohstoffmärkte

Bedeutung für EL:
✦ Rohstoffe sind für viele EL das einzige Exportgut, das sie auf dem Weltmarkt anbieten können.
✦ Sie sind auf den Verkauf angewiesen, da sie Devisen benötigen.

Preisschwankungen:
✦ Rohstoffpreise unterliegen starken Schwankungen (siehe Grafik S. 208).
✦ Gründe für Schwankungen:
– Bei landwirtschaftlichen Rohstoffen schwanken die Erntemengen stark.
✦ Bei Erzen und Energieträgern schwanken Angebot und Nachfrage sehr stark (siehe Ölmarkt).
✦ Entgegen den pessimistischen Prognosen des *Club of Rome* (1972) gibt es z. Z. Rohstoffe im Überangebot, was nicht heißt, dass sie unbegrenzt ausreichen. Gründe sind: abgeschwächtes Industriewachstum, Sättigungseffekte und Substitution durch Kunststoffe, Einsparung durch Recycling.

D Entwicklungsländer und Schwellenländer

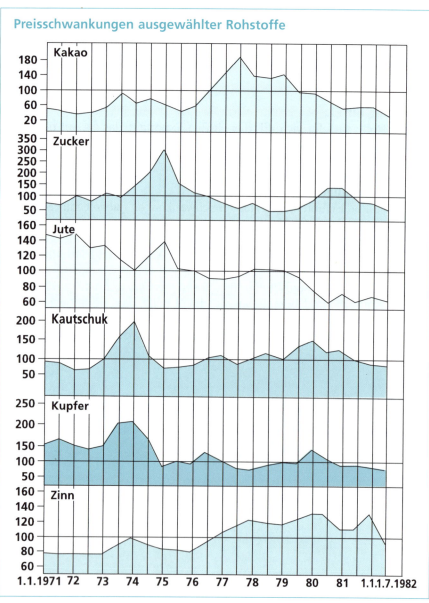

Quelle: BMZ

D Entwicklungsländer und Schwellenländer

Abhängigkeit der Industrieländer:
Andererseits sind auch viele Industrieländer von Rohstoffimporten abhängig. Bekannt ist das Beispiel Japans.

Folgende Zahlen zeigen die Rohstoffimporte der Bundesrepublik aus EL:

Rohstoffimporte der BR Deutschland 1992

Es ist jeweils der Anteil der EL am Import in % angegeben.

Kupfererze	69	Baumwolle	49
Wolfram	79	Chromerz	44
Rohzinn	99	Kaffee	91
Eisenerz	50	Kakao	100
Bauxit	63	Tee	85
Naturkautschuk	93	Bananen	100
Südfrüchte	55	Erdöl	54

Quelle: Stat. Bundesamt

Terms of Trade

Unter *Terms of Trade* versteht man das Realaustauschverhältnis von Waren und Dienstleistungen eines Landes gegenüber den ausländischen Handelspartnern. Sie werden berechnet, indem man den Exportpreisindex durch den Importpreisindex dividiert. Also:

$$\frac{\text{Exportindex}}{\text{Importindex}} = \textit{Commodity Terms of Trade}$$

Ein genaueres Maß erhält man, wenn die Mengen der einzelnen Exportwaren berücksichtigt werden:

$$\frac{\text{Exportpreisindex mal Exportmengenindex}}{\text{Importpreisindex}} = \textit{Income Terms of Trade}$$

Die *Income Terms of Trade* zeigen, ob sich die Importkapazität (Kaufkraft des Landes) verändert; anders ausgedrückt: ob die Gütermenge, die man mit den Exporterlösen kaufen kann, zu- oder abgenommen hat.

D Entwicklungsländer und Schwellenländer

Das folgende Beispiel zeigt die Entwicklung der *Terms of Trade* in den Entwicklungsländern:

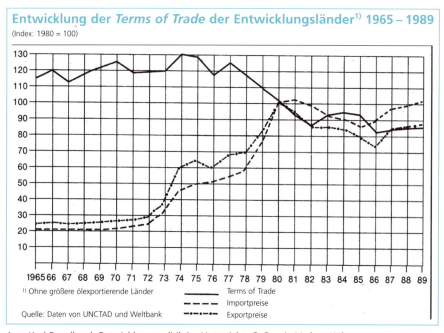

Aus: Karl Engelhard, Entwicklungspolitik im Unterricht. © Omnia Verlag, Köln.

Die weit verbreitete Annahme, dass sich die *Terms of Trade* langfristig zuungunsten der Entwicklungsländer verändern, ist in dieser pauschalen Form falsch.

Man muss beachten:
- Das Zahlenergebnis hängt wesentlich von der Wahl des Ausgangsjahres ab (hohe Rohstoffpreise im Ausgangsjahr → *Terms of Trade* für ein rohstoffexportierendes EL sinken bei fallenden Rohstoffpreisen).
- *Terms of Trade* kann man eigentlich nur für einzelne Länder genau berechnen, da die Zusammensetzung der Exporte von Land zu Land sehr verschieden ist.

✦ Qualitätsverbesserungen bei Fertigwaren werden nicht berücksichtigt (der 1980 eingekaufte Traktor ist normalerweise verbessert und daher höherwertig als der Traktor von 1970).

Karikatur: „Kann man denn nicht mehr in Ruhe essen", © IG Bergbau und Energie.

Zur Illustration hat man früher gern folgende oder ähnliche Beispiele verwendet:
Costa Rica zahlte 1972 für 1 Fass Erdöl 28 kg Bananen.
Costa Rica zahlte 1980 für 1 Fass Erdöl 420 kg Bananen.

Jamaika zahlte 1977 für 1 Traktor 20 Tonnen Zucker.
Jamaika zahlte 1980 für 1 Traktor 80 Tonnen Zucker.

D   Entwicklungsländer und Schwellenländer

Verschuldung als Folge der Industrialisierung

- Ausmaß: siehe Grafik unten,
- Eigenfinanzierung unmöglich,
- Kapital ist unerlässliche Voraussetzung für Entwicklungsfortschritte.
- **Schuldendienst** hat ungeheure Ausmaße angenommen: Er betrug 1995 in Afrika, südlich der Sahara, 14,5%, in Südasien 24,6% und in Lateinamerika 26% der Exporterlöse.
- Beim Zusammentreffen mehrerer ungünstiger Faktoren (sinkende Exporterlöse, hohe Zinsen, hohe Energiepreise, Fehlinvestitionen, Verbrauch der Kredite für Konsum- statt Investitionsgüter oder für unproduktive Rüstung) kann die Verschuldung zum Staatsbankrott führen, der nur mühsam durch Umschuldung abzuwenden ist.

Entwicklung der Auslandsverschuldung der Länder der Dritten Welt in Mrd. US-$

1960	1965	1970	1975	1980	1985	1990	1995
12	50	80	180	600	1078	1350	1934

Internationale Arbeitsteilung im Wandel

Frühere Situation in IL:
- Warenaustausch untereinander;
- geringer Rohstoffimport; geringer Fertigwarenexport

Frühere Situation in EL:
- Agrarsektor dominierte; hauptsächlich Subsistenzwirtschaft;
- Export von Rohstoffen;
- Außenhandelsvolumen gering

Heutige Situation in IL:
- insgesamt großes Außenhandelsvolumen;
- Import von Rohstoffen und einfachen Massenwaren;
- Export von Fertigwaren; zunehmend Verlagerung auf Luxusgüter und technische Spitzenerzeugnisse

Bei der heutigen Situation der Entwicklungsländer muss man differenzieren, da sie sehr unterschiedlich in die internationale Arbeitsteilung eingebunden sind.

Arme und stark binnenorientierte EL:
(Beispiele: Ghana, Bolivien, Sudan)
- Außenhandel ist hier eher Bremse für die Entwicklung, da bei der Monostrukturierung einseitige Abhängigkeit entsteht.

Stärker außenorientierte EL:
(Beispiele: Indonesien, Kolumbien, Kamerun, Philippinen)
- neben Rohstoffimport Industrialisierung versucht;
- ungünstige Voraussetzung für Industrialisierung: beschränkte Primärenergievorkommen; Kapitalmangel; Know-how muss im Ausland erworben werden.
- Folgen der Industrialisierung:
  – Verschuldung;
  – Entstehung von räumlichen und sozialen Disparitäten;
  – bei Produktion für den Binnenmarkt:
   Moderne Industrie zerstört Arbeitsplätze in der traditionellen Wirtschaft.

D   Entwicklungsländer und Schwellenländer

Beispiel: Plastiksandalenfabrik in Westafrika (nach *Strahm*)
Früher: Handwerkliche Sandalenherstellung beschäftigte 5000 Handwerker (Schuhmacher, Ledergerber, Schnur-Zwirner, Absatzkern-Wagner).
Zulieferungen: einheimisch: Leder, Schnüre, Leinen, Holz, Wachse
Import: Leim
Heute: 2 Plastikspritzpressmaschinen (Kosten 100 000 Dollar) für Sandalen beschäftigen 40 Arbeiter, die in 3 Schichten arbeiten und 1,3 Mio. Paar Sandalen produzieren.
Zulieferungen: einheimisch: –
Import: Maschinen, Kunststoffe (PVC), Energieträger

Lösung: Mittlere oder angepasste Technologie schafft Arbeitsplätze.

Manche Schwellenländer (NIC):
(Beispiele: Südkorea, Singapur)
- Außenhandel ist hier Motor für die Entwicklung.
- 1. Stufe: Importsubstitution
- 2. Stufe: exportorientierte Industrialisierung: Es werden preiswerte Massenwaren und zunehmend höherwertige Güter für den Weltmarkt produziert.
- Folge: schafft Arbeitsplätze im Inland; vernichtet Arbeitsplätze in Industrieländern; versorgt IL mit preiswerten Konsumgütern

„Arbeitsteilung" im Wandel.
Fallbeispiel: Blumen aus Kolumbien
- Blumenproduktion hat sich aus den traditionellen Räumen Niederlande, Riviera, Israel, Spanien z. T. in die Dritte Welt verlagert, besonders nach Kolumbien, Kenia, Indien, Simbabwe, Thailand.

Gründe:
- Billigstarbeitskräfte, besonders Frauen;
- günstiges Klima, kaum Aufwand für Gewächshäuser;
- wenig gesetzliche Vorschriften zum Bereich Arbeitsrecht und Umweltschutz oder keine Kontrolle über Einhaltung der Bestimmungen;
- Überkapazitäten im Flugfrachtverkehr

D Entwicklungsländer und Schwellenländer

Schaffung neuer und Verdrängung traditioneller Arbeitsplätze im Textilsektor in Indonesien 1966 – 1971

Modern
Textilindustrie

Neue Arbeitsplätze

Tradition
Textilhandwerk

Vernichtete Arbeitsplätze

+ 86 000

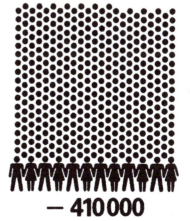

− 410 000

Aus: Rudolf H. Strahm, Warum sie so arm sind. Peter Hammer Verlag, Wuppertal 1985.

D Entwicklungsländer und Schwellenländer

Organisation:
- Anbau auf Großflächen in der Nähe von Flughäfen;
- Plastikfolien statt Gewächshäuser;
- minutiös geplanter Vertrieb: Die Blumen sind spätestens 48 Stunden nach dem Schnitt in den Läden Europas und der USA.

Probleme:
- Kurzzeitverträge bei Minimallöhnen und überlangen Arbeitszeiten;
- gesundheitliche Gefahren durch Pestizide und bakterientötende Lösungen; Gefahr den Beteiligten oft zu spät bewusst;
- Ökologie: Durch übermäßige Wasserentnahme sinkt der Grundwasserspiegel, stellenweise bis zu 5 m im Jahr. Neue, tiefere Brunnen werden nötig.
- Harte Konkurrenz der Blumenanbieter untereinander führt zu weiterem Preisdruck und u. U. zur Produktionsverlagerung in andere, noch billigere Länder.
- Forschung, Entwicklung, Vermarktung und Schaffung neuer Trends bleiben in den traditionellen Erzeugerländern.

Parallelentwicklungen: andere Branchen und Dienstleistungssektoren, in denen nach den gleichen, frühkapitalistischen Bedingungen gearbeitet wird zum Wohle der Konsumenten in den Industrieländern: Spielwarenindustrie, Elektroindustrie, Textilindustrie, Kreditkartenverbuchungen.

5.4 Theorie der Unterentwicklung

Geodeterminismus

Er möchte die Unterentwicklung durch ungünstige geographische Faktoren erklären, z. B. durch
- klimatische Verhältnisse: extreme Niederschlagsverhältnisse; extreme Temperaturen;
- fehlende Ressourcen;
- geographische Lage (abseitige Lage, Binnenlage);
- labile Ökosysteme der Tropen;
- ungünstige Böden;
- ungünstiges Relief

Bewertung:
Die genannten Faktoren beeinflussen sicher die Entwicklung. Es gibt aber viele Beispiele für eine erfolgreiche Entwicklung trotz ungünstiger Naturbedingungen. Als ausschließliche Erklärung für die Unterentwicklung wird daher der Geodeterminismus nicht mehr ernst genommen.

Dependenztheorie

- Unterentwicklung ist eine von außen kommende Fehlentwicklung (exogen).
- Meist knüpfen die Dependenztheoretiker an die marxistische Imperialismustheorie *Lenins* und *Rosa Luxemburgs* an, die Unterentwicklung als Folge der Ausbreitung des Kapitalismus ansieht.
- Die Eingliederung als Kolonien in den Weltmarkt und die Eingliederung der EL in der anschließenden Phase des Neokolonialismus in den weltwirtschaftlichen Austausch hat zur Bildung von Metropolen und Peripherien geführt.
- Die Peripherien können nicht nach eigenen Bedürfnissen produzieren, sondern müssen sich nach den Wünschen der Metropolen richten. Produktion für Weltmarkt statt für das eigene Land.
- Es entsteht eine außenwirtschaftliche Abhängigkeit.
- Außenwirtschaftliche Abhängigkeit bedeutet Unterentwicklung.
- **Folgen:** Ressourcen werden in die Industrieländer transferiert; im Entwicklungsland bildet sich ein deformiertes Wirtschaftssystem mit wirtschaftlichen, sozialen und regionalen Disparitäten aus.

Bewertung:
Durch den Erfolg vieler Schwellenländer (Südkorea, Brasilien usw.) rücken viele Dependenztheoretiker von der These der Alleinschuld des Außenhandels ab und suchen die Gründe für die Unterentwicklung eher im politischen System und in der Sozialstruktur des jeweiligen Landes.

Zentrum-Peripherie-Modell
(nach *H. Strahm*)

- In den Industrieländern und in den EL gibt es Zentren: Ansammlungen von Kapital, Industrie, Bevölkerung und Macht; diese Zentren sind in den Industrieländern groß, in den EL klein.
- Die Industrieländer besitzen kleine Peripherien; das sind geographisch die Randgebiete, die Passivräume und sozial die Randgruppen, alte Menschen, Gastarbeiter.
- Die EL besitzen große Peripherien, das ist geographisch das Hinterland, die vernachlässigte Landwirtschaft und sozial die große Menge der Landflüchtigen, Arbeitslosen und Slumbewohner.
- Die Zentren wachsen auf Kosten der Peripherie.

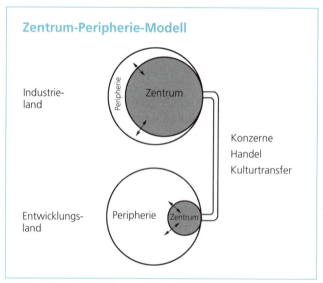

Aus: Rudolf H. Strahm, Überentwicklung – Unterentwicklung. Burckhardthaus-Laetare Verlag, Offenbach 1975.

- Die Zentren der Industrieländer sind mit den Zentren der EL eng verbunden und haben diese zu ihren Unterzentren gemacht, also in Abhängigkeit gebracht.
- Die Verbindung besteht durch multinationale Konzerne und Handel.

Modernisierungstheorie

Sie sieht die Ursachen der Unterentwicklung besonders in den EL selbst (Unterentwicklung sei endogen, hausgemacht).
- Die traditionellen Gesellschaften wie Großfamilien, Stämme, Kasten seien zu statisch, ließen keine Eigeninitiative zu.
- Das Festhalten an den gewohnten Einstellungen und Verhaltensweisen bremse jede Weiterentwicklung.
- Die gegenwärtige Mentalität der Bevölkerung sei zu wenig von Dynamik geprägt.
- Die EL seien in einem Stadium, das die IL früher durchlaufen hätten, die IL seien also Leitbilder für die weitere Entwicklung.

Bewertung:
Unterentwicklung nur auf starre Gesellschaftssysteme oder mangelnde Dynamik in der Mentalität zurückzuführen, ist wohl zu vereinfacht und lässt viele andere Faktoren außer Acht.

Eine genaue Analyse der Situation der EL zeigt, dass die Ursachen der Unterentwicklung von Kontinent zu Kontinent und von Land zu Land sehr verschieden sind und meistens **viele Faktoren zusammenwirken.** Unterentwicklung ist ein komplexer Zustand mit vielen verschiedenen Voraussetzungen, die auf den Einzelfall bezogen betrachtet werden müssen. Naturfaktoren und endogene wie exogene Faktoren wirken zusammen.

5.5 Strategien zur Entwicklung

Abkoppelung der EL vom Weltmarkt
- Stützt sich besonders auf die Dependenztheorie und ist ihre Konsequenz.
- Sie kann auch sektoral oder zeitlich begrenzt sein.
- Während der Abkoppelung sollen der Binnenmarkt erschlossen und die heimische Industrie konkurrenzfähig gemacht werden.
- Die Abkoppelung kann sich auch auf einen peripheren Raum des Landes beziehen.

D Entwicklungsländer und Schwellenländer

Vollintegration in eine liberale Weltwirtschaft

- wird meist von Vertretern der Modernisierungstheorie gefordert, auch vom Internationalen Währungsfonds und der Weltbank;
- Schuld an der gegenwärtigen Misere sei nicht die Weltwirtschaftsordnung, sondern deren zunehmende Aushöhlung durch Schutzzölle, behördliche Einfuhrschikanen, Normen. Dieser Protektionismus sei in Industrieländern und Entwicklungsländern zu beobachten. Zur Zeit unterliegen 50% des Welthandels Restriktionen.
- Bei umfassender Handelsliberalisierung könne jedes Land seine Kostenvorteile ausnutzen (billige Löhne, technisches Know-how, Rohstoffe), es komme zu einer Weltarbeitsteilung und gegenseitigen Ergänzung.
- Die Initialzündung könne durch fremdes Kapital kommen, dann müsse eine exportorientierte Industrie aufgebaut werden.
- Später würden sich die Strukturen angleichen und aus der gegenwärtigen einseitigen würde eine wechselseitige Abhängigkeit.
- Durch die Konkurrenz bestünde Zwang zu sparsamem Umgang mit den Ressourcen, würde die Gesamtwirtschaft wachsen und würden sich langfristig die Disparitäten ausgleichen.

Globalisierung als Sackgasse?

- In den letzten Jahrzehnten hat die Globalisierung immer mehr zugenommen (Globalisierung = Internationalisierung von Herstellung und Absatz von Gütern und Dienstleistungen).
- Sie wurde ermöglicht durch die Liberalisierung des Welthandels (Zollsenkung, Abbau von Handelsschranken) im Gefolge von GATT und WTO.
- Sie wurde begünstigt durch Verbesserung der Kommunikationsmittel und des Transportwesens (Container).
- Träger der Entwicklung sind große private Wirtschaftsunternehmen *(Global Players),* die Produktion und Absatz neu organisieren mit Trends zur Auslagerung der Produktion und Bildung weltweiter Betriebsnetze.
- Dabei geht es heute nicht mehr in erster Linie um „verlängerte Werkbänke" wegen niedriger Löhne im Ausland, sondern um Zugang zum technologischen Wissen und zu den fremden Inlandsmärkten, aber auch um gute Vertriebsnetze und Zuliefermöglichkeiten.
- Aus diesem Grund werden zunehmend auch Forschung und Entwicklung ausgelagert.

D Entwicklungsländer und Schwellenländer

Folgen:
- Die Betätigungsräume der *Global Players* werden immer enger miteinander verflochten und bedeutsamer. Es sind Nordamerika, Europa und Japan (zusammen als **Triade** bezeichnet) und einige asiatische Schwellenländer.
- In diesen Räumen wird weltweit am meisten investiert.
- Die Investitionen in den Entwicklungsländern (außer den asiatischen Schwellenländern) sind zurückgegangen.
- Die Triade dominiert die Weltwirtschaft, die *Global Players* haben in der Weltwirtschaft mehr Macht als die Nationalstaaten.
- Der größte Teil der EL droht abgekoppelt zu werden und zu verelenden. Der Kapitalverkehr und der Güteraustausch mit ihnen gehen zurück, ebenso wie die industriellen Investitionen.
- Die Disparitäten zwischen den Entwicklungsländern werden nachweislich immer größer.

Einzelansätze

Agrarstrukturen:
Alte Agrarstrukturen (Latifundiensysteme, Teilpachtsysteme) wirken jeder Veränderung entgegen und müssen deswegen beseitigt werden. Freie bäuerliche Familienbetriebe, die selbst über den Grund und Boden verfügen, sind für Entwicklungsimpulse aufgeschlossen → Agrarreformen sind unerlässlich.

Entwicklung muss nicht (nur) Industrialisierung heißen: Selbstversorgung der Bevölkerung mit Agrarprodukten schafft auch Unabhängigkeit.

Kleingewerbe:
Förderung von Kleingewerbe mit angepasster Technologie schafft Arbeitsplätze und macht weniger abhängig.

5.6 Entwicklungshilfe aus Sicht der Geber- und Empfängerländer

Da Unterentwicklung nicht nur ein wirtschaftliches Problem ist, darf sich Entwicklungshilfe nicht auf die Wirtschaftsförderung beschränken, sie müsste ganzheitlich sein. Davon ist man weltweit noch weit entfernt.

Motive der Geberländer

Die Motive sind sehr vielfältiger Art, verschieden von Land zu Land, wechselnd im Laufe der Zeit, oft überlagern sich verschiedene Motive:
- humanitäre und religiöse Motive;
- **politische Motive:**
  - Ausbau der politischen Machtposition,
  - Friedenssicherung

eng damit verbunden sind:
- **militärische Motive:**
  - Stärkung der eigenen Position,
  - Erlaubnis, Stützpunkte zu unterhalten;
- **wirtschaftliche Motive:**
  - Sicherung der Rohstoffzufuhr,
  - Absatzmärkte sichern oder gewinnen,
  - inländische Arbeitsplätze erhalten

Strategien

Anfangsphase:
- Kreditvergabe oft ohne Projektbindung;
- Gelegentlicher Missbrauch solcher Gelder führte zu Kritik und zu einem veränderten Konzept.

Förderung von Einzelprojekten:
- Förderwürdigkeit wird geprüft;
- Erfolgsaussichten;
- mögliche Nebenwirkungen;
- Finanzierung;
- Durchführung meist über eine erfahrene Gesellschaft in Zusammenarbeit mit dem EL

Auch mit dieser Strategie wurden trotz sorgfältiger Planung viele Misserfolge erzielt; geradezu klassisches Beispiel: das schwedische CADU-Projekt in Äthiopien.

Mittlerweile geht man dazu über, **Einzelprojekte in ein Gesamtkonzept** für ein Land einzubinden. Dabei stehen sich zwei grundsätzlich verschiedene Ansätze gegenüber (auch in den Entwicklungsländern):

1. **Entwicklung der Wirtschaft,** besonders der Industrie, nach dem Vorbild der westlichen Industrienationen, kapitalintensiv, wachstumsorientiert, Einsatz moderner Großtechnik, Export fördern, aber für Binnenmarkt zunächst Schutzzölle

   Bewertung:
   Die Modernisierungsstrategie hat zwar das Bruttosozialprodukt steigen lassen; es bildet sich eine „Insel aus Stahlbeton und Glas", auf der eine geringe Zahl von Privilegierten hohe Einkommen bezieht; Verteilungsproblem bleibt ungelöst, Massenkaufkraft kann sich kaum entwickeln; negative Erscheinungen dominieren: Landflucht, Inflation, Exportabhängigkeit

2. Für die **neue Strategie** gibt es noch **keine einheitliche Bezeichnung;** *Self-Reliance, Autonomia,* freiwillige Quarantäne, Theorie der „abgeschotteten Entwicklung"
   - **Ziele:** Abkehr von moderner Industrialisierung und Wachstumsideologie; Hinwendung zu mehr sozialer Gleichheit, mehr Selbstbestimmung, Bewahrung kultureller Identität, Abbau der regionalen Disparität (Dualismus)

D Entwicklungsländer und Schwellenländer

✦ Strategien:
  - Abkoppeln vom Weltmarkt;
  - Industrialisierung des Hinterlandes in neuer Form: Kleintechnologie, angepasste Technologie; davon geht ein höherer Beschäftigungseffekt aus; Förderung des Handwerks;
  - Agrarpreiserhöhung;
  - Wanderungsstopp;
  - Aufbau einer Hierarchie von Siedlungen von unten

Bewertung:
Das Bruttosozialprodukt wird stagnieren oder sinken. Die neue Strategie verspricht trotzdem eine langsame, aber kontinuierliche Entwicklung. Der Abstand zu den entwickelten Ländern vergrößert sich.

„Auch in den vergangenen Jahren floß der überwiegende Teil der Entwicklungshilfe-Mittel in Form von Aufträgen an die deutsche Wirtschaft wieder in die Bundesrepublik Deutschland zurück" (Journalistenhandbuch 1994, S. 74).

© Informationszentrum 3. Welt, Freiburg

D Entwicklungsländer und Schwellenländer

Die Abkommen von Lomé zwischen der EU und den AKP-Staaten

AKP-Staaten (aus Afrika, der Karibik und dem pazifischen Raum) ersehen Sie aus der Grafik.

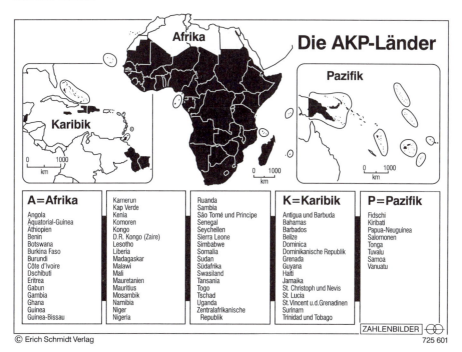

- Bisher gibt es vier Abkommen mit wachsender Zahl der beteiligten Staaten.
- Ziel: Entwicklungszusammenarbeit fördern
- Die AKP-Länder genießen Handelsvorteile mit der EU.
- Sie können fast alle ihre Erzeugnisse zollfrei und ohne Mengenbeschränkung auf den EU-Markt bringen.
- EU verlangt für ihre Warenexporte keine gleichen Gegenbedingungen. Nur dürfen EU-Staaten nicht ungünstiger behandelt werden als andere Staaten.
- Durch das STABEX-System (Stabilisierung der Exporterlöse) werden Preisschwankungen beim Verkauf tropischer Agrarprodukte durch einen Fonds der EU ausgeglichen;

- Es gibt Hilfe für Rohstoff-Abbau-Unternehmen, die von Existenzschwierigkeiten bedroht sind.
- Beteiligung am Ausbau der Infrastruktur.

Das bis 1990 laufende Abkommen von Lomé III will besonders die Entwicklung der Landwirtschaft fördern, um die Eigenversorgung der EL mit Nahrungsmitteln zu verbessern. Auch Grundstoffproduktion, industrielle Entwicklung, Verkehrs- und Nachrichtenwesen sind einbezogen. Lomé IV verankert in den Verträgen das Prinzip der Rechtsstaatlichkeit und die Achtung der Menschenrechte.

Bewertung:
- Abkommen ist gut geplant.
- Erfolge bleiben bisher sehr bescheiden, z. B. ist der Anteil der AKP-Staaten an den EU-Importen teilweise sogar gesunken.
- Die Märkte der AKP-Staaten waren für die EU-Investoren noch nicht sehr interessant wegen der geringen Kaufkraft der Bevölkerung.

Entwicklungshilfe aus der Sicht der Empfängerländer

- Die EL haben seit 1964 ein Forum gefunden, auf dem sie ihre Vorstellungen und Forderungen zur Entwicklungshilfe und zum Welthandel artikulieren können: die UN-Konferenz für Handel und Entwicklung **UNCTAD**.
- Die Resolutionen haben empfehlenden Charakter.
- Die EL drängen grundsätzlich auf eine Änderung der gegenwärtigen Weltwirtschaftsordnung, die sie als Instrument der Ausbeutung ansehen.

Auswahl aus den Forderungen der EL im Rahmen einer **Neuen Weltwirtschaftsordnung (NWWO)**:
- Recht auf Enteignung ausländischer Investitionen nach nationalstaatlichen Regelungen;
- Abbau protektionistischer Maßnahmen;
- Zugang zu den Märkten der Industrieländer für Halb- und Fertigwaren aus den EL;
- bevorzugte Behandlung der EL im Handel und in anderen Bereichen;
- Schaffung von Abkommen zur Preisstabilisierung für einzelne Rohstoffe als Bestandteile eines integrierten Rohstoffprogramms;

D Entwicklungsländer und Schwellenländer

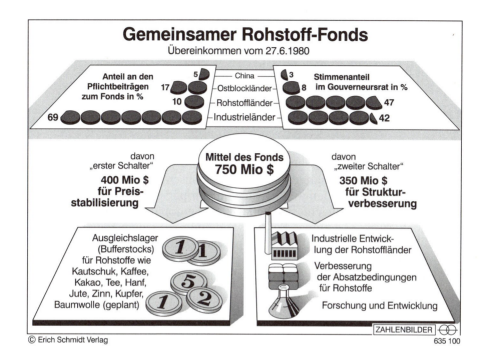

- Billigung von Produzentenkartellen;
- Übertragung von Technologien aus den Industrieländern zu Vorzugsbedingungen (Patente, Lizenzen);
- Erleichterung der Schuldenlast;
- Jedes Industrieland soll 0,7% des BSP für Entwicklungshilfe ausgeben.

Bewertung:
- Ablehnung durch die IL, weil die Verwirklichung keine Gerechtigkeit schaffe, sondern einseitig den EL Rechte einräume und die Möglichkeiten der IL einseitig beschneide.
- Für viele Rohstoffe gibt es internationale Abkommen, die aber nicht den Preis regulieren, sondern nur der Markttransparenz dienen.
- Die EL streben über die UNCTAD ein Integriertes Rohstoffprogramm (IRP) für 18 wichtige Rohstoffe an (siehe Grafik). Konzept 1979 entworfen, seit 1989 in Kraft.

E   Der asiatisch-pazifische Raum

1   Überblick über den Gesamtraum

1.1   Bedeutungswandel

Grundsätzliche Strukturänderung auf der Erde seit dem Zweiten Weltkrieg im politischen und wirtschaftlichen Bereich:
- Bis zum Zweiten Weltkrieg stand Europa politisch im Zentrum der Welt. Die Kolonialreiche wurden weitgehend von Europa aus regiert.
- Die alten Kolonialreiche sind zerfallen, die europäischen Staaten wurden Mächte zweiter Ordnung. „Europa wurde nun aus einem Hauptträger der Weltpolitik zum Objekt außereuropäischer Mächte." (Historiker *Andreas Hillgruber*)
- Im ostasiatischen Raum hat eine gewaltige industrielle Entwicklung stattgefunden.
- Dadurch ist neben die bisher beherrschenden Räume beiderseits des Atlantiks der pazifische Raum getreten, der zunehmende Dynamik zeigt.

1.2   Abgrenzung des pazifischen Raumes

Der pazifische Staatenraum

Umfang:
- Pazifischer Ozean mit seinen Inseln;
- alle angrenzenden Staaten

Das würde bedeuten:
- 48,6% der Fläche der Erde;
- 50,2% der Weltbevölkerung

Kritik an dieser Abgrenzung:
- Staaten werden als wirtschaftsräumliche Einheiten aufgefasst.
- In großräumigen Staaten, etwa Russland und den USA, werden auch die atlantisch orientierten Räume mit einbezogen.

Daher ist andere Abgrenzung sinnvoll:

E Der asiatisch-pazifische Raum

Der geographisch-pazifische Raum und seine Grobgliederung

Umfang:
- Pazifischer Ozean mit seinen Inseln;
- angrenzende Landräume, soweit sie auf Grund ihrer Naturausstattung, ihrer Kulturform und ihrer wirtschaftlichen Aktivitäten auf den pazifischen Raum bezogen sind;
- konkret bedeutet dies:
  - Westküste Nord-, Mittel- und Südamerikas,
  - Nordostasien (Küstenbereich Russlands) bis zum Unterlauf des Amur,
  - Ostasien mit der Insel Hainan als Südgrenze (dicht besiedelter Ostteil Chinas, Korea, Japan),
  - Südostasien (besonders Hinterindien, Philippinen, Indonesien),
  - Australien und Neuseeland

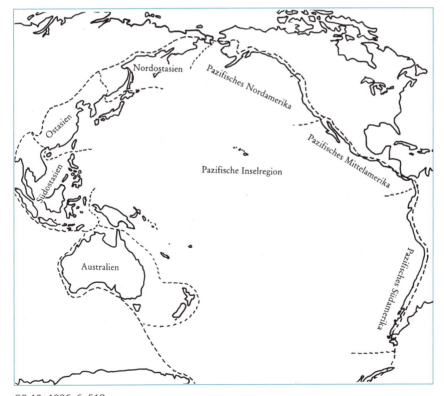

GR 10, 1986, S. 518

E   Der asiatisch-pazifische Raum

Grenze zum Innern der Kontinente:
An die genannten Räume schließen sich Gebiete an, die dünn besiedelt und wirtschaftlich schwach sind. Naturgeographisch sind das Räume mit Tundren und borealen Wäldern (Taiga), winterkalten Steppen, Wüsten, warm gemäßigten Wäldern und schließlich Räume mit Gebirgen.
Diese Räume wirken wie ein „**naturgeographischer Isoliergürtel**". Er ist in Südamerika schmal, in Nordamerika bis zu 1500 km breit und in Russland und in China schon deutlich breiter.
In diesen Übergangsgebieten sind Ausläufer, die teils dem pazifischen, teils dem atlantischen Raum zugeordnet werden können.
Der flächenmäßige Umfang des geographisch-pazifischen Raums umfasst 24,4 Mio. km² Land und 177,5 Mio. km² Meer, das sind zusammen 39,6% der Erdoberfläche. In diesem Raum leben 36,2% der Erdbevölkerung.

1.3   Naturgeographische Raumausstattung

Geologische Besonderheit

Moderne Plattentektonik erklärt das geologische Geschehen plausibel.
✦   Pazifische Platte und Philippinenplatte werden gegen die Eurasische Platte geschoben.
✦   Aufprallstelle: Gebirgsbildung (z. B. in Japan), starke Erdbebentätigkeit und verbreiteter Vulkanismus
✦   Schwerere ozeanische Platte wird unter leichtere kontinentale Platte geschoben und in der Tiefe eingeschmolzen: Subduktionszone mit Tiefseegräben.

Pazifische Platte stößt gegen die Eurasische und taucht ab

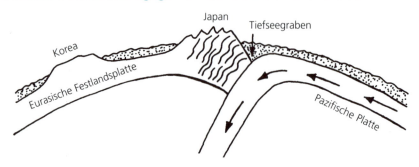

230

- Auswirkungen: ständige Katastrophengefahr
  - Im Hausbau muss durch Leichtbauweise oder erdbebensichere Bauweise der Gefahr Rechnung getragen werden.
  - Vulkanausbrüche und Seebeben können Tsunamis auslösen, das sind bis zu 30 m hohe Flutwellen, die an der Küste katastrophale Zerstörungen anrichten können.

Relief und Lagebeziehungen

- Am Ostrand des asiatisch-pazifischen Raumes liegen die großen Tiefseegräben mit den Rekordmeerestiefen auf der Erde.
- Westlich schließen sich die dem Festland vorgelagerten Inselketten an (10 000 km lang), beginnend mit den Aleuten, Kurilen, den japanischen Hauptinseln Hokkaido, Honshu, Shikoku und Kyushu, dann die Nansei-Inseln, Taiwan, die Philippinen, Große und Kleine Sundainseln, Molukken.
- Zwischen Inselketten und Festland liegen Randmeere, die meist keine Schelfmeere sind: Beringmeer, Ochotskisches Meer, Japanisches Meer, Gelbes Meer, Ostchinesisches Meer, Südchinesisches Meer.
- Festland:
  - Nordostasien: bis zum Amur reichend, dünn besiedelt, lebensfeindlicher Gebirgsraum, klimatisch benachteiligt, keine Öffnung des Raumes durch Flussläufe zum Pazifik hin;
  - Ostasien: Hoch- und Mittelgebirgsräume, dazwischen große Beckenlandschaften und Tiefebenen; Öffnung zur Meerseite hin durch große Flusssysteme; sehr hohe Besiedlungsdichte im Osten;
  - Südostasien:
    a) Hinterindien: nach Süden zu offener Mittelgebirgsraum mit großen Beckenlandschaften; politisch stark gegliedert
    b) südostasiatische Inselwelt: sehr stark aufgegliederter Raum, enge Land-Meer-Verzahnung

E Der asiatisch-pazifische Raum

Klima

Das Klima ist uneinheitlich und wegen der enormen Nord-Süd-Erstreckung sehr stark differenziert.

Nordostasien erhält im Winter bei extrem niedrigen Temperaturen und vorherrschenden W- und NW-Winden nur sehr geringe Niederschläge. Im Sommer erreichen die Ausläufer des SO-Monsuns diesen Raum; etwas mehr Niederschläge im Küstenbereich, relativ hohe Temperaturen, also kontinentale Ausprägung.

Beispiel Oimjakon	Januar	Juli	Jahr	
	– 50	14,5	– 16,5	Temp. in Grad °C
	7	40	193	Nied. in mm

Ostasien erhält im Winter bei vorherrschenden N- und NW-Winden geringe Niederschläge. Die Temperaturen sind je nach Breitenlage sehr unterschiedlich: P'yong-yang (Nordkorea): – 8,1°, Hongkong 15,6°.
Im Sommer empfängt der ganze Raum durch SO-Monsun reichlich Niederschläge; der Süden und der Küstenraum mehr als der übrige Raum (Hongkong 2162 mm).

Beispiel Wuhan	Januar	Juli	Jahr	
	3,8	28,9	16,8	Temp. in Grad °C
	25	173	1194	Nied. in mm

Südostasien liegt ganz im tropischen Bereich mit ganzjährig hohen Temperaturen (nur Höhenlagen sind ausgenommen) und mit großen Niederschlagsmengen, meist gleichmäßig über das ganze Jahr verteilt. Nur Hinterindien bleibt im Winter relativ trocken.

Beispiel Pontianak	Januar	Juli	Jahr	
	27,0	27,5	27,7	Temp. in Grad °C
	274	165	3151	Nied. in mm

Vegetation

- Nordostasien wird im Norden von Tundra und im Süden von borealen Nadelwäldern (Taiga) eingenommen; der menschliche Eingriff in die natürliche Vegetation ist noch sehr gering.
- Ostasien trägt in den Gebirgsbereichen Japans, Koreas und des Südchinesischen Berglands noch Laub- und Mischwälder, die teilweise forstwirtschaftlich genutzt werden können; in den Beckenlandschaften und Flusstälern, die ausreichend Niederschläge empfangen, ist an die Stelle der ursprünglichen Vegetation intensiver Anbau getreten, teilweise auf Bewässerungsland; den Westen und Nordwesten Chinas nehmen Wüsten ein.
- Südostasien trägt im Gebirgsbereich tropische Regenwälder, die stark gefährdet sind; in dicht besiedelten Räumen ist die natürliche Vegetation intensivem Anbau, besonders von Reis, gewichen.

Grunddaten

	VR China	Südkorea	Japan
Bevölkerung in Mio.	1236	46	126
Fläche in km²	9 572 395	99 140	372 769
Bevölkerungsdichte	129	463	338
Wachstumsrate in ‰	13	10	3
Städtische Bevölkerung	31 %	82 %	78 %
BSP je Kopf in US-$	750 $	10 610 $	40 940 $
Erwerbstätige im I./II./III. Sektor	50 / 24 / 26	14 / 33 / 53	5 / 33 / 62
Anteil des I./II./III. Sektors am BIP	20 / 49 / 31	7 / 41 / 52	2 / 36 / 62
Energieverbrauch pro Kopf in kg Öleinheiten	707	3225	3964

E Der asiatisch-pazifische Raum

2 Die industrielle Entwicklung Japans

2.1 Naturbedingungen

Breitenlage, Nord-Süd-Erstreckung, Insellage

- Von 24 bis 45,5° n. Br., die Hauptinseln von 31 bis 45,5° n. Br., das entspricht im Süden einer Lage von Kairo und im Norden einer von Mailand, darf aber wegen der Lage an der Ostseite eines Kontinents klimatisch nicht verglichen werden.
- Bogen der Hauptinseln entspricht etwa 2000 km;
- Außer den vier Hauptinseln umfasst der Staat noch 6848 kleinere Inseln. Damit sind große Verkehrsprobleme verbunden, allerdings kann ein Teil des Binnenverkehrs per Schiff abgewickelt werden. Mittlerweile sind die vier Hauptinseln durch Tunnel oder Brücken miteinander verbunden.

Fläche und Relief

- Mit 372 706 (inklusive von Russland besetzte Kurilen 377 727) km² etwas größer als Deutschland.
- Wegen des Gebirgscharakters ist nur ein geringer Teil nutzbar: 14% Schwemmlandebenen und 11% Diluvialplatten bis 200 Meter Höhe.
- Diese günstigen Räume liegen hauptsächlich an der Inlandsee oder an der pazifischen Küstenseite und sind in zahlreiche Einzelflächen zersplittert (Kleinkammerung); sie haben kein Hinterland, sind aber zum Meer hin geöffnet.
- Übriger Gebirgsraum (75%) ist nicht wegen seiner absoluten Höhe, sondern wegen der Steilheit seiner Hänge nur schwer nutzbar.
- Um die Nutzung der günstigen Flächen konkurrieren Landwirtschaft, Industrie, Siedlungen, Verkehrsanlagen und Erholungseinrichtungen. Japan leidet unter Raummenge.

Erdbeben und Vulkanismus

- Durch die Lage an der Kollisionsfläche zwischen der Pazifischen und der Eurasischen Platte entstehen sehr viele Erdbeben. Vorhersage und Warnung kaum möglich.

E   Der asiatisch-pazifische Raum

- Noch größer als die Gebäudeschäden sind dabei die durch geborstene Gasleitungen und abgerissene Stromleitungen entstehenden Großbrände. In Kobe wurden 1995 auch angeblich erdbebensichere Gebäude und Brücken zerstört.
- Durch Seebeben oder untermeerische Massenverlagerung ausgelöste Tsunamis (Singular Tsunami) mit einer Wellenhöhe von 5 bis 10 m, an der Küste im Extremfall 30 m, können riesige Überschwemmungen und Zerstörungen ausgelöst werden. Warndienst vorhanden.
- Von den 240 Vulkanen sind in historischer Zeit 60 tätig gewesen, zur Zeit 40, darunter der berühmte Fujisan.

Klima

- Im Winter bringt der kalte, über der Japansee mit Feuchtigkeit aufgeladene NW-Monsun der Japansee-Seite (Rückseite) im Luvbereich viele Niederschläge, die besonders im Norden als Schnee fallen.
- Die im Lee gelegene „Vorderseite" oder „Fensterseite" bleibt niederschlagsarm, aber windig.
- Im Sommer liegt das Land unter schwülwarmer Luft des SO-Monsuns.
- Nach den Niederschlägen ist der Sommer meist dreigeteilt: Im Frühsommer reichlich Regen („Pflaumenregen"), im Hochsommer wenig, im Spätsommer / Frühherbst ergiebige und heftige Taifunregen.
- Taifune können erhebliche Schäden anrichten, auch durch Erdrutsche.
- Die Niederschläge Japans sind insgesamt ausreichend bis sehr hoch (Süden 2500 mm, Norden 1000 mm).
- Die Temperaturen sind im Sommer überall ziemlich hoch (Süden 26 bis 28° C; Norden 16 bis 20° C).
- Im Winter dagegen ausgesprochener Gegensatz zwischen dem warmen Kyushu (8° C) und dem kalten Honshu und Hokkaido (0 bis $-10°$ C).
- Der kalte Meeresstrom Oyashio trägt wesentlich zu den niedrigen Wintertemperaturen bei.

Gewässernetz

- Wegen Kleinkammerung des Landes und starker Land-Meer-Durchdringung gibt es kaum große Flüsse.
- Das vorhandene Flussnetz ist für den Transport von Gütern und für die Stromgewinnung kaum geeignet.

Mangel an Bodenschätzen

- Japan ist extrem rohstoffarm, es muss 100% der benötigten Eisenerze, 100% des Bauxits, 100% des Nickels, 99,7% des Rohöls und 100% (1992 noch 91,4%) der Steinkohle einführen.
- Nur Kobalt, Schwefel und Silber sind ausreichend vorhanden.
- Der Bergbau trägt nur 0,3% zum Bruttoinlandsprodukt bei.
- Japan hat die früheren Subventionen im Bergbau rigoros gestrichen und auf Import billiger Bodenschätze und Energieträger gesetzt.
- Abhängigkeit und Verwundbarkeit sind extrem, außenpolitischer Opportunismus in Krisenzeiten die Folge.
- Wegen der weitgehend fehlenden Rohstoffe beteiligt sich Japan an **Rohstofferschließungen** in Südostasien, Australien, Afrika und Lateinamerika.
- Zur Sicherung der Versorgung legt Japan bei vielen wichtigen Metallen einen 60 Tage reichenden **Vorrat** an.
- Verstärkte Förderung erfährt die Nutzung von **alternativen Energiequellen** (Erdwärme, Sonnenenergie, Windenergie, Energie aus Biomasse, Meereswellen).
- Der Anteil der **Kernenergie** bei der Stromversorgung wurde 1998 auf 33% gesteigert. Weitere Kernkraftwerke sind trotz Erdbebengefahr im Bau. Bei der Bruttoleistung der Kernkraftwerke steht Japan weltweit nach USA und Frankreich an dritter Stelle.

2.2 Abriss der politischen und wirtschaftlichen Entwicklung im 19. und 20. Jahrhundert

Zeit der Abschließung 1603 bis 1868 (Tokugawa-Ära)

- Die Adelsfamilie der Tokugawa verstand es in ihrer Rolle als Schogune (Militärregenten) eine Hegemonie über die anderen Adelsgeschlechter zu erreichen.
- Der Kaiser (Tenno) lieferte nur die Legitimation für die Schogune, er war eine Marionette der mächtigen Kriegsherren.
  - mittelalterliche Feudalstruktur;
  - Es bildeten sich Städte aus, die zu lokalen Handelszentren wurden.

- Da die Kleinbauern und Pächter stark verschuldet waren, sahen sie sich zu handwerklichen Tätigkeiten gezwungen → Entwicklung des ländlichen Gewerbes, allerdings ohne Gewerbefreiheit. Manufakturen entstanden.
- Entwicklung einer Kaufmannsschicht, der aber Überseehandel verboten war.
- Land war politisch zentralisiert, hatte ausgebautes Verkehrsnetz, einheitliches Münz- und Maßsystem und weniger Analphabeten als das damalige Europa.
- Der Stand der Samurai war im Zentrum der Gesellschaft. Samurai waren tätig als Soldaten, Staatsbeamte, Priester, Gelehrte, Ärzte.
- Der Staat schloss sich längere Zeit gegenüber der Außenwelt ab.
- Steigende Bevölkerungszahl und stagnierende Agrarproduktion → Hungersnöte (seit 1780), Bauernaufstände (seit 1830) und Unruhen in den Städten;
- 1853/54 erzwingt eine amerikanische Flotte die Öffnung der japanischen Häfen für den Welthandel, andere Mächte folgen.
✦ Das Nachgeben beschleunigte den Autoritätsverlust der Schogune.
✦ Die Lehensleute, besonders die Samurai der unteren Ränge, verlangten die Wiedereinsetzung des Tenno in seine alten Rechte und eine nationale Einigung.

1868 – 1912 Reform und Modernisierung in der Meiji-Periode

✦ Durch Auflösung der Territorialherrschaften und Beseitigung des Feudalismus entstand unter Kaiser Mutsuhito (sein Regierungsname ist Meiji Tenno) eine absolute Monarchie.
✦ Der Kaiser und seine Berater, meist junge Samurai und der Hofadel, führten innerhalb kurzer Zeit eine weitgehende Modernisierung durch, die Staat, Wirtschaft und Gesellschaft sehr stark veränderte:
- Heer, Justiz und Verwaltung nach europäischem Muster umgestaltet;
- westliche Technik und Wissenschaft übernommen;
- Beginn der Industrialisierung; 1872 erste Eisenbahnlinie in Betrieb; Einstellung westlicher Experten; Beteiligung am Welthandel; technologisch hochwertige Güter werden importiert, Konsumgüter im eigenen Land produziert.
✦ Trotz der Assimilation fremder Technologien bleiben alte Wertvorstellungen und japanische Eigenarten erhalten.

E Der asiatisch-pazifische Raum

- Seit 1875 beginnender japanischer Imperialismus; nach dem Sieg im Russisch-Japanischen Krieg 1904/05 Protektorat über Korea und Süd-Mandschurei; Japan als Großmacht anerkannt; 1910 Annexion Koreas.

1927 – 1945 Aufstieg und Scheitern des japanischen Imperialismus

- 1931 Armee erobert auf eigene Faust die Mandschurei.
- 1937 – 1945 Angriff gegen China, chinesisch-japanischer Krieg, Besetzung großer Teile Chinas und Indochinas;
- 1941 Überfall Japans auf den amerikanischen Kriegshafen Pearl Harbor auf Hawaii; damit Eintritt in den Zweiten Weltkrieg;
- 1945 Zusammenbruch; Verlust aller Außenbesitzungen; japanische Städte fast völlig zerstört; Industrie zu 85% vernichtet; Flotte zerstört; Atombomben auf Hiroshima und Nagasaki; Kapitulation am 2.9.1945

1945 – 1951 Amerikanische Besatzungszeit

- Ziele:
  - Demokratisierung,
  - Entmilitarisierung,
  - Entflechtung der Großkonzerne (Zaibatsu waren große Mischkonzerne im Besitz einzelner Familien)
- politische Maßnahmen:
  - Grenzen von 1868 wiederhergestellt → Verlust von Mandschurei, Korea, Taiwan, Sachalin, Kurilen;
  - Repatriierung von 6,5 Mio. Japanern;
  - Wegen des kalten Krieges zwischen SU und USA lockern die Amerikaner ihre Besatzungspolitik und wollen Japan als künftigen Verbündeten gewinnen.
  - 1951 Friedensvertrag von San Francisco (von SU und China nicht unterzeichnet): Ende der Besatzungszeit, volle Souveränität, amerikanischer Militärbeistand;
- wirtschaftliche Maßnahmen:
  - Großgrundbesitz an Kleinbauern aufgeteilt;
  - Großkapitalgesellschaften entflochten;
  - Herstellung einer freien Marktwirtschaft;

- Gewährung von Krediten und langsame Eingliederung in den Weltmarkt;
- Wiederaufbau der Industrie, erneute Bildung der Großkonzerne wieder zugelassen

Beginn eines beispiellosen Wirtschaftserfolgs

- 1960 Sicherheitsvertrag mit USA; spart Verteidigungsausgaben;
- starker Anstieg von Industrieproduktion und Außenhandel;
- 1968 wird das Bruttosozialprodukt der BRD übertroffen, 1988 das der Sowjetunion.
- 1997 Höhepunkt einer Wirtschaftskrise, Zusammenbruch von Banken

2.3 Gründe für den japanischen Wirtschaftsaufstieg

Religiös-ethische Wurzeln

- aktive Pflichterfüllung: Nach **Konfuzius** empfängt jeder Mensch Wohltaten, die er wieder zurückzahlen muss; das kann er durch Pflichterfüllung in der Gemeinschaft leisten; Harmoniebestreben; Lerneifer; Wissen kann Aufstieg bringen;
- Askese, Verzicht auf eigene Wünsche, geistige Disziplin (Grundlage im **Zen-Buddhismus**);
- Wertschätzung von Tradition, Ahnen, aber auch von Kaiser und Nation (kommt aus den Wurzeln des **Shintoismus**). Durch Fleiß und Disziplin Erfolg erreichen

Bindung an die Gemeinschaft

- Historische Wurzeln: Anlage und Bewässerung der Terrassen sowie häufige Naturkatastrophen waren ein Anstoß zur Zusammenarbeit.
- Geistige Strömungen wie Renaissance und Aufklärung in Europa gab es hier nicht, daher wurden Entfaltung der Einzelpersönlichkeit und Betonung der individuellen Freiheit nie wichtige Ziele.
- Erziehung noch stark auf die Gruppe ausgerichtet: Geborgenheit und Harmonie in der Gruppe, Entfaltung mit Zustimmung und Unterstützung innerhalb der Gruppe;

E   Der asiatisch-pazifische Raum

- Gruppenleitung hat Autorität und Verantwortung, dem stehen Einordnung, Loyalität und Pflichterfüllung der Mitglieder gegenüber. Trotzdem keine autoritäre Struktur, sondern ständiges Bemühen um gegenseitiges Vertrauen

Bindung an den Betrieb

- starke Identifikation mit dem Betrieb;
- Arbeitskollegen sind gleichzeitig die Freunde, mit denen man auch einen Teil der Freizeit verbringt.
- Vom Jahresurlaub, der durchschnittlich kaum über 14 Tage beträgt, werden oft nur 5 bis 6 Tage in Anspruch genommen.
- Die Betriebsgewerkschaften verzichten in Krisenzeiten eines Betriebs manchmal sogar auf Lohnerhöhungen.
- Einschränkung: Bei jüngeren Arbeitnehmern wandelt sich die Einstellung zur Arbeit und die Bindung an den Betrieb und nähert sich europäischen Vorstellungen.
- Es gibt keine überbetrieblichen, nach Branchen gegliederten Gewerkschaften, sondern Firmengewerkschaften, die sich teilweise sogar in das hierarchische Denken einfügen. Dadurch ist ein Aufstieg aus der Gewerkschaft in die Firmenleitung durchaus möglich.

Einstellung zur Arbeit

- Arbeit wird weniger als Zwang und Belastung empfunden.
- Der Beruf wird nicht als Job aufgefasst.
- Arbeit ist Lebensinhalt und Aufgabe, wird daher bejaht; daraus ergeben sich teilweise: Fleiß, Ausdauer, Sorgfalt in der Ausführung der Aufgaben.
- Japan stand bei der tariflichen Arbeitszeit lange an der Weltspitze.
- Zwischenzeitlich ist es darin von den USA, Portugal und der Schweiz überholt worden. Deutschland an letzter Stelle.
- Seit 1994 ist die 40-Stunden-Woche gesetzlich festgeschrieben.
- Über die tarifliche Zeit hinaus wird noch länger gearbeitet: es gibt unentgeltliche Überstunden; die Ausfallzeiten durch Krankheit sind extrem gering; Verzicht auf einen Teil des Urlaubs ist nicht ungewöhnlich.

E Der asiatisch-pazifische Raum

Trotzdem sind die Japaner kein Volk von Workaholics:
- Die Bereitschaft zu überlanger Arbeit hat sich in der Aufbauphase nach dem Zweiten Weltkrieg entwickelt und lässt bei der jungen Generation etwas nach.
- Als Gegenleistung hat man immer materielle und soziale Vergünstigungen erstrebt.
- Heute wird wie in Europa und Amerika als wichtigstes Ziel das Geldverdienen angegeben und der Wunsch nach weniger Arbeit geäußert.
- Zu mehr Arbeit ist man unter Gruppenzwang bereit: man mutet den Kollegen keine Mehrarbeit zu.
- Lange Arbeitszeit bedeutet nicht zwangsläufig höhere Leistung: Durch lange Besprechungen, Teepausen und zeitaufwändige Arbeitsabläufe leidet die Produktivität; sie ist geringer als in der deutschen Industrie.

Verzicht

- auf ausgiebige Freizeit zugunsten des Betriebes;
- auf längeren Urlaub;
- auf größeren Wohnraum;
- auf preiswerte Agrarprodukte zugunsten der eigenen Landwirtschaft;
- In diesen Bereichen zeichnet sich ein Wandel ab, besonders in der jungen Generation.

Bildungs- und Ausbildungsstand

- Schulbildung ist auf hohem Niveau; sehr hoher Anteil von Abiturienten;
- Betriebliche Aus- und Weiterbildung wird sorgfältig gepflegt.

Unternehmensstruktur

Mittel- und Großbetriebe haben Beschäftigte mit sehr unterschiedlichem Status: die Kern- und die Randbelegschaft.

Kernbelegschaft (Stammbelegschaft):
- Nur etwa ein Drittel der abhängig Beschäftigten in Japan hat diesen Status; Tendenz leicht sinkend;
- Firmeneintritt in jungen Jahren, später kaum noch möglich;
- gute Qualifikation als Voraussetzung;

E Der asiatisch-pazifische Raum

- frühe Spezialisierung ist verpönt; eher geschätzt: Allrounder (Generalist) mit Training an den verschiedenen Arbeitsplätzen;
- Fleiß und Einsatzbereitschaft;
- bedingungslose Loyalität gegenüber der Firma; Anpassungsfähigkeit; Verzicht auf individuelle Karrieregestaltung;
- hohe Versetzungsbereitschaft und Mobilität

Gegenleistung der Firma:
- „Anstellung auf Lebenszeit", besser: Dauerbeschäftigung (in der Praxis endet das Beschäftigungsverhältnis zwischen dem 55. bis 60. Lebensjahr);
- innerbetriebliche Ausbildung und Beförderung;
- Entlohnung, die mit dem Lebensalter ansteigt, auch wenn die Leistungsfähigkeit nachlässt (Senioritätslohn); seit kurzem in Frage gestellt; Verweildauer ist keine Aufstiegsgarantie mehr.
- Sonderleistungen der Firma: firmeneigene Wohlfahrtseinrichtungen, Kredite, Bildungs- und Freizeitprogramme, Betriebsausflüge, Hilfe bei Wohnungssuche, Ausrichtung von Hochzeit und Beerdigung;
- Bei Produktionsrückgang innerhalb eines Teilbereichs der Firma werden Stammarbeiter nicht entlassen, sondern in anderen Firmenbereichen beschäftigt oder an andere Firmen verliehen. Manchmal ist das mit Status- und Einkommensverlusten verbunden.
- Nach der Pensionierung arbeiten Stammbeschäftigte oft mit wesentlich verringertem Einkommen an anderem Arbeitsplatz der gleichen Firma oder in einem Kleinbetrieb weiter. 45% der Männer über 65 Jahre sind noch berufstätig, denn staatliche Altersversorgung ist unzureichend;
- Neu: Seit der Wirtschaftskrise der 90er Jahre werden viele Akademiker in niedrigere Posten abgedrängt. Der Akademikerüberschuss ist sehr groß.

Randbelegschaft:
- umfasst Zeitarbeiter, Teilzeitarbeiter und Leihpersonal;
- Solche Beschäftigte werden je nach Bedarf eingestellt oder wieder entlassen. Das Prinzip des „hire and fire" gilt aber keineswegs so rigoros wie in den USA.
- Übergänge von der Rand- zur Kernbelegschaft sind kaum möglich, ebenso wenig vom Klein- zum Großbetrieb.
- Leiharbeiter sind in der Eisen- und Stahlindustrie, aber auch im Büro- und Verwaltungsbereich tätig, es gibt hoch qualifizierte Leiharbeitskräfte im EDV-Bereich.

- Teilzeitbeschäftigung, besonders von Frauen, nimmt stark zu.
- Randbelegschaft hat geringeres Einkommen und weniger betriebliche Sozialleistungen.

Alle Betriebsangehörigen erhalten Bonuszahlungen, d. h. 3 oder 4, manchmal sogar bis zu 7 zusätzliche Monatsgehälter. Bonuszahlungen sind sehr variabel, bei Absatzkrisen gering, bei gutem Umsatz hoch → hält Firma flexibel.

Kleinere Unternehmen in modernen Wirtschaftszweigen

- neue personalpolitische Wege: auch Seiteneinsteiger werden akzeptiert;
- Chancen für Frauen mit Spezialkenntnissen z. B. in EDV oder Marketing;
- Arbeitsplatzwechsel wird leichter möglich;
- Besonders junge Leute wollen zunehmend ihre Karriere selbst gestalten und nicht um jeden Preis Stammarbeitskräfte werden.

Einfluss des Staates

Enge Verflechtung zwischen Staat und Wirtschaft:
- Staatliche und wirtschaftliche Führung arbeiten heute so eng zusammen, sodass manchen Konkurrenten im Ausland ganz Japan wie eine einzige Riesenfirma erscheint. Sie sprechen von der „Japan AG".
- Technologiepolitik ist bei Großforschungsprojekten national orientiert. Internationale Zusammenarbeit nur dort, wo man Lücken schließen muss. So soll nationale Unabhängigkeit gewahrt werden.
- Organe der Zusammenarbeit sind die staatlichen Banken und besonders das MITI (Ministry of International Trade and Industry).

Wie arbeitet das MITI?
- Zwischen Staat und Wirtschaft bestehen enge personelle Querverbindungen, ein Wechsel hoher Staatsbeamter in führende Positionen der Wirtschaft ist nicht selten.
- Das MITI hat keine Weisungsbefugnis wie die Planungsbehörde in einem Land mit Zentralverwaltungswirtschaft, sondern gibt Empfehlungen, denen die Industrie nicht folgen muss, es ist auf Kooperation der Unternehmen angewiesen.
- Es folgt ein ständiger intensiver Informationsaustausch zwischen Staat und Privatunternehmen.

- Viel Sorgfalt wird auf die langfristige Voraussage von wichtigen Entwicklungstendenzen gelegt.
- Wirtschaftspläne werden aufgestellt, in denen die Prioritäten festgelegt sind.
- Interessen verschiedener Privatfirmen werden koordiniert.
- Mit der Privatwirtschaft gemeinsam beschlossene Maßnahmen werden durch Kredite finanziert und kontrolliert, falsche Prognosen notfalls auch rasch wieder korrigiert.
- Der Konzentrationsprozess auf eine geringe Zahl von leistungsfähigen Betrieben in jeder Branche wird gefördert (Sicherung eines konkurrierenden Oligopols).
- Firmen werden zu gezielter Zusammenarbeit angehalten, dann aber wieder in den gegenseitigen Wettbewerb entlassen. Ein hoher MITI-Beamter: „Die eigentliche Grundphilosophie ... ist das Prinzip der freien Konkurrenz auf dem Markt." Dadurch werden die Firmen zu ständigen Innovationen gezwungen.
- Als Wachstumsindustrien eingeschätzte Zweige werden bei Forschung und Entwicklung unterstützt („Geburtshilfe").
- Schrumpfende Branchen werden vor Auslandskonkurrenz abgeschirmt und bei Abbau von Kapazitäten unterstützt. Durch diese „Sterbehilfen" werden Pleiten und Massenentlassungen oft vermieden.
- Die Wirksamkeit des MITI darf aber nicht überschätzt werden: Die Stahlkrise konnte ebenso wenig abgewendet werden wie die Wirtschaftskrise der 90er Jahre.

Beispiele für Steuerung durch das MITI:
1. Das MITI hat es nach dem Krieg abgelehnt, das Potential der preiswerten Arbeitskräfte für arbeitsintensive Industrien, etwa Textilindustrie, einzusetzen.
2. Stattdessen: beste Technologie aus dem Ausland importiert und soweit möglich weiterentwickelt; Erfolg beruht nicht auf radikalen Veränderungen, sondern auf vielen kleinen Verbesserungen. Phase des Kopierens ist vorbei.
3. Schon frühzeitig wurde starke Förderung der **Schwerindustrie gebremst** (ab 1971); Abkehr von der „Schornsteinindustrie".

4. Allerdings: Der Schiffsbau wurde zu lange durch verbilligte Kredite gefördert, Produktion stieg gewaltig, Japan wurde größte Schiffsbaunation (1960: 1,7 Mio. BRT, 1970: 10,5 Mio. BRT, 1980: 7,3 Mio. BRT, 1993: 8,6 Mio. BRT). Der sinkende Bedarf wurde nicht rechtzeitig erkannt, die ganze Branche geriet in die Krise.
5. Positives Beispiel: Wegen der gestiegenen Energiekosten wurde die Aluminiumindustrie auf Grund eines Gesetzes um 57% abgebaut.
6. Aufbau einer Forschungsgemeinschaft in der Elektroindustrie: Auf Empfehlung der Verwaltung schlossen sich fünf große Elektronikhersteller zu einer Entwicklungsgruppe zusammen. Im Wechselspiel von Zusammenarbeit und Wettbewerb wurden der Erfolg beim Bau hochintegrierter Schaltkreise erzielt und die Marktbeherrschung von IBM in Japan beseitigt. Nach der gemeinsamen Entwicklung wieder Konkurrenz der fünf Firmen untereinander.
7. Im ganzen Land wurden **Technopolis-Zonen** aufgebaut.
8. Um Einfuhrbeschränkungen zu umgehen, wurde ein Teil der Autofabriken in die EU, USA und nach Südostasien verlagert. 1994 überstieg die Auslandsproduktion die Inlandsproduktion.

Wirtschaftliche Gesamtorientierung

Aufgeschlossenheit für technische Neuerungen:
- Am Anfang der Entwicklung wurden technische Errungenschaften der anderen Industrienationen rasch übernommen (Phase des Kopierens).
- Die eigene Forschung und Entwicklung wurde dann intensiv vorangetrieben; heute liegt das Land bei den Patentanmeldungen weit vorne.
- Neue technische Möglichkeiten, die Kosten sparen, werden konsequent eingesetzt, z. B. Industrieroboter.

Geschätzte Zahl der eingesetzten Industrieroboter Ende 1997 in den drei führenden Ländern	
Japan	412 400
USA	78 200
Deutschland	64 000

Quelle: IFR, 1999, via Internet

- Neue Organisationsformen in der Produktion wurden entwickelt und dann von anderen Nationen übernommen: *lean production*, Teamarbeit in kleinen Gruppen, effektive Qualitätskontrolle.

Starke Ausrichtung auf den Export:
- Weil das rohstoffarme Land Devisen erwirtschaften musste, um die Importe von Rohstoffen und Nahrungsmitteln zu begleichen, war es zum Export gezwungen.
- Später wurde der Export, der Devisenüberschüsse brachte, zum Motor der Wirtschaft.
- Allerdings ist die Exportquote deutlich geringer als in Deutschland.

Abschottung des Binnenmarktes:
- Lange Zeit hat man die Entwicklung der eigenen Industrie dadurch gefördert, dass man sie vor der internationalen Konkurrenz abschirmte.
- Dies geschah durch Zölle oder später durch andere Handelshemmnisse und wurde erst auf internationalen Druck reduziert.

Verbindung von traditionellem Denken und Modernisierung

Hohe Sparaufkommen und Investitionsbereitschaft:
- Die Bevölkerung hat lange Zeit Konsumverzicht geübt und viele Ersparnisse angehäuft → Kapitalmarkt günstig für Investoren.
- Die Unternehmen waren bereit zu investieren und der Staat hat durch rasche Abschreibungsmöglichkeit für schnelle Erneuerung der Industrieanlagen gesorgt.

2.4 Räumliche Konzentration und Verflechtung

Bevorzugte Siedlungsräume

- Weil das Land sehr gebirgig ist, konzentriert sich die Bevölkerung auf wenige Tieflandsräume. Wenn man nur die Tieflandsgebiete berücksichtigt, ergibt sich für ein Viertel der Gesamtfläche eine Einwohnerdichte von 1200/km². Das sind Spitzenwerte auf der Erde.
- Diese Vorzugsräume liegen hauptsächlich an der pazifischen „Vorderseite" Japans, der „Fensterseite", genauer an der Pazifikseite Mittelhonschus.

- Die stärkste Verdichtung findet sich im Bereich der drei Metropolregionen Tokio, Osaka und Nagoya.

	Flächenanteil an der Gesamtfläche	Bevölkerungsanteil an Gesamtbevölkerung	Bevölkerungszahl	Bevölkerungsdichte in E/km²
Tokio	2,0%	23,5%	29,5 Mio.	3831
Osaka	2,0%	12,8%	16,0 Mio.	2183
Nagoya	1,9%	6,8%	8,5 Mio.	1150

- In der Präfektur Tokio steigt die Dichte auf 5430 E/km², in der Stadt Tokio auf 14 000 E/km².
- Lediglich im verkehrsfernen Hokkaido leben nur 72 E/km².
- Nennenswerte Auswanderung hat es nur in den 20er Jahren gegeben.
- Landflucht (Land-Stadt-Wanderung) tritt seit 1900 auf, früher um der Überbevölkerung in den Dörfern zu entkommen, heute wegen der Attraktivität der Städte (Arbeitsmöglichkeit, höhere Löhne, Freizeitmöglichkeit, Aufstiegschancen). Höhepunkt der Wanderbewegung in den 60er Jahren, jetzt abgeschwächt.
- Der Konzentration der Bevölkerung entspricht die Konzentration der Wirtschaft in den gleichen Regionen.
- Wenn auch die Lebensqualität der Bevölkerung in den Ballungsräumen leidet und die Umweltprobleme zunehmen, so hat doch der Agglomerationsvorteil den wirtschaftlichen Erfolg gebracht.

Küstenindustrie als Ausweg aus dem Industrieflächenmangel

Veränderte Wirtschaftspolitik:
- Japan gibt die Subventionierung des eigenen Bergbaus auf und setzt ganz auf den Import von billigen Rohstoffen. Das schafft zwar mehr Abhängigkeit, ist aber wirtschaftlicher.
- Damit wird die Küste zum idealen Industriestandort.
- Das Problem mangelnder Industrieflächen löst man durch Aufschüttung im Küstenbereich.

E   Der asiatisch-pazifische Raum

Raumgewinn durch Aufschüttung:
- Berg- und Hügelflächen werden abgetragen → neue Siedlungsflächen entstehen.
- Abgetragenes Material wird am ufernahen Meeresbereich in eingedeichten Poldern aufgeschüttet.
- Aus dem vorgelagerten Meeresboden wird Feinmaterial entnommen und ebenfalls in die Polder gespült → man gewinnt Industrieflächen und gleichzeitig Tiefwasserhäfen.
- Problematisch in einem Land mit Erdbebengefahr ist die Einlagerung von Bauschutt und vor allem Müll in den Poldern → Meeresverschmutzung bei Dammbruch.
- Aufschüttung stellt oft die einzige Möglichkeit dar, große, ebene Flächen einschließlich Reserveflächen für weitere Expansion zu gewinnen.
- Die Methode ist billiger und schneller als der Erwerb von großen Flächen an Land, da wegen der Kleinparzellierung eine Fülle von einzelnen Kaufverträgen abgeschlossen werden muss und die Grundstückspreise sehr hoch sind.

Nutzung:
- Industrieflächen und Hafenanlagen, z. B. für Erdölraffinerien, Petrochemiekombinate, Thermokraftwerke, integrierte Hüttenwerke der Eisen- und Stahlindustrie;
- Geschäfts- und Dienstleistungszentren;
- Ausstellungsflächen

Standortvorteile:
- Auf dem Schiffsweg angelieferte Rohstoffe werden ohne weitere Transportwege verarbeitet, die Fertigwaren zum Teil wieder unmittelbar exportiert. Der Binnenversand erfolgt teilweise auch auf dem Wasserweg.
- Hafeneinrichtungen können gemeinsam genutzt werden.
- Energie kann von großen Thermalkraftwerken bezogen werden, die in unmittelbarer Nähe liegen.
- Meerwasser steht für Kühlzwecke zur Verfügung oder dient, wenn auch bedenklich, der Aufnahme von Abwasser.
- Großkombinate können die Fühlungsvorteile nutzen: Austausch von Neben- und Endprodukten auf extrem kurzen Wegen spart Kosten.
- In unmittelbarer Nähe liegen die kleinen und mittleren Zulieferbetriebe, die eine *Just-in-time*-Produktion ermöglichen.

E   Der asiatisch-pazifische Raum

- Die unmittelbar benachbarten Küstenstädte stellen für manche Güter gute Absatzmärkte dar.

Beispiel für räumliche Verflechtung von Industriebetrieben in Mizushima westlich von Kobe
- Auf neu gewonnenen Aufschüttungsflächen hat 1957 die Industrieansiedlung begonnen; 1972 insgesamt 45 000 Beschäftigte in 93 Betrieben; Hauptflächen von Großbetrieben eingenommen
- Wichtigste Werke: Zwei Großraffinerien, zwei Stahlkombinate, Kraftwerke, Petrochemische Kombinate, Automobilwerk Mitsubishi und ein Futtermittelkombinat
- Innerhalb der Stahlkombinate ist ein vertikaler Verbund vorhanden: Erzaufbereitung, Verkokung der Importkohle, Hüttenwerke, Stahlwerke, Stranggussanlagen, Walzwerke, Stahlverarbeitung zu Autoblechen, Behältern, Dosen usw.
- Fast alle großen Werke haben Anschluss an einen Tiefwasserhafen für Ozeanschiffe, fast alle sind direkt oder indirekt von importierten Rohstoffen oder Energieträgern abhängig.
- Außer dem Automobilwerk transportieren alle Werke ihre Endprodukte zu 73% bis 93% wieder auf dem Schiffsweg weiter.
- Innerhalb des Standortes ist der Austausch der Produkte durch die extrem kurzen Wege optimal, teilweise kann er durch Leitungen erfolgen.

Die Übersicht ist sehr stark vereinfacht; es gibt in den meisten Branchen mehrere Werke; alle Mittel- und Kleinbetriebe sind der Übersichtlichkeit wegen weggelassen.

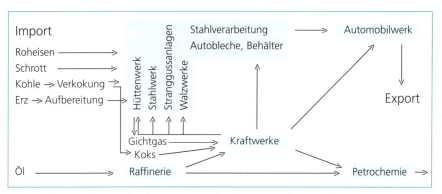

Aus: Winfried Flüchter, Neulandgewinnung und Industrieansiedlung vor den japanischen Küsten, Bochumer Geographische Arbeiten, Bd. 21. Geographisches Institut, Bochum.

Duale Struktur der Industrie – die Verflechtung von Groß- und Kleinbetrieben:

- Den Großbetrieben in der Industrie steht eine riesige Zahl von Klein- und Kleinstbetrieben gegenüber.
  - 71% der Betriebe im verarbeitenden Gewerbe haben weniger als 10 Mitarbeiter.
  - 2,2% der Betriebe (Großbetriebe) haben aber 42,7% der Gesamtbeschäftigtenzahl.
- Funktion: Herstellung billiger Gebrauchsgüter,
  Subunternehmer von Großbetrieben,
  Zulieferer für Großbetriebe
- technische Ausrüstung: eine oder wenige Maschinen, spezialisiert auf sehr wenige Teile;
- Arbeitskräfte haben sehr niedrige Löhne, keine soziale Absicherung oder Zusatzleistungen. Beschäftigte sind teilweise Landwirte im Nebenerwerb oder pensionierte Stammarbeiter von Großbetrieben.
- Vorteil der dualen Struktur für Großbetriebe:
  - geringe Lagerhaltung wegen täglicher Anlieferung: Kostenvorteil;
  - rasche Anpassungsmöglichkeit an Nachfrage durch Vertragskündigung oder neue Verträge mit weiteren Kleinbetrieben;
  - Konjunkturpuffer: eigene Belegschaft von Produktionsschwankungen nicht betroffen
- Nachteile des Systems für Zulieferer:
  - harte Konkurrenz untereinander, viele Konkurse;
  - Konjunkturrisiko muss voll getragen werden.

Wirtschaftliche Konzentration – die Bildung von Großkonzernen durch horizontale und vertikale Verflechtung:

- Die amerikanische Besatzungsmacht hat zwar 1945 die großen Familienkonzerne (Zaibatsu) aufgelöst, es haben sich aber sehr bald wieder Großunternehmen gebildet.
- Oft sind es Ansammlungen aus sehr verschiedenen Branchen, die locker um eine Kernfirma gruppiert und durch gegenseitige Aktienbeteiligungen verbunden sind.
- Die Einzelfirmen arbeiten selbstständig und verkaufen ihre Produkte eigenständig, in Krisenzeiten wird aber eng zusammengearbeitet. Es gibt regelmäßige Zusammenkünfte der Firmenpräsidenten.

2.5 Der Außenhandel

Entwicklung des Außenhandels

+ Der rasche wirtschaftliche Aufschwung in den 60er und 70er Jahren war bedingt durch hohe Sparraten, große Investition, gutes Ausbildungsniveau, amerikanischen Technologietransfer. Er ermöglichte einen wachsenden Export.
+ Gleichzeitig war aber der Export auch Motor für die wirtschaftliche Gesamtentwicklung. Die Grundidee war dabei: Import von Rohstoffen und Halberzeugnissen; Ausfuhr von Fertigwaren.
+ Dieses Grundmuster besteht bis heute weiter.
+ Die Ausfuhr ist seit den 60er Jahren stark angestiegen.

	Ausfuhr	Einfuhr	Überschuss
1986	209,2	126,4	82,8
1990	286,9	234,8	52,1
1996	410,9	349,9	61,0

Einheit: Mrd. US-$ (Japanische Angaben)

Nach Angaben der OECD, des DWI und der Weltbank waren die Überschüsse noch höher. Sie betrugen (in Mrd. US-$):

1981	20	1990	64
1982	18	1991	96
1983	32	1992	125
1984	44	1993	139
1985	56	1994	144
1986	93	1995	131
1987	96	1996	87
1988	95	1997	98
1989	77		

E Der asiatisch-pazifische Raum

Diese hohen Ausfuhrüberschüsse haben Japan zum größten Gläubigerland der Erde gemacht. Vor allem mit den USA ist es daher zu Konflikten gekommen, die bis an den Rand eines Handelskrieges geführt haben. Der Vorwurf, Japan wolle Zugang zu den Weltmärkten, behindere aber den Zugang zu den eigenen Märkten, beruht nicht auf Schutzzöllen, aber auf anderen Handelsschranken, z. B. Hürden bei technischen Standards.

- Der Exportwert ist aber, gemessen am Bruttosozialprodukt, keineswegs so hoch wie landläufig vermutet wird:

    Ausfuhr in Prozent des Bruttosozialprodukts:
    Japan   9,7
    Deutschland   24,5
    Frankreich   20,7
    USA   7,7

- Japan ist also auf den Export nicht so sehr angewiesen, allerdings auf den Import von Rohstoffen.

Struktur des Außenhandels

Zusammensetzung der Importwaren (Auswahl):

	1985	1996
Mineralische Brennstoffe	43,1%	17,3%
Nahrungsmittel	11,9%	14,5%
Maschinen und Ausrüstungen		27,5%
Rohstoffe		8,7%
Textilien		7,3%
Chemikalien		6,7%

Bis 1980 entfielen über 50% auf Rohstoffe und Energieträger. Der Anteil von Fertigprodukten ist auch gegenwärtig verhältnismäßig gering, der von nicht verarbeiteten oder halb verarbeiteten Produkten ist ziemlich groß.

Zusammensetzung der Exportwaren:

Maschinen und Ausrüstungen	24,7%
Elektrik und Elektronik	24,3%
Transportmittel	20,4%
Chemikalien	7,0%
Metallwaren	6,2%

Bei den Exportwaren standen 1960 Produkte der Leichtindustrie an der Spitze (Textilien und chemische Produkte). Später trat Stahl in den Vordergrund. In den 90er Jahren entfielen ³/₄ der Exporte auf Maschinen, Verkehrsmittel und Ausrüstungen. Vorübergehend setzte man auf die Massenproduktion weniger Produkte, die auf dem Weltmarkt zu niedrigen Preisen angeboten werden konnten. Jetzt legt man auf eine breitere Angebotspalette mehr Wert.

Exportabhängigkeit bei einzelnen Produkten in Prozent:
Sie besteht immer noch bei folgenden Bereichen: Automobile 47; Motorräder 73; Kameras 80; Schiffe 83; Uhren 88; Videorekorder 96

Handelspartner

Importe nach Japan aus:

	1985	1996
◆ USA	23,7%	22,3%
◆ VR China	5,0%	12,4%
◆ Rep. Korea		4,3%
◆ Indonesien		4,4%
◆ Australien		4,3%
◆ Deutschland		3,7%

Der Großteil der Importe kommt aus asiatischen Staaten (47,5%), an zweiter Stelle steht Nordamerika (26,4%), erst an dritter Stelle die EG/EU (14,1%). Australien und Südamerika spielen als Handelspartner eine unbedeutende Rolle.

Exporte aus Japan nach:

	1985	1996
◆ USA	40,2%	27,8%
◆ Rep. China (Taiwan)		6,5%
◆ Hongkong		6,3%
◆ Rep. Korea		6,2%
◆ VR China	7,1%	5,2%
◆ Singapur		4,8%
◆ Deutschland		4,3%

Im Außenhandel ist eine starke traditionelle Bindung an die USA erkennbar, die sich langsam zugunsten der asiatischen Nachbarstaaten lockert. In die asiatischen Staaten gehen 46,4% der Exporte, nach Nordamerika 31,4% und in die EG/EU 15,3%.

Versuche, die Abhängigkeit zu überwinden

- Die Ölkrisen von 1973 und 1979 haben zu neuen Ansätzen in der Energiepolitik geführt → Förderung regenerativer Energiequellen und intensiver Einstieg in die Kernenergie;
- Schrittweise Abkehr von Produktionsbereichen mit hohem Rohstoff- und Energiebedarf: Eisen- und Stahlindustrie; Schiffbau; Aluminiumherstellung;
- Verlagerung auf Hightechindustrie;
- stärkere Betonung des Dienstleistungssektors

Einfluss durch Wirtschaftsförderung im Ausland

- Großunternehmen verlagern Teile der Produktion ins Ausland.
- Die dadurch in die Krise geratenen Zulieferer (Mittel- und Kleinbetriebe) mussten mit ins Ausland gehen oder ihre Produktivität so steigern, dass sie selbst exportieren konnten.
- Auch das nichtverarbeitende Gewerbe (Handel, Versicherungen, Bergbau; Ölexploration) investierte viel im Ausland.

Entwicklungshilfe als Instrument der Außenpolitik

- Bis etwa 1997 sollte besonders die ökonomische Infrastruktur der Entwicklungsländer gefördert werden, humanitäre und soziale Aspekte spielten eine geringere Rolle.
- Schwerpunkt der Hilfe lag nicht bei den ärmsten Ländern Afrikas, sondern in den benachbarten Ländern Asiens.
- Rohstoffreiche Länder und potenzielle Abnehmer japanischer Waren wurden bevorzugt.
- Die Unterstützung bestand oft in der Lieferung japanischer Waren, was der heimischen Wirtschaft Impulse gab.
- Der Löwenanteil bestand aus Darlehen, echte Schenkungen waren sehr gering.
- Auf ausländischen Druck hin erfolgte eine gewisse Abkehr von einer Entwicklungspolitik, die von starkem Eigeninteresse begleitet war.
- Kurz vor der japanischen Wirtschaftskrise war Japan das größte Geberland.

E Der asiatisch-pazifische Raum

Das Fluggänsemodell – Die japanische Selbstinterpretation der eigenen Rolle

Modellbeschreibung:

© iwd 42/1994, Deutscher Institutsverlag GmbH, Köln.

✦ Der Raum strukturiert sich nach einer hierarchischen Ordnung:
  1. Japan
  2. Die vier Tigerstaaten
  3. ASEAN-Staaten
  4. VR China und Vietnam
✦ Die Reihenfolge ist bestimmt nach der wirtschaftlichen Entwicklungshöhe und der Dauer der Modernisierung.
✦ Je einfacher eine Produktion ist, desto mehr verlagert sie sich nach hinten entsprechend der Entwicklungshöhe der jeweiligen Volkswirtschaft.

- Jede Ländergruppe eifert der vor ihr liegenden nach, sie fliegt, um im Bild zu bleiben, hinter ihr her.
- Die Produktion erlebt dabei in jedem Land einen Wandel. Am Beginn steht der **Import bestimmter Waren**, dann **folgt die Importsubstitution**. Wenn schließlich der Eigenbedarf gedeckt ist, kann das Produkt **exportiert** werden.
- Dem Leitvogel Japan kommt die Aufgabe zu, die „reifen" Industrien abzubauen und neue Felder zu erschließen, z. B. Biotechnologie, Supraleiter u. a.

Anmerkungen zu der japanischen Deutung:
- Die Vorstellung, dass die in der Hierarchie später folgenden Länder eine Entwicklung nachholen, die Japan schon hinter sich hat, ist anschaulich, muss aber in einzelnen Aspekten hinterfragt werden.
- Die asiatischen Schwellenländer sind derzeit so stark von japanischem Kapital abhängig, dass ein Aufholen eher verhindert wird.
- Die japanischen Großunternehmen verlagern nur solche Produktionszweige in die Nachbarländer, die auf billige Arbeitskräfte angewiesen sind, ein starker Technologietransfer findet nicht statt.
- Die asiatischen „Fluggänse" folgen nicht ausschließlich Japan; wenn sie in die Märkte der USA und der EU Zutritt finden, können sie sich stärker von Japan lösen.
- Diesen Wunsch, sich aus der japanischen Abhängigkeit zu lösen, drückt das „Kormoran-Modell" aus, das in Korea gerne angeführt wird: Die asiatischen Kormorane müssen für ihre japanischen Herren Fische fangen. Die Kormorane tragen Halsringe, damit sie die Fische nicht selbst fressen können. Die Japaner lockern die Halsringe nur dann, wenn die Kormorane Anstalten machen, den Fischfang endgültig einzustellen. In diesem Modell drückt sich nicht nur die gegenwärtige Abhängigkeit, sondern auch die historische Belastung des Verhältnisses zu Japan aus.

2.6 Umweltbelastung und Lösung

Ausgangssituation

Das Land war zu Anfang der 60er Jahre auf dem Weg zu einem „ökologischen Harakiri".

Gründe:
- ungebremstes industrielles Wachstum;
- extreme Bevölkerungsballung und Industriekonzentration auf engstem Raum;
- hohes Verkehrsaufkommen durch Vielzahl von Pendlern

Folgen:
- enorme Luftverschmutzung durch Schwefeldioxid, Stickoxide, Kohlenmonoxid, Staub und photochemische Oxidantien → häufige Smogbildung → Zunahme von Bronchitis und Asthma;
- Wasserverseuchung durch Quecksilber, Cadmium und andere Schwermetalle; Anreicherung der Schadstoffe in der Nahrungskette; durch Konsum von Fischen – wichtiges Nahrungsmittel in Japan – Erkrankung vieler Menschen an Minamata (verbunden mit Krämpfen, Hör- und Sprachstörungen, Hirnschäden) oder Itai-Itai-Krankheit (sehr schmerzhafte Skelettverformungen) oder Quecksilbervergiftungen;
- Lärmbelastung durch das Nebeneinander von Schienenverkehrsmitteln, mehrstöckigen Straßenbauwerken und dichter Wohnbebauung in den Großstädten → Dauerlärm im Zentrum von Tokio 82 Phon;
- bedenkenlose Zerstörung weiter Naturflächen; großer Landschaftsverbrauch;
- Todesfälle häufen sich.

Politik und Verwaltung schaffen zunächst keine Abhilfe

- Erste Umweltgesetze bleiben unwirksam, weil man auf „harmonische Abstimmung" mit der Wirtschaft bemüht ist (Harmonieklausel);
- Industrie lehnt Umweltschutzmaßnahmen und Ausgleich für Geschädigte ab.

Bürgerinitiativen machen Druck

- Bevölkerung wehrt sich gegen industrielle Neuansiedlung; die Industriepolitik der Regierung wird blockiert;
- Presse greift die Probleme auf;
- Kommunalpolitiker schließen sich an;
- Regierungspartei verliert Stimmen;
- Ausland übt Kritik an japanischer Umweltpolitik.

Radikaler Kurswechsel zu aktiver Umweltpolitik

Rolle der Gerichte:
- Spektakuläre Gerichtsverfahren geben den Opfern der Umweltverschmutzung Recht und sprechen ihnen hohe Entschädigungssummen zu.
- Der Nachweis eines statistischen Zusammenhangs zwischen den Schadstoffen und den festgestellten Schäden genügte den Gerichten, Verschulden oder Fahrlässigkeit mussten nicht nachgewiesen werden. Daher müssen die Betriebe einer Gegend gemeinschaftlich haften ohne Nachweis eines bestimmten Verursachers.
- Die Beweislast obliegt nicht mehr dem Geschädigten, sondern dem Verursacher (Beweislastumkehr).

Rolle des Staates:
- Ab 1970 werden strenge Umweltgesetze erlassen und auch umgesetzt.
- Ein landesweites Netz zur Messung der Schadstoffbelastung wird aufgebaut.
- Alle Betriebe, die SO_2 ausstoßen, müssen hohe Emissionsabgaben zahlen, die an die Geschädigten weitergegeben werden.
- Unternehmen müssen sich an Sanierungsmaßnahmen beteiligen.
- Die Kommunalbehörden bekommen größere Rechte. Sie können unter Einbeziehung von Bürgergruppen mit den Firmen eigene Umweltschutzverträge aushandeln, die oft strengere Auflagen enthalten, als der staatliche Gesetzgeber vorschreibt.
- Ein umfangreiches Umweltinformationssystem wird erstellt, das die Schadstoffbelastung jedermann sichtbar macht.

E Der asiatisch-pazifische Raum

Ergebnis

- Rauchgasentschwefelungsanlagen und Entstickungsanlagen werden eingerichtet, Autos mit Katalysatoren ausgerüstet.
- Die Luftreinhaltung wird erheblich verbessert, teilweise werden sogar Spitzenergebnisse erzielt.
- Das Wirtschaftswachstum geht nicht zurück.
- Es wird mehr Energie eingespart.
- Der Ausbau der Schwerindustrie wird nicht weiter vorangetrieben, stattdessen fördert man nun Branchen, die weniger Energie und Ressourcen brauchen.
- Das Land wird neben den USA und Deutschland führend in den Umwelttechniken.

Stagnationsphase

- Nach raschen Erfolgen schwindet in den 80er Jahren das Interesse der Öffentlichkeit an der Umweltpolitik wieder.
- Der Staat unternimmt keine großen Anstrengungen mehr.

Ungelöste Probleme

- Die Gewässer sind zwar weitgehend entgiftet, enthalten aber noch sehr viele organische Substanzen.
- Gegen die Lärmbelästigung gibt es zu wenig wirksame Maßnahmen.
- Die Vibrationsbelastung durch den Schienen- und Schwerlastverkehr ist groß, besonders weil die Häuser meist sehr leicht gebaut sind.
- In den Ballungsräumen steigt die Luftbelastung wieder an, weil die Zahl der Kraftfahrzeuge stark zunimmt.
- Die Müllmenge wächst an, weil man nicht auf Müllvermeidung gesetzt hat. Die kleinen Müllverbrennungsanlagen sind technisch überholt → Lösungsweg: Bau von Großanlagen und von „Müllinseln" im Meer in der Nähe der Küste.
- Trotz Erdbebengefahr wird die Kernenergie weiter ausgebaut.
- Umweltbelastende Industrien werden in benachbarte Entwicklungsländer verlagert.

E   Der asiatisch-pazifische Raum

✦ Der Ruf des Landes wird geschädigt durch hohe Tropenholzimporte, durch illegale Walfangmethoden, durch mangelhaften Schutz von gefährdeten Tier- und Pflanzenarten.
✦ Nur durch internationalen Druck lenkt Japan langsam ein.

2.7   Umstrukturierung

Dezentralisierung durch das Technopoliskonzept

(Zum Teil nach *Wilfried Flüchter*: Geographische Fragestellungen, Strukturen und Probleme. In: Länderbericht Japan. Bonn 1998[2])

Zielsetzung innerhalb der wirtschaftlichen Gesamtentwicklung:
✦ Von den 60er Jahren bis zu den Ölkrisen war das Leitbild die Entwicklung des sekundären (produzierenden) Sektors mit Schwerindustrie und petrochemischer Industrie im Küstenbereich.
✦ Das neue Leitbild ist eine im Binnenland gelegene Hightechindustrie, die auf intensiver Forschung basiert, umweltverträglich und zukunftsorientiert ist und hohe Gewinne bringt.
✦ Im Rahmen der Raumordnung möchte man der weiteren Bevölkerungsballung in den bisherigen Zentren entgegenwirken. Wirtschaftliche und soziale Disparitäten sollen abgebaut werden.

Wie sieht das Konzept aus?
✦ Es werden bisher 25 Standorte als Technopolis festgelegt.
✦ Sie liegen alle außerhalb der bisherigen Metropolen, aber in der Nähe einer Mutterstadt mit mindestens 150 000 Einwohnern.
✦ Die Mutterstadt muss einen leistungsfähigen Flughafen oder eine andere Fernverkehrseinrichtung und allgemein eine gute Verkehrsinfrastruktur haben.
✦ Sie soll über alle notwendigen Funktionen in den Bereichen Versorgung, Bildung und Erholung verfügen. Aus ihr werden auch viele der hoch qualifizierten Beschäftigten gewonnen.
✦ Am eigentlichen Standplatz müssen genügend große Flächen vorhanden sein für
    – Industrie- und Gewerbeparks,
    – Universitäten und andere Forschungseinrichtungen,
    – die Anlage moderner Wohngebiete.

E   Der asiatisch-pazifische Raum

- Forschung, Entwicklung, Produktion und Wohnen werden also miteinander verbunden.
- Man will keine neue Städte bauen, sondern in oder am Rand von bestehenden Städten neue Einheiten errichten, die miteinander vernetzt sind.

Schwierigkeiten bei der Umsetzung:
- Die gewünschte Zahl von 25 Standorten ist zu groß, weil Kapital fehlt, um alle gleichzeitig zu entwickeln.
- Die Spitzenuniversitäten bleiben in den Metropolen, die Forschungseinrichtungen abseits davon sind eher zweitrangig. Innovationsschübe durch die Wissenschaft sind in der Provinz nicht zu erwarten, da hier nur anwendungsorientierte Forschung angesiedelt wird.
- Die Qualifikation der Beschäftigten in den Mittel- und Kleinbetrieben der Provinz entspricht kaum den gestellten Anforderungen.

Verlagerung und Zentralisierung: Die „Science City" Tsukuba bei Tokio

- Andere Zielsetzung als bei Technopolis: Nicht die Region ist zu entwickeln, sondern Zentral-Tokio ist zu entlasten; ein neues, nationales Zentrum für Wissenschaft und Forschung soll entstehen *(science city);* keine Produktion.
- Nach Tsukuba, 60 km nordöstlich von Tokio, werden 42 staatliche Forschungseinrichtungen aus dem Zentrum von Tokio verlagert, davon zwei Universitäten. Das sind 35% der staatlichen Forschungseinrichtungen ganz Japans.
- Dazu kommen weitere halbstaatliche und 170 privatwirtschaftliche Forschungseinrichtungen, die sich in der Hoffnung auf Synergieeffekte angesiedelt haben.
- Tsukuba ist ein erfolgreiches Wissenschafts- und Forschungskongresszentrum geworden. Der Agglomerationseffekt zu Lasten der Provinz ist groß.
- Die Architektur ist westlich geprägt, es gibt viele Grünflächen, aber immer noch keine Bahnverbindung nach Tokio.

2.8 Die Wirtschaftskrise der 90er Jahre

Ursachen in den 80er Jahren
- Durch die Yen-Aufwertung Mitte der 80er Jahre war der japanische Export in Frage gestellt.
- Um den Wirtschaftsboom nicht zu gefährden, empfahl 1986 eine Expertenkommission, die Binnennachfrage zu stärken → Zinsen sanken, es gab billige Kredite auf dem Markt.

„Seifenblasenwirtschaft"
- Aktienkurse und Grundstückspreise stiegen erheblich.
- Eine gewaltige Spekulation setzte ein. Auf ihrem Höhepunkt 1988 war der Wert der früher staatlichen japanischen Telefongesellschaft größer als der aller an den deutschen Börsen gehandelten Inlandsaktien. Der Grund des Kaiserpalastes in Tokio war höher bewertet als ganz Kalifornien.
- Anfang der 90er Jahre fielen die Grundstückspreise wieder. 1996 betrugen sie nur noch 50% des vormaligen Höchstwerts. Der Börsenindex sank noch stärker: von 40 000 (1989) auf 14 000 (1992).
- Die Bank von Japan setzte die Zinsen hoch und erschwerte den Zugang zu Krediten für Immobiliengeschäfte.
- Damit platzten die Spekulationsgeschäfte. Am Ende der „Seifenblasenwirtschaft" *(bubble economy)* setzte eine Rezession ein.

Rezession als Folge
- Bankenpleiten;
- durch Steuerausfälle leere Staatskassen, Geld für Konjunkturprogramme fehlte;
- Mehrwertsteuererhöhung von 1997 → Binnennachfrage ging zurück;
- erneute Aktien- und Börsenturbulenzen → Zusammenbruch bedeutender Wertpapierhäuser;
- Arbeitslosigkeit stieg.
- In den benachbarten ost- und südostasiatischen Staaten hatte es eine ähnliche „Seifenblasenwirtschaft" gegeben. Auch hier brachen 1997 die Währungen (meist um die Hälfte ihres Wertes) und Teile der Wirtschaft zusammen. Japanische Waren konnten zum Teil nicht mehr gekauft werden.

E Der asiatisch-pazifische Raum

Wege aus der Krise

- Japan versucht erneut, durch eine Exportoffensive aus dem Konjunkturtal herauszukommen.
- Es braucht aber eine Sanierung der Staatsfinanzen.
- Eine notwendige Hinwendung zu einer echten Globalisierung bedeutet Öffnung der Binnenmärkte durch Abbau von Schikanen.
- Die Reduzierung der industriellen Produktion bzw. ihre Teilverlagerung ins Ausland muss beschleunigt werden, da Japan ein Hochlohnland geworden ist. Nur Produkte mit hoher Wertschöpfung lohnen sich noch.
- Neue Arbeitsplätze im tertiären Sektor müssen geschaffen werden.

3 Der Entwicklungsweg der VR China

3.1 Das Naturpotenzial Chinas

Relief

- China ist hauptsächlich ein Gebirgsland:
  - 30% Hochgebirge;
  - 36% Hochflächen, hauptsächlich in Tibet;
  - 4% Berg- und Hügelland;
  - 25% Becken- und Tiefländer
- Wertung:
  - Anbau erschwert durch starke Hangneigung;
  - Erosionsgefahr besonders in den Lössgebieten westlich der Großen Ebene;
  - Anlage von Verkehrswegen schwierig

Klima

Wertung:
- Wüsten- und Steppenbereich des Westens erlaubt wegen der geringen Niederschläge unter 500 mm Anbau höchstens auf lokalen Bewässerungsflächen.
- Etwa südlich des Breitengrads von Shanghai sind zwei Ernten pro Jahr möglich.

E Der asiatisch-pazifische Raum

- Im äußersten Süden sind drei Ernten möglich.
- Dürrekatastrophen vor allem im Landesinnern, da Niederschläge stark schwanken können;
- Durch Flutkatastrophen sind Südchina, aber auch die Große Ebene besonders gefährdet. Niederschläge nach Starkregen fließen wegen Zerstörung der natürlichen Vegetation rasch ab. In der Großen Ebene können die Dammflüsse leicht über die Ufer treten (große Überschwemmungskatastrophen und Laufverlagerungen in historischer Zeit).
- Nordchina: Frostgefahr im Winter; dünne Schneedecke;
- Südküste: Taifune, Zerstörungen und Überschwemmungen

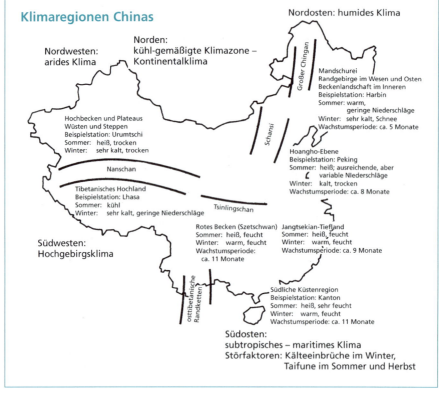

Aus: Welt- und Großmächte im Vergleich, hrsg. v. Helmut Kistler, Bayerischer Schulbuch-Verlag, München ³1988, S. 112.

Böden

- Nordchina: geringe Humusdecke;
- Westchina: unfruchtbare Wüsten-, Steppen- und Gebirgsböden;
- Südchina (südlich des Jangtsekiang): rote und gelbe Schwemmböden; wenig fruchtbar, da ausgelaugt und kalkarm;
- Mittelchina: Schwemmlandböden der Großen Ebene und westlich anschließende Lössböden: sehr fruchtbar

Bodenschätze

Kohle:
- riesige Vorräte: 400 Mrd. t gesichert;
- Förderung 1975: 482 Mio. t; 1996: 1368 Mio. t (USA 882, GUS 326); China ist größter Kohlenproduzent der Erde;
- Bedeutung: Kohle ist weitaus der wichtigste Energieträger für China, es bezieht daraus 70% seiner Primärenergie; Problem: Umweltbelastung;
- Vorkommen: Shanxi, Innere Mongolei, Mandschurei, Große Ebene;
- Kohle muss über große Distanzen per Eisenbahn transportiert werden.
- Verwendung der Kohle: 58% für Industrie, 25% für Heizung in den Haushalten, 9% für Stromgewinnung

Erdöl:
- Vorräte: 30 Mrd. t nachgewiesen
- Förderung: Mit 159 Mio. t (1997) liegt China an 8. Stelle in der Welt.
- Bedeutung für China: 18% der Primärenergie; Tendenz künftig wohl sinkend;
- Vorkommen: Daqing in der Mandschurei und im Westen; verkehrsungünstig gelegen; neue Vorkommen vor der Südküste entdeckt (ein Viertel der Gesamtvorräte) und mit ausländischer Hilfe gefördert

Erdgas:
- 2% von Chinas Primärenergie; hauptsächlich zu Heizzwecken verwendet;
- Vorkommen im Roten Becken

Weitere Energieträger

Wasserkraft:
- 4,3% der Primärenergie;
- gegenwärtig nur 3% des vorhandenen Potenzials genutzt; rascher Ausbau wäre notwendig, da immer noch Engpässe bei Stromversorgung.
- Drei-Schluchten-Projekt gegen Widerstand durchgesetzt

Kernenergie im weiteren Ausbau

Alternative Energie:
- gute Möglichkeit für Einsatz von Biogas, Solarenergie, Windenergie;
- Biogas in ländlichen Gebieten schon sehr verbreitet

Bewertung der Energiesituation

- China hat ausreichende Vorräte an Energie, es ist seit den 60er Jahren auf diesem Sektor weitgehend autark.
- Schwergewicht liegt auf Kohle.
- Probleme bereiten bei allen Bodenschätzen die Erschließung, Förderung, Aufbereitung und besonders der Transport, da die Lager nicht in der Nähe der Verbrauchszentren sind und das Transportsystem unzureichend ist.
- Der Bedarf an Energie ist erheblich größer als die tatsächliche Bereitstellung.

Weitere Bergbauprodukte

- China ist weltweit führend in der Förderung von Titanium, Molybdän, Zinn, Lithium und Antimon.
- Es muss aber dazukaufen bei Eisenerz, Mangan, Bauxit, Kupfer, Erdöl und Naturgas.
- Im Westen werden noch viele Bodenschätze vermutet.

3.2 Politische und wirtschaftliche Entwicklung im Überblick

Zwischen Kaiserreich und Volksrepublik

- 1912 Sturz der Mandschu-Dynastie, China wird Republik;
- Militärdiktatur, Kriege regionaler Militärmachthaber gegeneinander;
- 1927–1936 Bürgerkrieg zwischen Guomintang (Nationale Volkspartei) und Kommunisten unter Mao Zedong;
- 1937–1945 gemeinsamer Kampf der beiden Gruppen gegen die japanischen Invasoren;
- 1945–1949 erneut Bürgerkrieg; endet mit dem Sieg Mao Zedongs und der Gründung der Volksrepublik China;
- Unterlegene Nationalregierung unter Chiang Kai-shek zieht sich nach Taiwan zurück.

1949–1956: Sozialistische Umgestaltung nach sowjetischem Vorbild

- Großgrundbesitz enteignet; Land an 120 Mio. Bauern verteilt;
- Großindustrie, Handel und Banken verstaatlicht;
- rasche Beseitigung der Kriegsschäden;
- Mit sowjetischer Hilfe geplanter und durchgeführter 1. Fünfjahresplan (1953–1957) bringt der Landwirtschaft die Kollektivierung (Bildung von LPGs): Der Staat erfasst alle Bereiche der Wirtschaft (Zentralverwaltungswirtschaft). Die Schwerindustrie erhält in dem Agrarland China die intensivste Förderung.

1957–1977: Kampf zwischen Maoisten und Reformern; Phase der Unruhe und der Experimente

- Mao will Abbau der Herrschaft der Bürokratie; stattdessen Mobilisierung der Massen, was aber auf eine Oligarchie hinausläuft. Ablösung vom sowjetischen Vorbild;
- 1958 ruft Mao die Politik der „Drei Roten Banner" aus, dazu gehören:
  – der „Große Sprung" nach vorn und die
  – Gründung der Volkskommunen.

- Dieser Versuch, bei Dezentralisierung („Kleinhochöfen" auf dem Dorf) die Produktion in allen Bereichen sprunghaft zu erhöhen, schlägt fehl, zumal auch die Sowjetunion bei zunehmender ideologischer Spannung die Experimente nicht mehr mitmacht und 1960 alle ihre Techniker und Berater schlagartig zurückholt. Es kommt zum Bruch mit Moskau.
- Durch den Misserfolg und die in einigen Landesteilen ausbrechende Hungersnot verliert Mao an Prestige und faktischer Macht. Bis zu 30 Mio. Hungertote in den „Drei bitteren Jahren".
- Nach der Zurücknahme einiger Maßnahmen kommt es zu einer wirtschaftlichen Konsolidierung und einem Auftrieb für die pragmatisch orientierten Politiker.
- Um den drohenden Machtverlust abzuwenden, inszeniert Mao die „Große proletarische Kulturrevolution" (1966–69, Ausläufer bis 1976). Die „Roten Garden" ziehen durch das Land. Gegner Maos werden aus Partei- und Verwaltungsapparat entfernt; Liu Shaoqi zu Tode gefoltert; Hochschulen lange geschlossen; politische Macht wird von den „Revolutionskomitees" ausgeübt. 3 Mio. Todesopfer;
- Vorübergehende Rückkehr Deng Xiaopings, der jetzt wichtigster Reformpolitiker ist; außenpolitische Hinwendung zum Westen nach vorangegangener strenger Isolation;
- 1976 Tod Maos, Kampf um die Nachfolge zwischen den Reformern und der „Viererbande", Sturz der „Viererbande"; erneute Rückkehr Deng Xiaopings in seine früheren Ämter

Entwicklung der Volksrepublik China

	Gesamtpolitik	Landwirtschaft	Industrie
1949	Gründung der VR China	Enteignung und Liquidierung der „Grundbesitzerklasse"	Nationalisierung von Industrie, Handel und Banken
	Wirtschaftsplanung nach sowj. Vorbild	1953 – 56 Kollektivierung: LPGs; Staatsmonopol für Ankauf landw. Produkte	Primat der Schwerindustrie

	Gesamtpolitik	Landwirtschaft	Industrie
1957	1956 Dominanz der Gemäßigten unter Liu Shaoqi; Fortsetzer der Revolution unter Mao Zedong in der Minderheit	Aufhebung des Einzeleigentums	
1958	1958 Drei Rote Banner	Einführung der Volkskommunen	
1959	1958 – 60 „Großer Sprung"		Errichtung von Kleinhochöfen im ganzen Land
1969	1966 – 69 Kulturrevolution	1972 Privatparzellen wieder erlaubt	
1978	1976 Mao stirbt, Viererbande gestürzt 1977 Deng Xiaoping rehabilitiert		
1979		Vertragssystem; höhere staatliche Ankaufspreise	Joint-venture-Gesetz; 1. Wirtschaftssonderzone
	1983 Reform der Volkskammer		1984 Reform der Industrie; Öffnung von 14 Küstenstädten
1989	Demokratiebewegung niedergeschlagen	1985 Lockerung des staatl. Ankaufsmonopols; Lockerung des Preissystems bei Getreide, Schweinefleisch	

E   Der asiatisch-pazifische Raum

Ab 1978: Pragmatische Reformpolitik: Modernisierung

- wichtigster Vertreter: Deng Xiaoping;
- grundsätzliches Ziel: Im politischen Bereich soll die Führerrolle der Kommunistischen Partei unangefochten erhalten bleiben. Im Bereich der Wirtschaft soll eine „Sozialistische Marktwirtschaft" eingeführt werden.
- materielle Anreize als Motor für die wirtschaftliche Entwicklung;
- etwas weniger staatliche Steuerung, mehr Raum für Eigeninitiative; Preisbildung teilweise nach Angebot und Nachfrage;
- schrittweise Zurückdrängung der Mao-Anhänger aus Partei, Verwaltung und Militär;
- 1979 Erster Reformschritt in der Landwirtschaft;
- 1984 Reform der Industrie

3.3   Bedeutung der Landwirtschaft

- China ist immer noch stark agrarisch geprägt.
- 74% der Einwohner leben auf dem Land.
- 50% leben von der Landwirtschaft.
- Der Anteil der Landwirtschaft am BSP beträgt aber nur 20%.
- Die 23,5% der Erwerbstätigen in der Industrie erwirtschaften 49% des BSP.
- Die Landwirtschaft liefert die meisten Rohstoffe für die Verbrauchsgüterindustrie.
- Durch die starke Differenzierung von Relief, Klima und Bodengüte können sehr unterschiedliche Agrarprodukte angebaut werden.
- Es gibt wohl regionale Missernten durch Natureinwirkungen, aber das ganze Land ist nie gleichzeitig betroffen.
- Nur etwa 14% der Gesamtfläche des Landes sind für Ackerbau geeignet.
- Die Ackerfläche je Einwohner ist von 0,19 ha (1952) auf 0,11 ha gesunken.

E Der asiatisch-pazifische Raum

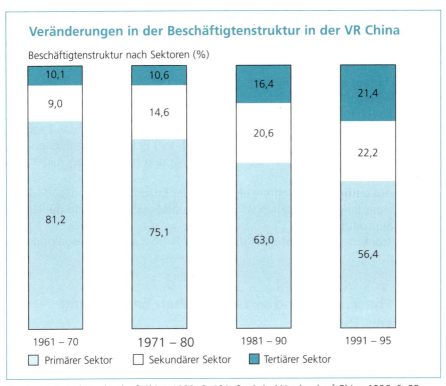

Quelle: Statistical Yearbook of China 1993, S. 101; Statistical Yearbook of China 1996, S. 88.

Die Agrarlandschaften Chinas

✦ Wichtigster Agrarraum ist die Region am **Mittel- und Unterlauf des Huang He**; sie schließt den landwirtschaftlichen Intensivraum der Großen Ebene mit ein. Auf fruchtbarem Lössschwemmland gedeihen bei ausreichenden Niederschlägen von 500 bis 800 mm hauptsächlich Weizen, Mais und Sojabohnen, daneben noch Erdnüsse und Baumwolle. In zwei Jahren können drei Ernten eingebracht werden. Die Winterkälte ist der begrenzende Faktor.

✦ Am **Mittel- und Unterlauf des Jangtsekiang** (Changjiang) liegt der zweitwichtigste Raum. Durch das wärmere Klima können zwei Ernten im Jahr eingebracht werden. Hier ist die Bewässerung am weitesten verbreitet; man baut hauptsächlich Reis, aber auch Weizen, Mais und Kartoffeln an. Hier

werden die höchsten Ernteerträge Chinas erzielt; man muss aber wegen der stellenweise ausgelaugten Böden viel düngen.
- Das **tropisch bis subtropische Südchina** ermöglicht zwei bis drei Ernten; hier dominiert Reis auf Bewässerungsflächen; bei hohen Niederschlägen und hohen Temperaturen das ganze Jahr über gibt es keine Begrenzung der Vegetationszeit. Neben Süßkartoffeln und Zuckerrohr wird auch noch Tee angebaut.
- Der **Südwesten** hat bei ähnlichen Klimabedingungen nur das Problem des starken Reliefs; auch hier gibt es noch viel Bewässerungsflächen und hohe Erträge; Mais und Weizen gedeihen in den höheren Lagen, der Reis auf tiefer gelegenen Flächen.
- **Nordostchina** (Mandschurei) leidet an der kurzen Vegetationsperiode infolge der langen und kalten Winter. Mais und Sojabohnen sind die Hauptanbauprodukte.
- Der trockene **Nordwesten** ist durch Weidewirtschaft und Oasenkultur geprägt.

3.4 Phasen der landwirtschaftlichen Entwicklung seit 1949

Situation vor der Gründung der Volksrepublik

- Besitzverteilung: Eine geringe Zahl von Großgrundbesitzern besitzt fast das ganze Land. Arme Bauern und Tagelöhner haben überhaupt keinen Grundbesitz. Wasserbüffel gehören den reichen Bauern und Mittelbauern.
- Nutzung der Anbauflächen:
  – Getreide dominiert, besonders Reis, Weizen, Hirse;
  – geringe Flächen bebaut mit Sojabohnen, Süßkartoffeln und Yams, Baumwolle, Raps und Zuckerrohr;
  – Knollenfrüchte und Obst auffällig wenig;
  – nur 1% des Ackerlandes für Futtermittelanbau verwendet; Grund:
- Großviehhaltung unbedeutend, nur in den Reisanbaugebieten des Südens geringe Zahl von Wasserbüffeln;
- Schweine- und Geflügelhaltung verbreitet, aber keine großen Zuchtbetriebe, nur „Hausschwein" als Abfallverwerter;
- Konsumgewohnheiten: pflanzliche Kost inklusive Gemüse dominiert; sehr wenig Fleisch;

E Der asiatisch-pazifische Raum

- keine Maschinen, Hauptarbeit durch menschliche Arbeitskräfte verrichtet, einfache Arbeitsgeräte;
- Subsistenzwirtschaft;
- Betriebe arbeiten wegen ihrer kleinen Fläche gartenbaumäßig.

1950 Bodenreform: Statt Großgrundbesitzer kleine Familienbetriebe mit Privatbesitz

- Großgrundbesitzer und wohlhabende Bauern werden enteignet und vertrieben, oft vor Volksgerichten verurteilt.
- Land an bisherige Pächter und Kleinbauern als Eigentum zur privaten Nutzung verteilt;
- Durchschnittliche Betriebsgröße ist 1 ha.
- Kleinstparzellierung im Flurbild bleibt erhalten.

Kollektivierung – Bildung von Produktionsgenossenschaften

- 1954 befohlen, 1956 bereits abgeschlossen;
- 200 bis 250 Familien bilden zusammen eine LPG (Landwirtschaftliche Produktionsgenossenschaft).
- Arbeitstiere und Geräte werden, soweit vorhanden, zusammengefasst.
- Feldflächen zusammengelegt → außer im terrassierten Reisland des Südens entstehen relativ große Feldflächen.
- noch keine Traktoren oder Maschinen;
- Produktion nach staatlicher Vorschrift; Entlohnung nach Punkten;
- 54 m^2 Privatland erlaubt (besonders für Gemüse- und Reisanbau);
- Außer der Feldbestellung werden weitere Gemeinschaftsarbeiten angeordnet: Brunnen- und Kanalbau, Terrassierung, Aufforstung, Hochwasserschutz.
- Neuland wurde wenig erschlossen, nur im äußersten Westen und in der Mandschurei; auf Neuland werden Staatsbetriebe angelegt.

Bewertung der LPG-Phase:
- 17 Mio. ha Land konnten aufgeforstet werden (Erosionsschutz, Hochwasserschutz).
- Durch Brunnenbauten und durch bessere Bewässerung konnte teilweise eine zweite Ernte erreicht werden, die ha-Erträge sind gestiegen.
- Erntemengen insgesamt wesentlich gesteigert

1958 Bildung der Volkskommunen

Ziel:
- Die sozialistische Gesellschaft soll in Richtung auf das kommunistische Endziel hin einen wesentlichen Schritt weiterentwickelt werden (ideologisches Ziel).
- Mao will wichtige Entscheidungen weg von der Spitze der Partei und der Verwaltung in untere Ebenen verlagern und damit seine Gegner schwächen (ideologisches und machtpolitisches Argument).

Grundkonzept:
Die Volkskommune soll eine politische, verwaltungsmäßige, wirtschaftliche, soziale, kulturelle und militärische Grundeinheit werden. Sie ist nicht auf ländliche Gebiete beschränkt, sondern wird später flächendeckend auf ganz China ausgeweitet. Entsprechend sind ihre Aufgaben und Befugnisse:

Aufgaben:
- landwirtschaftliche, handwerkliche und industrielle Produktion; Handel;
- Unterhalt von Kindergärten, Schulen und Krankenhäusern;
- politische Entscheidungen auf der untersten Ebene treffen;
- Verwaltungsaufgaben übernehmen, wie sie unsere Gemeinden haben

Umfang:
15 000 bis 25 000 Menschen;
3000 bis 5000 Haushalte;
ca. 2000 bis 4500 ha Fläche

- in Anfangsphase vorübergehend die Nutzung von Privatland und die private Kleintierhaltung verboten; Einrichtung von Gemeinschaftsküchen

Ergebnis der überstürzten Umgestaltung:
- Produktionsrückgang, teils wegen Widerstand der Bauern, teils aufgrund des Übereifers der Kader; zusätzlich verstärkt durch Naturkatastrophen;
- 1960 bis 1962 verheerende Wirtschaftskrise mit Unterversorgung und Hungersnöten in den „Drei bitteren Jahren"

Seit 1978 Modernisierung der Landwirtschaft

- Kennzeichen: mehr Raum für Eigeninitiative; teilweise marktwirtschaftliche Elemente;
- Ziel: wirtschaftliche Impulse, Profitanreize geben, damit Bauern mehr produzieren;
- wichtigste Maßnahme: Nutzungsrecht am Boden an die Haushalte übertragen

Maßnahmen im Einzelnen:
1. Auflösung der Volkskommunen: **Verwaltungsfunktion** geht an die Gemeinderegierung über, dieser untergeordnet sind die Dorfbewohnerkomitees, das sind Selbstverwaltungsorgane der Bauern.
   Wirtschaftliche Funktionen der bisherigen Volkskommunen, Brigaden und Gruppen gehen auf die Genossenschaften über.
2. Es gibt drei Arten von Genossenschaften:
   a) „Landwirtschaftliche Genossenschaften",
   b) Ankaufs- und Verkaufsgenossenschaften und Kreditgenossenschaften, die bisher staatlich waren, werden wieder echte Genossenschaften.
   c) spezialisierte Wirtschaftsgenossenschaften
3. Bauern werden ermutigt, das **Familiennebengewerbe** aufzubauen; dort gute Verdienstmöglichkeiten: Handwerk, Verarbeitung landwirtschaftlicher Produkte, Bauwesen, Spezialbetrieb wie Teeplantage, Fischzucht.

Wie sieht das neue System der „**vertragsgebundenen Produktionsverantwortlichkeit**" aus?

- Der Bauer „pachtet" von der Genossenschaft Land für 15 Jahre und produziert darauf in eigener Verantwortung. Heute Pacht bis zu 50 Jahren möglich.
- Ein Teil der Produktion geht nach vorher abgeschlossenem Vertrag an den staatlichen Handel oder an den genossenschaftlichen Handel.
- Rest wird auf „freien Bauernmärkten" in den Städten abgesetzt zu einem marktwirtschaftlichen Preis; für Fleisch und Gemüse sind die Preise freigegeben. 1978 gab es für 113 Agrarprodukte Festpreise, 1993 nur noch für sechs. Mittlerweile werden praktisch alle Agrarprodukte zu Marktpreisen verkauft.
- Kunstdünger und Treibstoff werden immer noch vom Staat zentral zugeteilt.
- Infrastrukturmaßnahmen werden nach wie vor kollektiv durchgeführt (Damm-, Kanal- und Straßenbau).

E Der asiatisch-pazifische Raum

Organisationsformen in der Landwirtschaft in China

	LPG 1952–1956	Volkskommune ab 1958	Vertragsgebundenes Verantwortlichkeitssystem ab 1978
Grund und Boden im Eigentum der	Genossenschaft	Brigade innerhalb der Volkskommune	Genossenschaft
sonstige Produktionsmittel	Genossenschaft	Volkskommune	Genossenschaft
Produktion	gemeinsam nach staatlichem Plan	gemeinsam nach staatl. Plan und Festlegung durch Volkskommune	individuell nach marktwirtschaftlichem Gesichtspunkt
Vermarktung	zentral durch Staat	zentral durch Staat	individuell oder durch eine Genossenschaft oder durch den Staat
Preis bestimmt durch	Staat	Staat	teils durch ausgehandelte Verträge, teils durch Angebot und Nachfrage
zusätzlich privat bewirtschaftetes Hofland	ja	in Anfangsphase verboten	nicht mehr relevant wie früher

Ergebnisse der Reformen seit 1978

Fortschritte:
- ✦ Bäuerliche Betriebe wirtschaften wieder in Eigenverantwortung, es bleibt aber noch ein staatlicher Einfluss durch:
  - vorgeschriebene Getreidelieferungen an den Staat zu festgesetzten, niedrigen Preisen;
  - Abhängigkeit von den Infrastrukturvorgaben des Staates (Stromversorgung, Verkehrswesen, Wasserwirtschaftsmaßnahmen);
  - Besteuerungssystem, das uneinheitlich ist, und von lokalen Behörden oft willkürlich gehandhabt wird;
  - staatliche Investitionshilfen
- ✦ Der Düngemitteleinsatz ist gestiegen ebenso wie die bewässerte Anbaufläche. Durch Verkehrsausbau und Wachstum der Kleinstädte wurde die Anbaufläche reduziert.

Entwicklung von agrarwirtschaftlicher Landnutzung und Düngemitteleinsatz

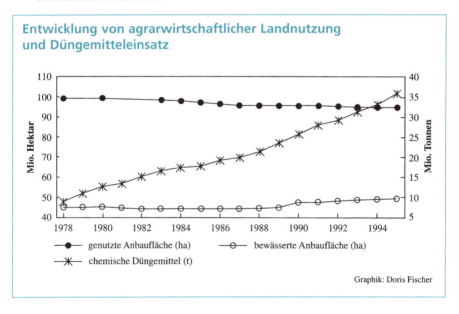

Graphik: Doris Fischer

- ✦ Die Getreideproduktion ist angestiegen, war aber starken Schwankungen unterworfen (fehlender Dünger, fehlende Pestizide, zu niedriger Getreidepreis im Vergleich zu Obst und Gemüse). Die Versorgung der Bevölkerung hat sich gebessert.

E Der asiatisch-pazifische Raum

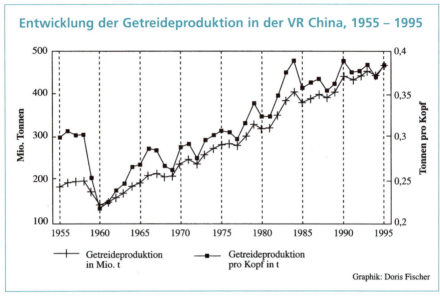

Quelle: Statistical Yearbook of China 1993, S. 81, 364; Statistical Yearbook of China 1996, S. 69, 351.

- Die Versorgung der Städte mit Agrarprodukten über den freien Markt ist gut gesichert. Intensivste Bewirtschaftung z. T. mit Folienkulturen in Städtnähe;
- Eine Diversifizierung der Produkte ist erfolgt: Statt dem früher dominierenden Getreide jetzt mehr Anbau von Gemüse, Ölsaaten, Zuckerrohr, Baumwolle. Mehr Produktion von Schweinefleisch;
- Das Einkommen der Bauern ist gestiegen und damit ihr Lebensstandard. Wie die Tabelle zeigt, ist die Verbreitung der in den Industrienationen üblichen Konsumgüter auf dem Land extrem niedrig gewesen. Die Steigerungsraten sind höher als in der Stadt. Der Abstand zur Stadt ist geringer geworden, aber er ist immer noch sehr beträchtlich. Im Durchschnitt verdient ein Bauer 60% weniger als ein Städter.

E Der asiatisch-pazifische Raum

Durchschnittliche Zahl von vorhandenen Gebrauchsgegenständen je 100 Haushalte in Städten und Dörfern

	Fahrräder		Waschmaschinen		Nähmaschinen		Farbfernseher		Kühlschränke	
	Stadt	Dorf	Stadt	Dorf	Stadt	Dorf	Stadt	Dorf	Stadt	Dorf
1981*	135,9	36,9	6,3	k.A.	70,4	23,3	57,7#	k.A.	0,2	k.A.
1985	152,3	80,6	48,3	1,9	70,8	43,2	17,2	0,8	6,6	0,1
1988	177,8	107,5	73,4	6,8	70,8	52,5	43,9	2,8	28,1	0,6
1992	190,5	125,7	83,4	12,2	65,9	57,3	74,9	8,1	52,6	2,2
1996	193,2	139,8	90,1	20,5	62,7	64,6	93,5	22,9	69,7	7,23

* 1980 für die Angaben zu den Dörfern   # alle Fernseher

Quelle: Statistical Yearbook of China, verschiedene Jahrgänge; A Statistical Survey of China 1997.

- Maschinen und Geräte für die Produktion haben die Bauern jetzt selbst erworben.
- Bauern in unmittelbarer Stadtnähe, die ihre Erzeugnisse in Eigenregie vermarkten konnten, sind reich geworden: Bau schöner, großer Häuser; Investition in kleine Gewerbebetriebe.

Probleme aus der Zeit vor der Reform:
- Infrastruktur ist ungenügend. Verkehrsnetz zu schlecht, zu wenige Straßen mit festem Belag, die ganzjährig befahrbar sind. Es gibt Engpässe im öffentlichen Transportwesen. Lagerräume fehlen. Leistungsfähige Handelsorganisation für Verteilung der Produkte fehlt.
- Es fehlt an Technisierung und Mechanisierung. Noch nicht alle Dörfer haben Stromanschluss; nur 10% des Stroms wird in der Landwirtschaft verbraucht. Auf 160 ha Ackerfläche kommt ein Ackerschlepper, daneben gibt es Kleintraktoren für den Transport. Mähdrescher gibt es fast nur im Nordosten, sonst stationäre Dreschmaschinen. Als Transportmittel dominiert der Handkarren, das Fahrrad oder der einachsige Traktor.
- Der landwirtschaftliche Sektor ist immer noch mit Arbeitskräften übersetzt. Er arbeitet daher sogar nach chinesischen Maßstäben unproduktiv: Die 50% der Erwerbstätigen in der Landwirtschaft erwirtschaften nur 20% des BSP.

E Der asiatisch-pazifische Raum

Probleme seit der Reform:
- Die Bauern abseits der großen Städte müssen ihre Produkte notgedrungen zu den niedrigen staatlichen Aufkaufpreisen abgeben. In westlichen Provinzen ist es deswegen zu Bauernunruhen gekommen.
- Maschinenparks der Genossenschaften sind veraltet;
- Lagermöglichkeiten für Getreide fehlen → Verluste;
- Industrie kommt mit der Produktion von Kunstdünger und Pestiziden nicht nach → Preise steigen ebenso wie die für Maschinen und Energie.
- Durch die marktwirtschaftlichen Einflüsse werden immer mehr überschüssige Arbeitskräfte freigesetzt. Aus früher verdeckter Unterbeschäftigung wird offene Arbeitslosigkeit: Weil sich Mobilität heute mit Methoden der Polizei nicht mehr verhindern lässt, haben sich 80 bis 100 Mio. als **„Wanderarbeiter"** aufgemacht und suchen besonders in den Wachstumsräumen an der Küste nach Arbeit. Ihre Chancen sind aber gering, weil eine Ausbildung fehlt. Sie sind für den Staat nicht kontrollierbar und stellen ein soziales Pulverfass dar.
 Massenarbeitslosigkeit ist trotz aller Produktionsfortschritte Chinas das größte gegenwärtige und zukünftige Problem.
- Seit Mitte der 80er Jahre wurde auf dem Land die Entwicklung **nichtagrarischer Betriebe** gefördert (Kleinindustrie, Bauwirtschaft, Transportwesen, Dienstleistungen) → Verbesserung der ländlichen Infrastruktur, bessere Versorgung der Landbevölkerung und Aufnahme freigesetzter Arbeitskräfte. Vorhaben ist gelungen: 1984 gab es in diesen Betrieben 52 Mio. Beschäftigte, 1994 bereits 120 Mio.
- Viele haben sich in neu gegründeten Kleinstädten niedergelassen.

Gesamtbewertung der Modernisierung in der Landwirtschaft:
- Trotz einiger Schwierigkeiten ein echter Erfolg, der aber noch nicht endgültig gesichert ist.
- In den Transformationsstaaten Osteuropas, besonders Russland, hat man eine fast schlagartige Umstellung versucht und ist damit gescheitert. Man hätte von China lernen können.
- Der chinesische Weg ist durch einen langen Übergangsprozess gekennzeichnet, der immer noch nicht abgeschlossen ist. Dies gilt auch für die Industrie.
  – Neben den alten planwirtschaftlichen Strukturen wurde langsam ein marktwirtschaftlicher Sektor aufgebaut.

E Der asiatisch-pazifische Raum

- Die Preise wurden bei einzelnen Produkten Schritt für Schritt freigegeben, teilweise auch vorübergehend wieder zurückgenommen; pragmatisch, nicht ideologisch orientiert;
- Neben staatlichen Unternehmen wurden kollektive und private zugelassen, in der Industrie auch ausländische.
- Wichtige Entscheidungsbefugnisse wurden langsam dezentralisiert: von der Spitze in Peking in die Provinzen oder auf noch niedrigere Ebene.

3.5 Phasen der industriellen Entwicklung seit 1949

Ausgangsjahr 1949

- Industrie hat nur geringe Bedeutung; Schwerindustrie 7,9% Anteil am BSP, Leichtindustrie 22,1% Anteil am BSP;
- Großindustrie wird schrittweise enteignet und verstaatlicht, Handel und Banken ebenso.

Räumliche Disparität und Plan zu ihrer Überwindung

98,5% der Industrie liegen 1952 im dicht besiedelten Ostteil des Landes.

Ziel: Industrie soll gleichmäßiger über das Land verteilt werden. Man will näher an die Rohstoffe, Energiequellen und Absatzmärkte herankommen und so das Transportnetz entlasten; Sozialstruktur soll überall gleichmäßiger entwickelt werden; große Wirtschaftsbereiche sollen autark werden; Industrie ist bei gleichmäßiger Verteilung militärisch weniger bedroht.

Weg:
- zuerst die alten Industriestandorte an der Ostküste und in der Mandschurei wieder aufbauen;
- aus dem dann daraus gewonnenen Kapital weiter im Landesinneren neue Industriebetriebe errichten;
- später im S und NW industrialisieren

E Der asiatisch-pazifische Raum

1. Fünfjahresplan 1952 – 57: Aufbau der Schwerindustrie
- Vorbild: sowjetische Industrialisierung in der Stalinzeit;
- Schwerindustrie eindeutig bevorzugt; Konsumgüter werden kaum produziert.
- zentrale staatliche Planung der Gesamtwirtschaft;
- Unterstützung durch sowjetische Gelder und Techniker

„Großer Sprung nach vorn" und anschließende Konsolidierungsphase

- Neben der Großindustrie, die durch den staatlichen Plan gesteuert wird, sollen Klein- und Mittelindustrie entwickelt werden, über deren Investition und Produktion örtliche Gremien entscheiden (Volkskommunen).
- Verteilung der neuen Standorte über das Land (Dezentralisierung);
- Stahlproduktion soll gesteigert werden durch den Bau von Kleinhochöfen in den Dörfern; wird zum wirtschaftlichen Fehlschlag; gewonnener Stahl ist so schlecht, dass er in großen Anlagen wieder umgeschmolzen werden muss.
- 1960 zieht die SU nach Ausbruch des ideologischen Konflikts ihre Techniker zurück.
- Kleinindustrie besteht bis heute weiter und leistet gute Dienste bei der Versorgung der Landwirtschaft mit Arbeitsgeräten und Grundstoffen, auch Verarbeitung landwirtschaftlicher Produkte.

Kulturrevolution und anschließende Konsolidierung

- zunächst starke Produktionsausfälle;
- dann wieder steigende Produktion in den 70er Jahren;
- weiterhin Dezentralisierung;
- stärkere Förderung der Leichtindustrie ab 1976 (Elektrotechnik und Kunststoffherstellung)

Reform der Industrie in der Phase der Modernisierung ab 1984

Allgemeine Zielsetzung der neuen Wirtschaftspolitik:
- mehr Exportorientierung; Kooperation mit dem Ausland;
- Trennung von Eigentumsrechten und Wirtschaftsverwaltungskompetenz;
- Schaffung eines Unternehmertums;
- den Unternehmen Entscheidungsbefugnisse und Eigenverantwortung geben

Charakteristik des neuen Planungssystems:
Abkehr von der konsequenten Zentralverwaltungswirtschaft nach sowjetischem Muster

Einteilung der Wirtschaft in drei Planungsbereiche:
1. Wichtige Produkte für die Volkswirtschaft werden nach wie vor zentralistisch geplant: Kohle, Erdöl, Stahl, NE-Metalle, Bauholz, Zement, Elektrizität, Basischemikalien, Kunstdünger, wichtige Maschinen und elektrische Ausrüstungen, Chemiefasern, Zeitungspapier und Rüstungsgüter.
2. Darüber hinaus können Ministerien, Provinzen und Städte weitere Produkte für zentrale Planung festlegen.
3. Rest wird weitgehend marktwirtschaftlich gesteuert: besonders Kleinhandel und Dienstleistungen, Handwerk.

Mehr Befugnisse für die Betriebe (seit 1984 schrittweise erweitert):
seit 1978 schon Beteiligung der Arbeiter am Produktionserfolg durch Prämien;
seit 1988 neues Betriebsverfassungsgesetz:
- Betrieb muss nicht mehr gesamten Gewinn abliefern, sondern Steuern bezahlen.
- Betrieb plant selbst im Rahmen der staatlichen Leitpläne die Investitionen, den Einkauf, die Produktion und Vermarktung.
- Betrieb entscheidet über Einstellung und Entlassung von Mitarbeitern.
- Löhne werden ebenfalls von Betriebsleitung festgesetzt.
- Preise werden im Rahmen der staatlichen Vorgaben selbst kalkuliert. Viele Preise für Konsumgüter sind freigegeben, seit 1994 auch die Preise für Kohle, Erdöl, Elektrizität und Eisenbahnfracht.
- Verfügung über Deviseneinnahmen im Rahmen staatlicher Bestimmungen;
- Mitbestimmungsrechte der Belegschaft über die Gewerkschaften sind sehr beschränkt.

E Der asiatisch-pazifische Raum

Auswirkungen der Reformen im Produzierenden Gewerbe

Der sekundäre Sektor hat große Fortschritte gemacht. Von 1978 bis 1997 stieg die Zahl der Beschäftigten von 70 Mio. auf 165 Mio. Der prozentuale Anteil der Erwerbstätigen im sekundären Sektor erhöhte sich von 17,3 auf 23,7.
Die nichtstaatlichen Betriebe haben jährlich sehr hohe Produktionszuwächse erzielt und wesentlich zum Wachstum der Gesamtwirtschaft beigetragen.
Die kleinen Staatsbetriebe können verkauft oder verpachtet werden. Auch ein Zusammenschluss mit einem ausländischen Unternehmen zu einem *Joint Venture* ist möglich.
Bei den großen Staatsbetrieben hat die Regierung diese Möglichkeiten abgelehnt, einerseits aus ideologischen Gründen, andererseits weil die Lokalregierungen den Einfluss auf diese Unternehmen nicht verlieren wollten.

Die Problematik der großen Staatsbetriebe

Zielsetzung bei den Reformen:
- Produktivität erhöhen;
- Entscheidungen vom Staat auf die Unternehmen verlagern

Umsetzung:
- Betriebsleitung bekommt mehr Freiheit bei Produktion und Vermarktung und darf Gewinnanteile einbehalten;
- Preis wird vom Staat festgesetzt;
- Seit 1985 gibt es zweierlei Preise:
  – den staatlich fixierten für die Mengen, die im Rahmen des Plans abgeliefert werden müssen;
  – freie Marktpreise für die überschüssige Produktion
- Staatsbetriebe sind der Konkurrenz der nichtstaatlichen Betriebe ausgesetzt;
- kaum noch Fortschritte

Reformexperiment von 1993:
- 1000 wichtige Staatsbetriebe werden vor der Konkurrenz der ausländischen Betriebe geschützt; sie gehören zu den Bereichen Bergbau, Energiewirtschaft, Banken, Transport und Telekommunikation; für die anderen Staatsbetriebe sollen die Reformen weitergehen.
- Trotz hoher Investitionen bringen sie wenig Leistung; ihre Produktivität ist halb so groß wie die der nichtstaatlichen Unternehmen. Man spricht von den maroden Staatsbetrieben.

E   Der asiatisch-pazifische Raum

Gründe für geringe Produktivität:
- Staatsbetriebe müssen wie früher alle sozialen Lasten tragen und Einrichtungen wie Kindergärten, Krankenversorgung usw. weiterführen.
- Weil außerhalb der Betriebe noch kein ausreichendes soziales Sicherungssystem besteht, will man Entlassungen vermeiden → personelle Überbesetzung; nach Schätzungen müssten 15 Mio. Arbeitskräfte entlassen werden, um die Überbesetzung abzubauen.
- Behörden üben immer noch viel Kontrolle aus und gängeln die Betriebsleitung.
- Weil man Bankrotte fürchtet, werden finanzielle Lücken, die durch schlechte Betriebsführung entstanden sind, durch direkte Zuschüsse oder Kredite zu niedrigen Zinsen ausgeglichen.

Folgen:
- mangelnde Produktivität;
- Beschäftigte erhalten nur geringe Löhne;
- Viele Beschäftigte suchen nach einem Zusatzverdienst.
- Die staatlichen Betriebe bremsen den Reformfortschritt.

Folgen der neuen Wirtschaftspolitik allgemein

- Inflation und Arbeitslosigkeit bedrohen die soziale und politische Stabilität.
- Die Wachstumszentren sind an der dynamischen Weiterentwicklung interessiert, die Zentralregierung in Peking sucht zu bremsen.
- Entscheidungen der Zentrale in Peking verlieren an Bedeutung, die Regionen handeln selbstständig.
- 1994 erwirtschaftete der nichtstaatliche Sektor bereits zwei Drittel des BIP.
- Die Wirtschaft verselbstständigt sich gegenüber der politischen Führung.
- Der Kommunistischen Partei ist die Kontrolle teilweise entglitten.

3.6 Die Öffnung zum Ausland

Der Außenhandel

- Bis 1971 war die Wirtschaft strikt auf Autarkie ausgerichtet; durch Außenhandel fürchtete man in Abhängigkeit zu geraten.
- In der Zeit der teilweise selbst gewählten politischen Isolation diente der Außenhandel nur dazu, die Defizite in der Binnenwirtschaft auszugleichen, z. B. Fehlmengen bei Getreide zu beschaffen. Zum Weltmarktpreis erworbenes Getreide wurde zu niedrigeren Preisen im Inland verkauft. Das Defizit der Außenhandelsgesellschaft glich der Staat aus.
- Nach der Aufnahme in die UN kam die Wende im Außenhandel und im Zuge der Reformpolitik seit 1978 stieg der Außenhandel rasch an, er ist aber im internationalen Vergleich immer noch bescheiden. Daher hat die Asienkrise 1997 China nicht so stark getroffen wie seine Nachbarstaaten.
- Der Außenhandel hat eine neue Funktion bekommen; er soll der eigenen Wirtschaft Impulse geben.
- Die **vier Wirtschaftssonderzonen** (seit 1979) sind gegenüber dem Binnenland abgeschottet. Sie bieten für ausländische Unternehmer Vorzugsbedingungen bei Investitionen und ein Betätigungsfeld in allen Wirtschaftsbereichen. In ihnen dominiert das marktwirtschaftliche System.
  Funktion jetzt:
  – Know-how ins Land bringen durch *Joint Ventures*;
  – Erfahrung sammeln mit moderner Produktion und Marktwirtschaft;
  – Impulsgeber für die Gesamtwirtschaft des Landes
- Unternehmen haben größtmögliche Freiheit, geringere Besteuerung, Vorzüge bei der Ein- und Ausfuhr.
- Bekannteste Beispiele: Shenzhen (nahe Hongkong), Zhuhai (nahe Macau), Shantou und Xiamen (gegenüber Taiwan), Insel Hainan. Die „offene Wirtschaftszone" Pudong am Rande von Shanghai hat noch großzügigere Niederlassungsbedingungen bekommen und wird bei Fortführung der Reformpolitik zum ernsthaften Konkurrenten des Raumes Hongkong/Shenzhen. Hongkong fiel 1997 an China zurück, wurde aber vorher schon wesentlich von China beeinflusst.
- Die **14 geöffneten Küstenstädte** (seit 1984):
  Hier sollen nur produktive Betriebe und Forschungsinstitute errichtet werden zur Förderung neuer Technologie. Problem ist die unzureichende Infrastruktur.

Auslandsinvestoren in Wirtschaftssonderzonen und geöffneten Küstenstädten

- Auslandsinvestoren dürfen auch 100%ige Tochtergesellschaften in China gründen ohne chinesische Beteiligung.
- Teilweise dürfen solche Firmen auch auf dem chinesischen Binnenmarkt absetzen.
- Der Umsatz der *Joint Ventures* steigt rasch.
- Sie sind hauptsächlich tätig im Maschinenbau, in der Strom-, Gas- und Wasserversorgung, aber auch im Handel.
- Ihre stärkste Konzentration liegt in den Küstenprovinzen Guangdong, Shanghai und Jiangsu.
- Durch Auslandskapital und importierte Technologie wurde die Wettbewerbsfähigkeit Chinas wesentlich verbessert.

3.7 Die Umweltprobleme

Die Altlasten

- Schon in vorindustrieller Zeit begann die Überbeanspruchung des Raums: Entwaldung, Bodenerosion und Desertifikation waren erste Folgen.
- Die forcierte Industrialisierung in der Anfangszeit der Volksrepublik brachte eine weitere Umgestaltung: Straßennetz wird ausgebaut, im Norden und Nordwesten wird Neuland erschlossen, die bewässerte Fläche wird um mehr als das Doppelte erweitert, in vorher kaum genutzten Hügelländern werden Terrassen für den Feldbau angelegt. Die Industrie produziert ohne Rücksicht auf die Umwelt. Die Wachstumsräume sind besonders betroffen.

Die Situation in den 90er Jahren

Die Industrie ist immer noch Verursacher von 70% der Schadstoffbelastung in den Ballungsräumen, insbesondere die staatlichen Großunternehmen.

Wasser:
- Über die Hälfte der Städte leidet unter Wassermangel. Der Verbrauch ist hoch. Oft wird Wasser verschwendet oder die Leitungen sind leck. Extrem niedrige Wasserpreise liefern keinen Anlass zum Sparen.
- Ein Viertel der Chinesen hat keinen Zugang zu einwandfreiem Trinkwasser.

- 70 bis 80% der Abwässer werden ungeklärt in die Fließgewässer eingeleitet. Auch feste Abfälle und Müll werden oft in die Flüsse gekippt.

Luft:
- Die Staubemission ist durch Filtereinbau in den Fabrikschornsteinen zurückgegangen.
- Durch die vielen Kohlekraftwerke nimmt aber die SO_2-Belastung ständig zu. Sie liegt weit über den internationalen Richtwerten: Im Raum Chongquing im Roten Becken wird so viel Schwefel emittiert wie in ganz Japan, in Shanghai so viel wie in ganz Indonesien. Die chinesischen Großstädte gehören zu den am stärksten belasteten Städten der Welt. Weil die Energiepreise künstlich sehr niedrig gehalten werden, fehlt der Anreiz zum Sparen. Fabriken zahlen lieber die Strafgebühren für Schwefelemission, weil sie sehr niedrig sind im Vergleich zu einer Entschwefelungsanlage.
- Der Kfz-Bestand ist zwar augenblicklich noch relativ gering, er wächst aber jährlich um 10% und damit auch der CO_2-Ausstoß.

Abfall:
Obwohl bei den Industrieabfällen die Recyclingwerte schon hoch sind, wird noch viel unkontrolliert abgelagert. Vom Hausmüll werden 98% in ungesicherte Deponien oder gar in Flüsse, Seen oder ins Meer geworfen.

Wald:
Außer im Nordosten und im Südwesten gibt es kaum noch schlagreife Holzvorräte, so groß war der Raubbau.

Bodenerosion:
- Am Huang He und am Jangtsekiang sind die Erosionsflächen beträchtlich.
- Trotz vorbildlicher Bodenschutzprogramme sind die jährlich neu betroffenen Flächen erheblich größer als die sanierten.

Desertifikation:
- Steppenflächen im Norden und Nordwesten wurden häufig in Ackergebiete umgewandelt, um später der Wüstenausbreitung zum Opfer zu fallen.
- Rohstoffabbau hat manchmal zum gleichen Ergebnis geführt.

E Der asiatisch-pazifische Raum

Aussicht auf Besserung?

- Staatliche Behörden haben die Problematik erkannt und Instrumente zur Verbesserung der Situation entwickelt. In einer eigenen Agenda 21 hat sich China einer nachhaltigen Entwicklung verschrieben.
- Aber die Wirtschaft ist auf weiteres starkes Wachstum und Ressourcenverbrauch ausgerichtet.
- Die Industrie hat meist veraltete, umweltbelastende Produktionsanlagen und das Kapital für eine Umrüstung fehlt.
- Der Vollzug der Umweltgesetze auf der Provinzebene wird meist so gehandhabt, dass die Abgaben für die Betriebe gering bleiben.
- Chinesische Berechnungen kommen jedoch zu dem Ergebnis, dass die Umweltzerstörung jährlich Kosten verursacht, die ca. 10% des Bruttosozialprodukts ausmachen. Damit wäre das Wachstum wieder aufgezehrt.

3.8 Bevölkerungsbewegung und Bevölkerungspolitik

Das Wachstum der Bevölkerung in China

- 1770 bis 1950 Verdoppelung der Bevölkerung (180 Jahre);
- 1950 bis 1980 Verdoppelung der Bevölkerung (30 Jahre);
- 1980 Milliardengrenze erreicht, 1997 1,236 Mrd.;
- Dieser riesigen Bevölkerung stehen nur 135 Mio. ha Ackerland zur Verfügung, das sind 0,11 ha je Einwohner (USA zehnmal so viel, Russland elfmal so viel).

Zwei Richtungen der Bevölkerungspolitik

Seit Gründung der Volksrepublik 1949 gibt es verschiedene Meinungen über die Steuerung der Bevölkerungszahl. Die einen setzen auf Wachstum, die anderen wollen die Zahl strikt begrenzt wissen.

- Mao Zedong (1949): „Es ist eine ausgezeichnete Sache, dass China eine große Bevölkerung hat. Sogar wenn sich die Bevölkerung Chinas auf ein Vielfaches erhöht, wird es trotzdem durchaus möglich sein, eine Lösung zu finden: die Produktion ... Unter der Führung der Kommunistischen Partei kann – solange es Menschen gibt – jedes Wunder auf Erden vollbracht werden."

- Die erste moderne Bevölkerungszählung 1953 brachte eine Überraschung: Das Ergebnis von 580 Mio. lag um 100 Mio. über dem vermuteten Wert.
- Wegen Schwierigkeiten mit der Nahrungsmittelbeschaffung und der Bereitstellung von Arbeitsplätzen gab es in den nächsten Jahren halbherzige Versuche, das Bevölkerungswachstum zu bremsen. Auch Mao sprach sich intern dafür aus.
- Infolge häufiger politischer Richtungskämpfe wurde die Geburtenkontrolle nicht konsequent weiterverfolgt, obwohl sich in den 70er Jahren die Stimmen dafür mehrten.
- Nach dem Ende der Kulturrevolution mit ihren Versorgungsproblemen kam 1979 die Wende:
    - „Unser Kurs ist, von der Realität unseres Landes ausgehend, langfristig, bewusst und planmäßig das Bevölkerungswachstum unter Kontrolle zu bringen. Wir müssen uns bemühen, in diesem Jahrhundert die natürliche Zuwachsrate auf Null zu reduzieren." (Offizielle Publikation 1979)

Seit 1979: Restriktive Bevölkerungspolitik setzt sich durch

Reformierer der chinesischen Politik um Deng Xiaoping wollen, dass die geplanten wirtschaftlichen Fortschritte nicht durch starkes Bevölkerungswachstum wieder zunichte gemacht werden.

Ziel:
- Bevölkerungszahl bis zum Jahr 2000 bei 1,2 Milliarden stabilisieren;
- konkretes Propagandaziel: Ein-Kind-Familie

Gründe im Einzelnen:
- knappe Lebensmittelversorgung: Die Anbaufläche kann nicht erweitert werden.
- Wohnungsnot: Die Wohnfläche pro Kopf liegt noch 1990 in den Städten bei 6,7 m^2.
- Auf dem Land gibt es 140 Mio. überschüssige Arbeitskräfte.

Durchführung:
- Die Ein-Kind-Familie wurde in Massenkampagnen propagiert; es kam zu Übergriffen und Gewaltanwendung.
- Zur Durchsetzung gab es Anreize und Sanktionen.
- Zwischendurch setzte eine leichte Liberalisierung ein mit Kritik an

Zwangsabtreibung und Zwangssterilisation; in vielen Provinzen vergab man Ausnahmegenehmigungen für ein zweites Kind.
- Seit 1990 Verschärfung:
  - Strafsummen werden erhöht;
  - auch Randgruppen der Gesellschaft werden einbezogen;
  - bei Verstößen gibt es kollektive Haftung für Belegschaften und Betriebsleiter oder Dorfgemeinschaften;
  - für Geburten muss man zuerst eine Genehmigung einholen, das Verfahren ist kompliziert
- Durch ein Ehegesetz wurde das Heiratsalter auf mindestens 20 bis 22 Jahre festgesetzt.
- Zu den Anreizen gehörten: Geldprämien, Bevorzugung bei Schulausbildung, Arbeitsplatzzuteilung, Krankenversorgung. Wegen staatlichem Geldmangel konnte dieses System nicht wirksam genug werden.
- Die Strafen können hoch sein: 10%iger Lohnabzug für beide Ehepartner für die Dauer von 14 Jahren; manchmal Strafen bis zu sechs Jahreseinkommen

Grenzen der staatlichen Steuerung

- Es gibt großzügige Ausnahmen für nationale Minderheiten.
- In der Stadt ist die Überwachung leichter möglich, aber nicht auf dem Land.
- Das Einkommen von privatwirtschaftlich Tätigen lässt sich nicht genau kontrollieren und damit eine geringe Geldstrafe erreichen.
- Der Kontrollapparat ist personell schwach besetzt, es gibt Kompetenzprobleme, weil viele Behörden mitreden.
- Täuschungsmöglichkeiten: heimliche Geburten, unterlassene Anmeldungen, fingierte Abtreibungen und Korruption.
- Trotz der Ein-Kind-Politik ist die Bevölkerung von 1980 bis 1992 jährlich um durchschnittlich 15 Mio. Einwohner gewachsen.
- Grund dafür war, dass in der Praxis die Vorgaben der Propaganda nicht eingehalten wurden: Nur in den Städten ist es gelungen, die Zahl der Kinder pro Frau auf einen statistischen Wert von 1,5 bis 1,7 zu drücken, auf dem Land wurden Werte von etwa 2,5 erreicht. Weil die überwiegende Bevölkerung bäuerlich ist, wirkt sich dies stark auf die Gesamtbevölkerung aus.

E Der asiatisch-pazifische Raum

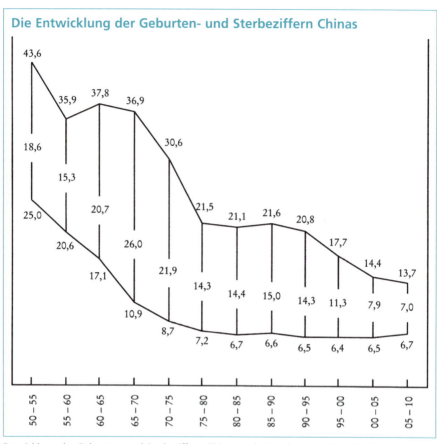

Entwicklung der Geburten- und Sterbeziffern Chinas nach Angaben der Vereinten Nationen in ‰, Kurve geglättet, jeweils Mittelwert von 5 Jahren. Die letzten 4 Werte sind Prognosen (mittlerer Schätzwert).

Weiterentwicklung

- Eine steigende Zahl von vergötterten und egozentrisch gewordenen Einzelkindern („kleine Kaiser") macht Probleme.
- Geburtenkontrolle ist in der Bevölkerung nach wie vor heftig umstritten, besonders auf dem Land. Es stehen drei Vorstellungen nebeneinander:
  – an westlichen Ideen von Individualismus und Menschenrechten orientierte Vorstellung von der Respektierung der Privatsphäre;

- von der bäuerlichen Schicht getragene Meinung, dass die traditionellen Vorstellungen der Familie bestimmend sein sollen: Wunsch nach einem Sohn (Stammhalter; Ahnenverehrung) und nach Arbeitskräften im Betrieb;
- an der Gesamtgesellschaft orientierte Vorstellung, die eine Unterordnung von Individuum und Familie fordert
◆ Die optimale Gesamtbevölkerung im Jahr 2050 liegt nach Meinung chinesischer Wissenschaftler bei 0,7 Mrd., tatsächlich werden aber 1,4 bis 1,7 Mrd. erwartet.
◆ Das führt zu weiterer Belastung der natürlichen Ressourcen; ob es zu offener Massenarbeitslosigkeit kommt, bleibt ungewiss.

Der Altersaufbau der Bevölkerung

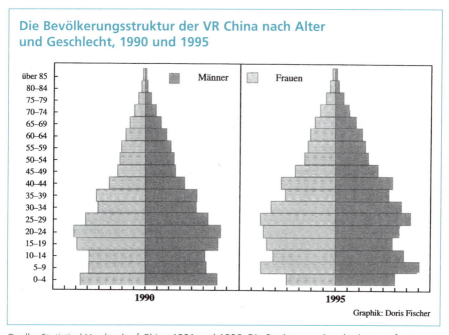

Die Bevölkerungsstruktur der VR China nach Alter und Geschlecht, 1990 und 1995

Graphik: Doris Fischer

Quelle: Statistical Yearbook of China 1991 und 1996. Die Strukturangaben basieren auf Stichproben von 10 bzw. 1,04 Prozent der Bevölkerung, die in den Jahren 1990 und 1995 erhoben wurden.

E Der asiatisch-pazifische Raum

✦ Wirkungen der Geburtenkontrolle werden an der schmaleren Basis sichtbar; aber auch Schwankungen der Geburtenziffern;
✦ geringe Anzahl von alten Menschen

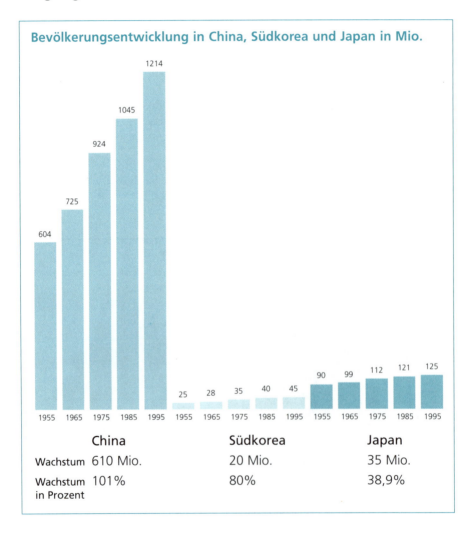

4 Exportorientierte Entwicklung am Beispiel Südkoreas

4.1 Grunddaten und Landesnatur

Grunddaten

Fläche	99 140 km²
davon	66,3% Wald
	21,3% Anbaufläche
	1,4% Weideland
	11,0% Ödland und Sonstiges
Bevölkerung	45,5 Mio.
Geburtenziffer	16
Sterbeziffer	6
Jährliche Zuwachsrate	1%
Stadtbevölkerung	82%
Bevölkerungsdichte	459 E/km²
Rohstoffabhängigkeit	38%
Energieimportabhängigkeit	76%

Landesnatur

Lage im Gradnetz:
Nordgrenze bei 38° n. B. (entspricht Palermo, Athen); Südgrenze bei 33° n. B. (entspricht Tripolis, Haifa); Nord-Süd-Erstreckung (ohne Inseln): 440 km

Relief:
- Südkorea ist ein Mittelgebirgsland; 80% der Fläche gebirgig; höchste Erhebung 1915 m.
- Koreanische Hauptkette zieht an der Ostküste entlang, von ihr zweigen in südwestlicher Richtung Nebenketten ab. Daraus ergibt sich zwischen den Gebirgen eine Vielzahl von Hochplateaus, Becken, Hügelländern und Küstenebenen.
- 25% der Fläche liegen zwischen 500 bis 1000 m hoch, 25% der Fläche liegen über 1000 m hoch.
- Koreanische Scholle im Westen ist abgesunken, daher im Westen und Süden vorgelagerte Inseln, die versunkene Gebirgsteile sind.

E Der asiatisch-pazifische Raum

Wertung:
- Anlage von Verkehrswegen nicht ganz einfach;
- agrarische Nutzung, besonders Anlage von Nassfeldern, erschwert

Klima:
Gesamtcharakteristik: humides Subtropenklima mit kontinentaler Ausprägung trotz der Lage am Meer

Winter:
- Hochdrucklage über der Mongolei, Tiefdruck über dem Pazifik östlich der Halbinsel Kamtschatka;
- Folge: NW-Monsun: kalte, trockene Luftmassen strömen von NW über das Land und bringen bei Wolkenarmut und niedrigen Temperaturen geringe Niederschläge, teils als Schnee.

		Niederschläge Januar	Temperatur Januar
Seoul	38 n. Br.	22 mm	– 4,9° C
Kangnung	38 n. Br.	46 mm	– 1,3° C
Mokp'o	35 n. Br.	33 mm	0,9° C
Pusan	35 n. Br.	29 mm	1,8° C

Sommer:
- Hochdruck über dem Pazifischen Ozean, Tiefdruckrinne über dem Raum Iran, Afghanistan, Tibet, Rotes Becken;
- Folge: SO-Monsun: warme, feuchte Luftströmung bringt hohe Temperaturen und Niederschläge.

	Niederschläge Juli	Niederschläge Jahr	Temperatur Juli
Seoul	369 mm	1232 mm	25,3° C
Kangnung	230 mm	1251 mm	24,5° C
Mokp'o	200 mm	1050 mm	26,1° C
Pusan	281 mm	1384 mm	25,6° C

E Der asiatisch-pazifische Raum

Gewässernetz:
- viele Flüsse, die das ganze Jahr Wasser führen;
- Flüsse sind allerdings kurz und geröllreich, daher Nutzung für Schifffahrt und zur Energiegewinnung (13%) gering.
- Fischreichtum günstig für Nahrungsmittelversorgung

Vegetation:
reichhaltiges, üppiges Pflanzenwachstum infolge der durchschnittlich 1200 mm Niederschläge und der hohen Sommertemperatur

Wälder:
- bedecken zwar zwei Drittel der Landesfläche, sind aber durch Raubbau und Kriegseinwirkungen stark gelichtet;
- Hochstämmige Bestände, die forstwirtschaftlich genutzt werden könnten, sind selten.
- große Holzimporte nötig

Böden:
- Fruchtbare Böden beschränken sich auf die Beckenlandschaften, Flusstäler und Küstenregionen.
- sonst Gebirgsböden mit dünner Humusdecke; erosionsgefährdet

Bodenschätze:
generell geringe Vorräte, da Hauptlagerstätten in Nordkorea liegen; Förderung allgemein rückläufig
- Steinkohle: nicht verkokbar; Vorräte reichen für 30 Jahre.
- Eisenerz: früher exportiert, heute zu 95% importiert;
- Zink, Blei und Wolfram werden exportiert.
- Erdöl fehlt.
- Energie muss zu 82% importiert werden.

4.2 Historische Entwicklung

- Über 2000 Jahre hatte es eine **Mittlerfunktion** für chinesische Kultureinflüsse nach Japan.
- Andererseits war es oft Schauplatz militärischer Auseinandersetzungen zwischen China und Japan.
- Korea konnte trotzdem kulturelle und nationale Identität entwickeln.
- Seit dem 17. Jahrhundert betrieb Korea eine Politik strenger **Isolation** gegenüber dem Ausland – Festhalten an chinesischer Tradition – Stagnation.
- 1876 erzwingen die Japaner ein Ende dieser Abkapselung.
- Prochinesische traditionalistische Gruppen bekämpfen sich mit projapanischen, die eine Modernisierung nach japanischem Vorbild anstreben.
- Korea wieder im Kampffeld zwischen den Großmächten Asiens; 1894 – 95 Krieg zwischen China und Japan in Korea und um Korea;
- Seither wächst der japanische Einfluss. 1910 wird Korea völlig annektiert. Es folgen 35 Jahre **japanischer Kolonialherrschaft**. Korea ist kolonialer Ergänzungsraum Japans.
- Mit größter Härte wird gegen alle Widerstände die Japanisierung erzwungen:
  - koreanische Schrift verboten, Schulunterricht nur japanisch; sogar japanische Namen müssen angenommen werden.
  - Ausbeutung der Bodenschätze
- Andererseits wird Korea nach modernen planerischen Grundsätzen entwickelt; in kürzester Zeit mittelalterliche Strukturen durch neuzeitliche ersetzt:
  - Landerschließungsprojekte;
  - Erschließung von Metalllagerstätten;
  - Ausbau der Wasserkraft;
  - Schaffung besserer Infrastruktur;
  - Aufbau einer Grundstoff- und Schwerindustrie besonders im heutigen Nordkorea
- **Wertung:** Kolonialherrschaft bedeutete Ausbeutung und Entwicklung zugleich. Nationale und kulturelle Identität konnte nicht zerstört werden. Abneigung gegen Japan ist geblieben, seit einigen Jahren Entkrampfung.
- Nach **Zusammenbruch der japanischen Herrschaft 1945** wird Korea am 38. Breitengrad geteilt: Norden von sowjetischen, Süden von amerikanischen Truppen besetzt.

E Der asiatisch-pazifische Raum

- Auseinanderentwicklung der beiden Staaten: Süden erhält 1948 republikanische Verfassung, Norden wird Volksrepublik; Besatzungstruppen ziehen sich aus beiden Teilen zurück.
- **Koreakrieg 1950 – 53**: Nordkorea versucht durch militärischen Angriff die gewaltsame Wiedervereinigung. USA (formal unter Flagge der Vereinten Nationen) unterstützen Südkorea, China greift auf Seiten Nordkoreas ein.
- Starke Kriegsverwüstungen; 2,5 Mio. Tote; Industrieanlagen zwischen 65% und 85% zerstört;
- Seit Waffenstillstand bleibt das Land geteilt; harte Gegnerschaft beider Staaten; kaum Entspannung;
- **Nachkriegsphase** in Südkorea:
  - Wirtschaftshilfe der USA 4,4 Mrd. $ (bis 1970) hauptsächlich in Form von Getreide und Konsumgütern;
  - USA durch Beistandspakt bis heute militärisch präsent;
  - Demokratisierung nach westlichem Muster erlebt immer wieder Rückschläge; Diktaturen, Militärherrschaft, Unterdrückung oppositioneller Gruppen;
  - seit 1963 Beginn des rasanten wirtschaftlichen Aufstiegs

4.3 Zusammenfassung der Ungunstfaktoren

- ungünstiges Relief (Gebirgsland);
- hohe Bevölkerungsdichte;
- geringe landwirtschaftlich nutzbare Fläche (22,7% bzw. 0,05 ha/E; Vergleichszahl BRD 0,2 ha/E); reicht nicht zur Ernährung der Bevölkerung aus;
- ungünstige Betriebsstrukturen (Kleinstbetriebe);
- Mineralische Rohstoffe und Energiequellen liegen hauptsächlich im Norden Koreas und sind seit der Teilung des Landes nicht mehr zugänglich, fehlen also größtenteils.
- großer Entwicklungsrückstand bis in die 60er Jahre;
- koloniale Ausbeutung;
- Kriegszerstörungen;
- Kapitalarmut

4.4 Binnenwirtschaftliche Entwicklung: Landwirtschaft

Die Entwicklung in der Industrie hatte starke Rückwirkungen auf die Landwirtschaft.

Ausgangssituation

- Korea war Agrarland mit über 60% der Erwerbstätigen im primären Sektor, aber nur 32% des BSP wurden von diesem Sektor erwirtschaftet.
- Flächenmangel;
- kleinbäuerliche Struktur (Bodenreform von 1950 hatte Grundbesitz auf 3 ha beschränkt);
- Überbesatz an Arbeitskräften, daher Unproduktivität;
- Nahrungsmittel mussten importiert werden.

Anstoß für Veränderungen:
- Nahrungsmittelimporte belasteten die Zahlungsbilanz.
- Devisen wären sinnvoller für Import von Rohstoffen zu verwenden.

Neue Zielsetzungen

- Steigerung der Erträge, besonders bei Reis, durch vermehrten Düngereinsatz;
- Verbesserung der Einkommen der Bauern (auch zur Stärkung der Binnennachfrage);
- Diversifizierung der Anbauprodukte;
- bis 1991 Selbstversorgungsgrad bei Agrarprodukten von 82% angestrebt

Einzelmaßnahmen:
- Ausweitung der Bewässerungsflächen: Bau von 7 Staudämmen für Bewässerung;
- Flurbereinigung;
- mehr Kunstdüngereinsatz;
- Seit 1971 vom Staat geförderte Selbsthilfeeinrichtung „Neues Dorf" will Infrastruktur und Wohnverhältnisse verbessern.
- Entwicklung der Viehzucht (bislang nur 20% des Produktionswerts in der Landwirtschaft);
- Elektrifizierung;

E Der asiatisch-pazifische Raum

- Ausbau der Transportverbindungen;
- Ausbildung der Arbeitskräfte;
- Maschineneinsatz;
- Förderung des Genossenschaftswesens;
- Ansiedlung kleiner Gewerbebetriebe auf den Dörfern zur Herstellung landwirtschaftlicher Geräte

Veränderungen

- Zahl der **Erwerbspersonen** in der Landwirtschaft ist von 62% (1963) auf 14% (1997) gesunken.
- Zahl der **Betriebe** sinkt: 1970: 2,4 Mio., 1985: 1,9 Mio.
- Zahl der **Nebenerwerbsbetriebe** steigt.

Flächenverluste:
- Trotz Maßnahmen zur Landgewinnung verminderte sich die Fläche des Ackerlandes von 2,706 Mio. ha (1979) auf 1,78 Mio. ha (1985).
- Der Anteil für den Reisanbau konnte sogar ganz leicht gesteigert werden auf 1,237 Mio. ha ($^3/_5$ der Ackerfläche).
- Ursache der Flächenverluste war der Flächenbedarf für Siedlungsbau, Industrie und Verkehrswege.

Betriebsgrößen sind klein wie in Japan:
0 bis 0,5 ha: 28,5% der Betriebe
0,5 bis 1 ha: 36,5%
1 bis 2 ha: 29,2%
2 bis 3 ha: 4,6%
über 3 ha: 1,2%

Unabhängig von der Größe geht die Anzahl der Betriebe zurück; es erfolgt keine Aufstockung.

Einsatz von Maschinen nimmt stark zu, ist aber noch sehr gering: Nur 0,5% der Betriebe besitzen einen Traktor, 30% einen Motorpflug, 15% eine Bewässerungspumpe.

Düngemitteleinsatz sehr hoch, ha-Erträge ebenso, allerdings etwas geringer als in Japan und Taiwan.

E Der asiatisch-pazifische Raum

Der Selbstversorgungsgrad bei Nahrungsmitteln liegt bei ca. 80%. Die Leistungsfähigkeit der Landwirtschaft ist groß, wenn auch die Produktivität, verglichen mit der Industrie, gering ist.

Fischerei

Durch Modernisierung der Fischereiflotte Fangerträge erheblich gesteigert → bedeutende Rolle im Weltfischfang; wichtige Ergänzung der Nahrungsmittelbasis

4.5 Integration in die Weltwirtschaft durch exportorientierte Industrialisierung

Ausgangslage Ende der 50er Jahre

- Notwendigkeit von Auslandshilfe;
- Import von Grundnahrungsmitteln (Weizen), Rohstoffen (besonders Baumwolle) und allen benötigten Fertigwaren (Diese Importe sind eher entwicklungshemmend!);
- Exporte nur 5% der Importe; Differenz durch Auslandshilfe bezahlt

Industrialisierung ab 1960:
Ziel: Export; möglich durch Arbeitskräftepotenzial:
- 60% der Erwerbstätigen in der Landwirtschaft tätig (überbesetzt);
- geringe Analphabetenquote;
- hohe Lernfähigkeit;
- loyale Einstellung gegenüber Firma;
- wenig Streiks;
- sehr geringe Löhne;
- hoher Arbeitseinsatz und lange Arbeitszeiten

Industrialisierung in sechs Stufen

1. **Leichtindustrielle Konsumgüter als Importersatz**
   - Um vom Konsumgüterimport wegzukommen, wurde die heimische Konsumgüterindustrie massiv geschützt und gefördert.
   - typische Produkte: Textilien, Gummischuhe, Nahrungsmittel;

E Der asiatisch-pazifische Raum

- Import: vorwiegend Rohstoffe und industrielle Zwischenprodukte;
- Export: Nahrungsmittel und mineralische Rohstoffe

2. **Leichtindustrielle Konsumgüter für den Export**
- Binnenmarkt war wegen niedriger Einkommen bald nicht mehr aufnahmefähig.
- typische Produkte sind: Textilien, Bekleidung, Perücken, Sperrholz;
- Herstellung dieser Produkte war kapitalextensiv und sehr arbeitsintensiv, also günstig für Südkorea mit seinen billigen, aber qualifizierten Arbeitskräften.
- Südkorea war typisches Billiglohnland geworden.

3. **Schwerindustrielle Zwischenprodukte als Importersatz**
- Die unter 2. beschriebene Industrialisierung machte Importe von Investitionsgütern, Rohstoffen und Zwischengütern erforderlich.
- Diese Zwischengüter (chemische Grundstoffe, Stahl, Zement) sollten im Land selbst erzeugt werden.
- Rohstoffimporte belasteten wegen der niedrigeren Preise die Handelsbilanz nur gering; Ausnahme: Erdöl

4. **Schwerindustrielle Produkte für den Export**
- Binnennachfrage bald gesättigt;
- steigende Importbarrieren für Waren aus 2. Phase in den Abnehmerländern;
- neue Exportprodukte: Stahl, Schiffe, chemische Grundstoffe, Zement;
- Wirtschaftliche Krise 1980, bedingt durch weltweite Rezession; steigende Arbeitslöhne und eine Missernte zwangen zu einer Neuorientierung.

5. **Investitionsgüter als Importersatz**
Typische Produkte: Elektrogeräte, Elektronik, Automobile, Maschinen

6. **Investitionsgüter für den Export**
Autos der Firma Hyundai, Unterhaltungselektronik und Personalcomputer. Südkorea liegt 1996 unter den Autoproduzenten weltweit auf dem 5. Platz.

Rückkopplung

Die Produktion von hochwertigen Gütern führte zu einer immer stärkeren Entwicklung von Zwischengütern, die, vom Herstellungsablauf aus gesehen, vorher liegen; die industrielle Basis wurde dadurch erweitert. Der Import von Vor- und Zwischenprodukten sollte dadurch weitgehend vermieden werden.

Beispiel Bekleidungsindustrie:
Stufenförmig rückschreitend wurde die Produktion folgender Güter entwickelt: Kunstfasergewebe, Kunstfasern, chemische Basisprodukte, Ölprodukte aus Rohöl.

Kapitalbeschaffung und Verschuldung

- Kapitalbeschaffung für die notwendigen Investitionen erfolgt anfangs zu 70% im Ausland.
- in den 60er Jahren steigende Sparquote und damit mehr Eigenkapital;
- Ölkrisen verstärkten die Verschuldung wieder.
- Südkorea gehört zu den hochverschuldeten Ländern: 1997 153 Mrd. US-$;
- Hauptgläubiger sind die USA, die Weltbank und Japan.

Konzernbildung

- Großer Kapitalbedarf, harte Konkurrenz und staatliche Maßnahmen haben zu starker Konzentration geführt.
- Die vier Riesenkonzerne (nach japanischem Vorbild entstanden) Hyundai, Daewoo, Samsung und Lucky Goldstar erbringen zusammen 50% des BSP des Landes; sie umfassen die 120 bedeutendsten Firmen Südkoreas.

Beispiel Daewoo

Anfänge der Firma:
- Firmengründung 1967 mit geliehenem Geld und sieben Arbeitskräften;
- Beginn mit Textilherstellung; Hemden fremder Hersteller nachgeschneidert; später größte Textil- und Bekleidungsfabrik der Welt, die für namhafte Modefirmen der ganzen Welt produziert;
- bald Einstieg in andere Branchen;
- staatliche Planungsbehörde hat großen Einfluss auf Investition, Produktion und Absatz, besonders über das staatliche Bankenwesen;

F Der asiatisch-pazifische Raum

- unerbittliche Konkurrenz mit anderen Konzernen;
- Produktion unter frühkapitalistischen Bedingungen: keine Mindestlöhne, kein Streikrecht, keine Alterssicherung, Sommerurlaub 3 Tage, Wochenarbeitszeit mindestens 60 Stunden

Der Aufstieg:
- Produktionsausweitung auf unterschiedlichste Produkte: Schuhe, Schiffe, Dieselmotoren, Roboter, Flugzeugteile, Computer, Lokomotiven, Mikrowellenherde, Videorekorder, Fernseher, Autos, Klaviere;
- Nachbau westlicher Automodelle (Opel Rekord, Senator, Kadett), Verkauf unter anderer Bezeichnung zu niedrigen Preisen in die USA – nach dem Vorbild von Hyundai;
- Ausweitung auf andere Aktivitäten: Beteiligung an Uranerschließung in Kanada, Meerwasseraufbereitung vor Alaska, Wohnungsbau in Singapur, Straßenbau in Libyen.

Auf dem Höhepunkt der Macht:
- Arbeiter sind mittlerweile gewerkschaftlich organisiert und haben durch lange und erbitterte Streiks soziale Verbesserungen durchgesetzt.
- Einsatz modernster Industrieroboter trotz preiswerter Arbeitskräfte;
- Spitzenmanager mit Ausbildung und Produktionserfahrung in westlichen Industrieländern:
- Als zweitgrößte Industriegruppe (Chaebol) in Südkorea bringt Daewoo 5% des koreanischen BIP.
- Die Gruppe umfasst 24 Unternehmen mit 250 Zweigniederlassungen in der ganzen Welt. In acht Geschäftsfeldern ist sie tätig: Schwerindustrie, Schiffsbau, Autoproduktion, Elektronik, Telekommunikation, Handel, Finanzdienstleistung und Tourismus.
- Fertigungsstätten für Autos sind in Betrieb oder im Aufbau in folgenden Ländern: China, Indien, Vietnam, Usbekistan, Rumänien, Polen. Einige davon waren 1999 nur zu 30% ausgelastet.

Die Krise:
- 1998 fiel der Binnenabsatz für Autos um 48%.
- 1999 erreichte der Schuldenstand des Konzerns die Höhe von umgerechnet 150 Mrd. DM; Regierung und Gläubiger drängten den Konzern, über die Hälfte seiner Sparten zu verkaufen. Wenn die Sanierung durch Gesundschrumpfen nicht gelingt, bricht das ganze Chaebol zusammen.

E   Der asiatisch-pazifische Raum

- Ursachen:
  - planloses Zusammenkaufen und Expandieren;
  - zu risikoreiche Verschuldung;
  - Schaffung von Überkapazitäten bei der Produktion;
  - Asienkrise als Auslöser

Kleinbetriebe

- Ähnlich wie in Japan existiert neben den Großbetrieben eine Vielzahl von Klein- und Familienbetrieben.
- In ihnen ist über die Hälfte der Erwerbstätigen beschäftigt.
- Entlohnung und soziale Absicherung noch geringer als bei den Großbetrieben;
- fungieren als Zulieferer und haben Pufferfunktion in Krisensituationen

Außenhandel

- seit 1970 ständig gewachsen: 1970: 1 Mrd. $, 1986: 36 Mrd. $, 1992: 82 Mrd. $, 1997: 136 Mrd. $
- Damit ist Südkorea sehr stark exportorientiert und mit der Weltwirtschaft verflochten:

Anteil des Exportwerts am BSP:		
	Südkorea	28%
	Deutschland	22%
	Japan	8%

- starke Abhängigkeit vom Weltmarkt; 92% der Exportgüter stammen aus der verarbeitenden Industrie, davon sind 50% Maschinen und Transportausrüstungen. Importiert werden zu 12% landwirtschaftliche Güter, zu 24% Bergbauprodukte.
- Haupthandelspartner sind die USA, Japan, VR China.

E Der asiatisch-pazifische Raum

Wirtschaftliche Umschichtung

Anteil der Erwerbspersonen			Anteil der 3 Sektoren am BSP		
	1963	1997		1960	1992
I.	62%	14%	I.	42%	7%
II.	9%	33%	II.	14%	42%
III.	29%	53%	III.	44%	51%

+ Der primäre Sektor hat in 22 Jahren eine gewaltige Menge an Arbeitskräften an den sekundären und tertiären Sektor abgegeben.
+ Obwohl die Industrie eindeutig Motor der wirtschaftlichen Aufwärtsentwicklung ist, sind im tertiären Bereich mehr Personen beschäftigt; er ist stark aufgebläht.
+ Der Vergleich mit dem Anteil der 3 Sektoren am BSP zeigt, dass die Landwirtschaft sehr unproduktiv, der sekundäre Sektor sehr produktiv arbeitet.

Urbanisierung

In Städten über 50 000 Einwohner lebten 1970: 41% der Bevölkerung,
1992: 74% der Bevölkerung.
Grund für das Städtewachstum: bessere Verdienstmöglichkeiten im II. und III. Sektor
Das Wachstum Seouls: 1960: 1,5 Mio.; 1970: 5,5 Mio.; 1980: 8,4 Mio.; 1985: 9,7 Mio.; 1991: 10,9 Mio.
Weitere Großstädte: Pusan: 3,8 Mio.; Taegu: 2,2 Mio.; Inch'on: 1,8 Mio.

Räumliche Konzentration nach Standortfaktoren

In den verschiedenen Stufen der Industrialisierung sind unterschiedliche Standortfaktoren wichtig geworden; entsprechend haben sich die Standorte bei Neugründungen verlagert.

1. Stufe: auf Binnenmarkt orientiert: → Seoul, Pusan, Taegu
2. Stufe: bisherige Standorte beibehalten; neue Betriebe auf eigenem Gelände in den Außenbezirken und zum Teil in Hafennähe, z. B. Inch'on

Es erfolgt also zunächst eine Ballung im **Hauptstadtbereich des NW**.

3. Stufe: Schwerindustrie braucht viele Importrohstoffe → Küstenstädte nahe an internationalen Schifffahrtsrouten → neuer Schwerpunkt längs der **Südküste** entsteht.
4. Stufe: Entwicklung der 3. Stufe noch verstärkt
   Beispiele:
   – P'ohan: Erz- und Kohleimporte für Stahlerzeugung; Stahl teilweise wieder exportiert nach Japan und in die USA;
   – Ulsan: größte Werft der Welt (Hyundai-Konzern), Automobilwerke (Lkw, Busse, Klein-Pkw; ebenfalls Hyundai), Großraffinerie;
   – Pusan: vielfältige Industrie;
   – nach **Westen** zu: weitere große Schwerindustriebetriebe
5. und 6. Stufe: Besonders die Elektronikindustrie sucht Fühlungsvorteile mit der Forschung und Kommunikation mit dem Ausland:
   – Ballungsraum Seoul wird erneut wichtig;
   – Steuerungsversuch der Regierung, um eine ausgewogenere Raumentwicklung zu ermöglichen: In der **Mitte des Landes** bei Taejon wird eine Technopolis angelegt für Forschung, Entwicklung und Produktion im Hightech-Bereich.

4.6   Die Asienkrise am Beispiel Südkoreas

Das bewunderte Wachstum

- Die kleinen Tiger Asiens und später einige Nachbarstaaten sind seit den sechziger Jahren mit erstaunlichen Wachtumsraten den Weg von Entwicklungsländern zu Schwellenländern gegangen.
- Weltweit wurde das Tempo bestaunt und viele sahen in diesen Staaten das Muster schlechthin für alle anderen Entwicklungsländer.

Die überraschende Krise

- Auch wenn einige Anzeigen schon zu Beginn der 90er Jahre zu beobachten waren, hat das Ausmaß der Krise 1997 auch viele Kenner überrascht: Kursstürze, Firmenzusammenbrüche, Währungsverfall, Entlassungen, Einbruch der Immobilienpreise, Rückforderung ausländischer Kredite.
- Besonders in Thailand und Malaysia begann die Entwicklung und griff dann mehr oder weniger stark auf den ganzen ost- und südostasiatischen Raum über.

[Der asiatisch-pazifische Raum

Die Ursachen

- große Investitionen, die spekulativ waren, oder mit Krediten ohne zuverlässige Absicherung getätigt wurden;
- Überbewertung der meisten Währungen Ostasiens;
- Fehlen einer wirksamen Bankaufsicht

Südkorea

- Das reale Bruttoinlandsprodukt ist zwischen 1960 und 1995 jährlich um mehr als 5% gewachsen.
- In dieser Zeit wandelte es sich vom Entwicklungsland zum elftgrößten Industrieland.
- innere Struktur: enge Verbindung, auch personelle Verflechtung zwischen Politik, staatlich geleitetem Finanzsektor und den Unternehmen, besonders den großen Familienunternehmen (Chaebol);
- Die USA unterstützten die exportorientierte Industrialisierung durch Kredite und die Öffnung der eigenen Märkte.
- Die eigene Regierung half der Industrie durch Schutzzölle und Steuerbegünstigungen.
- Mitte der 80er Jahre setzte ein Demokratisierungsprozess ein → Unternehmen gewinnen an Macht, sie stehen nicht mehr so stark unter dem Einfluss der Regierung; das Strukturmodell müsste reformiert werden; Banksektor gibt ungesicherte Kredite;
- Chaebols haben überdimensionale Geschäftsfelder aufgebaut; die Verschuldung ist weit höher als international üblich;
- Als die Asienkrise beginnt, brechen die asiatischen Exportmärkte weg, die asiatischen Währungen stürzen ab Juli 97 zusammen; mit dreimonatiger Verzögerung folgt auch die südkoreanische.
- Die Firmenzusammenbrüche und Entlassungen führen zu echter Not in einem Land, das noch keine ausreichende soziale Absicherung kennt.
- Die Inlandsnachfrage geht zurück.
- erheblicher ausländischer Kapitalabfluss;
- Wenn sich Reformen bei den Chaebols (Verschlankung), im Banksektor, und im sozialen Bereich durchsetzen lassen, gibt es Chancen für eine Gesundung der Wirtschaft.

Tipps für die mündliche Prüfung

- Machen Sie sich einen Zeitplan für die Vorbereitung auf die Prüfung! Verteilen Sie die Arbeitszeit gleichmäßig. Zu lange Arbeitszeit pro Tag für das gleiche Fach mindert den Lerneffekt. Kalkulieren Sie die Zeit so, dass Sie acht Tage vor der Prüfung mit dem Stoff fertig sind. Dann haben Sie Spielraum, wenn etwas dazwischenkommt.
- Sprechen Sie mit Ihrem Prüfer über die Abgrenzung des Themenbereichs. Ein Missverständnis darüber könnte sehr unangenehm sein.
- Erkundigen Sie sich über den genauen technischen Verlauf der Prüfung!
- Bücher, die zur Vorbereitung notwendig sind, rechtzeitig besorgen!
- Kontrollieren Sie nach, ob Sie beim Studium der Begleitlektüre die gleiche Auflage benützt haben wie Ihr Prüfer; Seitenverschiebungen können zu Komplikationen führen.
- Wenn Sie sich den Text der Begleitlektüre anschaffen, können Sie unterstreichen, Randbemerkungen machen, eine Gliederung dazuschreiben; dadurch wird der Stoff besser strukturiert.
- Verwenden Sie bei der Vorbereitung immer den Atlas, studieren Sie alle für Ihren Themenbereich einschlägigen Karten. In der Prüfung haben Sie den Atlas zur Verfügung. Die Auswertung von Karten gehört zu den Arbeitstechniken, die neben Ihrem Wissen auch geprüft werden.
- Üben Sie zu Hause einmal zur Probe, halten Sie dabei Vorbereitungs- und Referatszeit genau ein. Es ist nichts peinlicher, als wenn Sie bei vorgegebener Referatszeit von zehn Minuten schon nach fünf Minuten fertig sind.
- Entspannen Sie sich am letzten Tag vor der Prüfung! Kommen Sie nicht abgehetzt zur Prüfung!
- Achten Sie bei Ihrem Referat auf eine sehr klare Gliederung! Lassen Sie diese Gliederung auch beim Vortrag deutlich erkennen. Damit zeigen Sie, dass Sie Ihr Thema beherrschen.
- Fragen Sie zur Klärung nach, wenn Sie bei dem anschließenden Prüfungsgespräch eine Frage nicht richtig verstanden haben!

Vergleichszahlen

In der Geographie dienen Zahlen häufig als Belege für eine Behauptung oder als Ausgangsbasis für eine Erkenntnis. Nachfolgende Vergleichszahlen sollen Ihnen helfen, fremde Zahlenwerte in ihrer Größenordnung leichter zu erfassen.

Flächen:		Landwirtschaftliche Betriebsgrößen:	
Bodensee	540 km²	USA	185 ha
Bayern	70 554 km²	D (Vollerwerb)	29,1 ha
Nordrhein-W.	34 057 km²	(Zuerwerb)	16,4 ha
D	357 000 km²	(Nebenerwerb)	5,4 ha
USA	9,3 Mio. km²	Russland: Kolchos	7 300 ha
Russland	17,1 Mio. km²	Russland: Sowchos	18 000 ha

Einwohnerzahlen:		Dichtewerte:	
Bayern	12 Mio.	Bayern	171 E / km²
D	82 Mio.	D	230 E / km²
USA	265 Mio.	USA	27 E / km²
Russland	148 Mio.	Russland	9 E / km²

Erwerbstätige nach Wirtschaftssektoren in %:

	I	II	III
D	3,0	37,0	60,0
USA	2,0	26,0	72,0
Russland (1990)	15,0	35,0	50,0
Japan	5,0	33,0	62,0
Indien	61,0	19,0	20,0

Demographische Werte:

	Geburtenziffer	Sterbeziffer	Lebenserwartung	
D	10,0	11,0	73,0	80,0
USA	15,0	9,0	74,0	80,0
Russland	10,0	13,0	60,0	73,0
Indien	28,0	9,0	62,0	63,0

Klimawerte – Temperaturen in ° C:

	Jahresmittel	kältester Monat	wärmster Monat
München	7,9	– 2,1	17,5
Moskau	4,4	– 9,9	19,0
Athen	17,8	9,3	27,6
Kairo	21,5	13,7	28,1

	Jahresmittel	kältester Monat	wärmster Monat
Winnipeg	2,6	– 17,4	20,2
Quito	13,0	12,8	13,1
Werchojansk	– 17,3	– 50,3	13,6
Bombay	26,8	23,8	29,7
Jakarta	26,9	26,2	27,4

Jahresniederschlagsmenge in mm:

München	910	Bombay	1 880
Hamburg	714	Werchojansk	130
Zugspitze	1 946	Moskau	530
Debundscha (Kamerun)	10 170	Kairo	30
		Algier	760

Stichwortverzeichnis

Abkommen von Lomé 225
Afro-Amerikaner 92
Agrarkolonisation 168
agroindustrielle Großunternehmen 103
AKP-Länder 225
Aktivräume 52
Alpen
   Klima 38
   Transitverkehr 46
Altersaufbau 201 f.
Appalachen 76
Aralsee 143 f.
Arbeitseinstellung
   internationale 213
   Japan 240
ARGE ALP 49
Asienkrise 308
Aufschüttungsflächen 248
Austauschkapazität 149

Barriadas 184
Batate 165
Bevölkerungspyramide 201 f.
Bevölkerungsweise 198
Bewässerung 176
Bewässerung, USA 98
Bewässerungswirtschaft 32
Bidonvilles 184
Blizzards 77
Bodenversalzung 177
Borealer Nadelwald 15
Bosnywash 108
Brasilia 182

Brasilien 179
Bustees 184

*c*ash crops 175
Central Business District 111
China
   Agrarlandschaften 271
   Altersaufbau der Bevölkerung 293
   Beschäftigtenstruktur 271
   Bevölkerungspolitik 289 ff.
   Bodenschätze 265
   historische Entwicklung 267 ff.
   industrielle Entwicklung 281 ff.
   Industriereform 283
   Klima 263
   landwirtschaftliche
      Entwicklung 272
   Lebensstandard 279
   Modernisierung der
      Landwirtschaft 275
   Naturpotenzial 263
   Öffnung 286
   Reformen 277
   Reformpolitik 270
   Umweltprobleme 287 ff.
CIPRA 47, 51
Ciudades perditas 184
Cold Waves 78
COMECON 55
community development 187
contour ploughing 107
Corioliskraft 146
Corporate farms 101
counter-urbanization 109

Stichwortverzeichnis

DAC 191
Dauerfrostboden 119
Demographischer Übergang 199 f.
Dependenztheorie 217
Desertifikation 173 f.
Dezentralisierung, Japan 260
Disparitäten 23
Disparitäten
    räumliche 33, 179
    Überwindungsstrategien 187 f.
Dornstrauchsavanne 154
Downtown 111
Dritte Welt, Begriff 189
dry farming 107
Duale Struktur 250
Düngereinsatz, Polen 68
Dust Bowl 107

Ecofarming 171 f.
EFTA 21
Eisenbahngesellschaften 89
Encomienda-System 158
Energiemangel, Entwicklungs-
    länder 205
Energierohstoffe, Russland 122 ff.
Entwicklungshilfe 222 ff.
Entwicklungshilfe, japanische 254
Entwicklungsstrategien 219 ff.
Erosion
    Afrika 173
    Schutzmaßnahmen 107
    USA 106
Erwerbsstruktur 203
Ethnien, Sowjetunion 125 f.
Europa
    Abgrenzung 20
    Geistesgeschichte 8

Gliederung 10
Industriegesellschaft 9
Klima 12 bis 14
Ressourcen 16
staatliche Entwicklung 9
Tektonik 11
Vegetation 14 bis 16
Europäische Union
    Binnenmarkt 22
    Entwicklung 19 ff.
EWR 21
Exportstruktur 205

Family-size farm 99
Farmer-Betriebe, Russland 136 f.
Favella 184
feedlot 101
Feuchtsavanne 151
Fluggänsemodell 255
Fremdenverkehr
    Monostruktur 42
    ökologische Probleme 44
frontier 87
Frostbelt 79
Fruchtbarkeitsraten 201
Fühlungsvorteile 105

GATT 192
Generatives Verhalten 198
Geodeterminismus 216
geoökologische Probleme 72
Getto 186
Global Players 220
Globalisierung 220
Großer Sprung nach vorn 282
Grüne Revolution 170 f.
Gruppe der 77 189

Stichwortverzeichnis

Halbwüsten 155
Hartlaubzone 16
Haziendasystem 157 f.
Hispanics 92
Hofland 129
Homestead Act 89
Hurrikan 78

Indianer 92
Indien 181, 187
Indien
   koloniale Prägung 158
   Küstenorientierung 181 f.
industrial farming 103
Industrieroboter 245
Informeller Sektor 161 f.
Infrastruktur 35
Innertropische Konvergenzzone ITC 146 ff.
Integration
   innerstaatliche 60
   zwischenstaatliche 62

Japan
   Außenhandel 251 ff.
   Einfluss des Staates 243 ff.
   historische Entwicklung 236 ff.
   Küstenindustrie 247
   Naturbedingungen 234 ff.
   Siedlungsräume 246
   Umweltbelastung 257
   Wirtschaftsaufstieg 239 ff.
   Wirtschaftskrise 262 f.

Kanadischer Schild 76
Kernbelegschaft 241 f.
Kolchosen 128
Kolonialismus 158

Kombinate 131
Konfuzius 239
Kontraktfarmen 100
Konzentration, US-Industrie 104
Kooperation
   horizontale 130
   vertikale 131
Kosovo-Konflikt 62
Kulturerdteil 8
Kulturrevolution 282
Küstenorientierung 180 f.

Landflucht 182
Landwirtschaft,
   Sowjetunion 134 ff.
Latifundien 30, 158
Latosole 149
Laub- und Mischwälder 15
Least Developed Countries (LDC) 190
Lebenserwartung 197
LPG 67

Mall 112
Mangelernährung 194
Maniok 165
Marginalsiedlungen 184 ff.
Marktwirtschaft 69
Massenkrankheiten 195
Massentourismus 41
Mechanisierung 68
Mechanisierung,
   US-Landwirtschaft 96
Meiji-Reform 237
melting pot 93
Metropolisierung 182
Metropolitan Statistical Areas 108
Mezzogiorno 33
minimum tillage 107

Stichwortverzeichnis

MITI 243 ff.
Mittelmeer, Tourismus 34
Mittelmeerländer
  Ackerbau 28
  Böden 27
  Bodenschätze 27
  Eigentumsverhältnisse 29
  Fremdenverkehr 35 ff.
  Gewässer 26
  Modernisierungstendenzen 30
  Naturbedingungen 27 f.
  Tektonik 24
  traditionelle Landwirtschaft 30
  Vegetation 27
  Weidewirtschaft 29
Modernisierungstheorie 219
Monokultur 169
Monostruktur, wirtschaftliche 204

Nationalitätenkonflikt,
  ehem. Jugoslawien 56
NEAT 48
Neue Weltwirtschaftsordnung 226
Newly Industrializing Countries
  (NIC) 191
Newly Industrializing Economics
  (NIE) 191
Nigeria 160
Nomadismus 172 f.
Nordamerika
  Besiedelung 84 ff.
  Böden 79 f.
  Erschließung 84 ff.
  Gewässer 81
  Klima 77 ff.
  Relief 74 ff.
  Rohstoffe 82 f.
  Staat und Erschließung 88 f.

Stadt 108 ff.
Umweltgefährdung 106 ff.
Vegetation 80
Northers 77
Norwegen, Energiewirtschaft 17

OPEC-Länder 192

Passat 146
Passivräume 53
Pazifischer Raum
  Abgrenzung 228 ff.
  Geologie 230
  Klima 232
  Vegetation 233
Permafrostboden 119
Pestizide 97
Plantagenwirtschaft 169
Polen, Landwirtschaft 64 ff.
Pro-Kopf-Einkommen 203 f.
Produktionsgenossenschaften,
  China 273
Produktivität, US-Landwirtschaft 98

Randbelegschaft 242 f.
Raumplanung 54
Regenwald 149, 150
Rentenkapitalismus 157
Ressourcen, GUS 124
RGW 55
Rodung 150
Rohstoff-Fonds 227
Rohstoffmärkte 207
Ruanda 160
Rückkopplung 304
Russifizierung 126
Russland
  Industrie 138 f.

Stichwortverzeichnis

ökologische Probleme 141 ff.
soziale Probleme 139

Sahelzone 174 ff.
Sanfter Tourismus 45
Säuglingssterblichkeit 196
Schattenwirtschaft 161
Schwarzarbeit 161
Schwellenländer 191
Segregation 186
Segregation, soziale 113
Seifenblasenwirtschaft 262
Shifting Cultivation 165 f.
Shintoismus 239
sidewalk farmer 100
Slum 184 ff.
Sowchosen 128
Sowjetunion
    Bevölkerung 125 ff.
    Böden 118
    Gewässer 121 f.
    Industrie 131 ff.
    Klima 117 f.
    Landwirtschaft 128 ff.
    Relief 115 f.
    Rohstoffe 122 ff.
    Vegetation 120 f.
Squatter 88
Staatsbetriebe, China 284 f.
Staatsgüter 66
Stadt
    amerikanische 108 ff.
    funktionale Gliederung 111
Standortvorteile 248
strip cropping 107
Subpolare Tundra 14
Subsistenzwirtschaft 156
Subtropen 145

Suburbanisierung 112
Suburbs 112
Südkorea
    Außenhandel 306
    historische Entwicklung 298
    Industrialisierung 302
    Klima 296
    Konzernbildung 304 ff.
    Landesnatur 295
    Landwirtschaft 300 ff.
    Wirtschaftskrise 308 ff.
suitcase farmer 100
Sunbelt 79

Taiga 15
Take-Off-Countries 191
Tapioka 166
Technopoliskonzept 260
Terms of Trade 209 ff.
Territoriale Produktionskomplexe
    (TPK) 132
Tokugawa-Ära 236
Tornado 78
Tourismus 34 ff.
Tourismus, Entwicklungsländer 163 f.
Transformationsprobleme,
    Russland 134 ff.
Triade 221
Tribalismus 159 f.
Trockenfeldbau 167
Trockensavanne 152
Tropen, 145
Tropen
    Böden 149
    immerfeuchte 148
    Klima 148
    Nutzungsformen 167 f.
    ökologische Probleme 153

Stichwortverzeichnis

Regenwald 149 f.
Trockenräume 154 f.
wechselfeuchte 151 ff.
Tsunami 235

Umweltpolitik, Japan 258 ff.
Umweltschäden, Russland 141 f.
UNCTAD 192
Ungarn, Industrie 70
Unterentwicklung
    Merkmale 193 ff.
    Theorie 216 ff.
Unterernährung 194
Urbanisierung, Südkorea 307
Urbanized Area 109
USA
    Bevölkerung 90
    Einwanderung 91
    Farmkrise 103
    Hispanics 92
    Indianer 92
    Industrie 104 f.
    Industrie, Organisations-
      formen 104
    Klima 77 ff.
    Landwirtschaft 93 ff.
    Landwirtschaft,
      neue Tendenzen 101 f.
    landwirtschaftliche
      Betriebsgrößen 95
    landwirtschaftliche
      Organisationsformen 99 ff.
    Relief 74
    Schwarze 92
    Strukturwandel, Landwirtschaft 94

Verflechtung
    horizontal und vertikal 250
    internationale 105
    räumliche 249
Verschuldung,
    Entwicklungsländer 212
Verstädterung 108, 182
Viertelsbildung 113
Volkskommunen 274

Wachstumsraten 200
Waldraubbau 178 f.
Welt-Einkommensklassen 204
Weltbevölkerung 196
Welthandel
    Verflechtung 206
    Wandel 213ff.
Welthandelsorganisation (WTO) 192
Wirtschaftssonderzonen 287
Wunderreis 170
Wunderweizen 170
Wüsten 155

Yams 165

Zentralisierung, Japan 261
Zentralverwaltungswirtschaft 63
Zentrum-Peripherie-Modell 218
Zirkulation, atmosphärische 146 f.

Nicht in allen Fällen war es uns möglich den Rechteinhaber ausfindig zu machen.
Berechtigte Ansprüche werden im Rahmen der üblichen Vereinbarungen abgegolten.

Kompaktes Wissen für die Sekundarstufe II

Colin Boone

Vorbereitung auf das Abitur – Englische und amerikanische Literatur

Eine fundierte und kompakte Darstellung der rhetorischen Mittel, der literarischen Gattungen sowie ein knapper Überblick zur Literaturgeschichte Englands und der USA bilden eine sichere Grundlage für die oberstufengemäße Arbeit an literarischen Texten.

ISBN 3-7863-2000-4

Hermann Bendl

Landeskunde United Kingdom and the USA

Ein Überblick zur historischen Entwicklung beider Länder und schwerpunktmäßig die Betrachtung der aktuellen Situation in Politik, Wirtschaft und Gesellschaft sorgen für fundiertes Wissen. Zusammenfassungen zu allen Kapiteln, vertiefende Exkurse und Grafiken erleichtern die Informationsaufnahme.

ISBN 3-7863-2001-2

Über das MANZ Lernhilfen-Programm informiert Sie Ihre Buchhandlung.